개미 입장에서 바라본

주식시장은
허가받은 도박장이다!

– 즐거운 주식투자로 가는 지름길 –

박 상 수

오래

머리말

1) 왜 이 책을 저술했을까?

필자가 본서를 저술하게 된 동기는 주위에서 그리고 신문지상에서 손실을 보고 있는 개미들의 안타까운 현실을 접하면서 학부에서 주식 관련 강의를 하는 경제학자로서 무언가 해야 하지 않을까 하는 마음에서 태동되었다. 여기에 쓰인 내용들은 평소에 거의 30여년에 걸쳐서 일반인들을 상대로 하는 경제교육이나 교양교육, 각종 과정에서의 강연 등에서 강의했던 내용들이다. 따라서 그 내용들은 전문가들을 대상으로 한다기보다는 일반인들, 그 중에서도 소액투자자들을 대상으로 저술되었다고 보면 좋겠다.

2) 어떤 목적을 추구하는가?

본서의 목적은 크게 네 가지이다.

첫째는 주식시장의 도박적 성격을 폭로하는 것이다. 제목에서 보듯이 주식시장, 특히 우리나라 주식시장은 허가받은 도박장이라고 보아도 무방하다는 것을 밝히고자 한다.

둘째는 개미들에게 경각심을 일깨우는 것이다. 허가받은 도박장에서 초대형 기관투자자들은 불법적인 작전은 물론 합법적인 작전을 활용하면서 개미들의 호주머니를 호시탐탐 노리고 있다. 이들 기관투자자들의 행태를 폭로함으로써 개미들에게 경각심을 일깨우고자 한다.

셋째는 주식시장에 대한 환상을 없애는 것이다. 한 달 혹은 1~2년 사이에 수십억을 벌었다는 얘기가 신문에 나면 나도 그럴 수 있다는 착각을 하면서 무작정 주식투자를 실행한다. 바로 이런 환상을 없애는 것이 본서의 주요한 목적 중의 하나이다.

마지막으로 부제목에서 의도된 것처럼 우리나라에 상장된 2천여 종목을 전부 검색하여 최고의 명품주식을 찾고자 할 때, 본업에 쫓기고 있는 직장인들에게 시간과 노력을 최대한 절약할 수 있는 방안을 제시하고자 한다. 보다 더 훌륭한 주식을 찾으려고 하면 할수록, 그만큼 자신의 시간과 노력은 절약될 수 있다.

3) 어떤 내용들을 다룰까?

본서의 주제도 크게 네 가지로 구성되어 있다.

첫째는 주식시장의 본질적인 모습, 즉 허가받은 도박장이라는 것을 보여주고자 한다. 그리고 냉혹한 정글의 법칙이 완전하게 적용되는 주식시장에서 저질러지고 있는 불법적인 작전, 그리고 초대형 기관투자자들의 합법적인 작전들을 폭로하고자 한다.

둘째로 사기도박에서 벗어나는 길을 찾고자 했다. 그것은 명품주식에 투자하는 것이며, 기관이나 외국인 그리고 큰 손이 아무리 장난친다고 해도 명품주식으로는 장난치지 못한다는 것을 알리고자 했다. 물론 영원한 명품주식은 존재하지 않지만, 최고의 명품주식을 발견하지 못한다고 해도 명품주식에 투자하려는 노력이 바로 사기도박에서 벗어나는 길, 즉 '손실을 최소화하는 지름길' 이라고 생각한다. 그게 바로 정보가 부족하고 분석능력이 미흡한 개미들의 생존전략이다.

셋째로 시간에 쫓기고 있는 직장인들에게 즐거운 주식투자로 실제로 가는 지름길을 제시하고자 한다. 명품주식만 찾는다면 당분간, 이를테면 2분기 동안 혹은 1~2년 동안은 그 주식에 투자함으로써 우리는 즐거운 주식투자를 만끽할 수 있다. 물론 얼마나 훌륭한 명품주식을 찾느냐에 달려 있지만, 즐거운 주식투자는 매일매일 주가가 오르고, 가끔은 많이 떨어지긴 하지만 금방 그 수준으로 회복되는 등 정말로 나날이 즐거우면서 엔돌핀이 팍팍 쏟아지고 그러니까 다음날이 기다려지는 주식투자이다. 그런 주식 찾기는 그리 만만치 않지만 끈질기게 분석하다 보면 그런 주식을 찾을 수 있다. 필자가 즐기고 있는 실제 사례도 제시할 것이다. 만약 그런 주식을 못 찾으면 차선의 주식에 투자할 것이 아니라 찾을 때까지 기다리면 될 것이다. 왜냐하면 손해 볼 수도 있지만, 스트레스가 쌓이고 잘못하면 암에 걸릴 수도 있기 때문이다.

마지막으로 주식투기와 관련해 검토해야 할 우리나라 경기변동 및 선진국으로의 진입 가능성 등을 부록에서 점검해 본다. 여기서는 우리나라 전체를 바라보는 거시적인 관점을 제시하고자 한다. 비록 단기적인 투기를 한다고 해도 전체를 바라볼 수 있는 시각과 먼 미래를 내다볼 수 있는 시각 그리고 우리나라의 장기적인 경쟁력에 관한 시각 나아가서는 어떤 유형의 주식이 좋은 주식인지도 이를 통해서 파악할 수 있는 시각이 언제나 필요하다고 생각한다.

4) 겸손의 철학을 배우자!

영국의 마지막 경험주의 철학자라고 일컬어지는 데이비드 흄(D. Hume, 1711~1776)은 경험주의를 완성시키면서 감각과 이성의 불완전성을 갈파했으며, 특히 모든 명확한 명제에 대한 회의로부터 새로운 이론이 탄생할 수 있다는 자신의 독특한 '방법론적 회의론'을 제창하였다. 근대철학의 아버지라고 불리는 이마뉴엘 칸트(I. Kant, 1724~1804)는 흄의 『인간오성론』(1748)을 읽고서 이성의 독단론에서 깨어나게 되었다고 술회하면서 이성의 불완전성을 갈파하면서 근대철학을 확립시켰다. 칸트의 견해를 이어받은

20세기의 가장 위대한 철학자로 손꼽히는 칼 포퍼(K. Popper, 1902~1994)는 '우리가 이 세상을 알면 알수록 우리가 모르는 것에 대한 우리의 지식이 더 넓어진다'고 갈파하면서 비판적 합리주의 철학을 확립했으며, 그리고 지식과 관련해 겸손의 미덕을 강조하였다.

모든 학문이 다 그렇지만 자본주의 시장 그리고 그중에서도 주식시장은 알면 알수록 더 겸손해져야 한다는 것을 일깨운다. 필자가 저술한 이 책은 당연히 진리도 아니며, 특히 돈을 버는 방법만 저술한 것도 아니다. 물론 즐거운 마음으로 돈을 버는 방법이라고 기술된 곳이 있지만. 어떻든 주식을 통해서 한꺼번에 대박을 터트리겠다는 생각, 돈을 벌게 해주겠다는 '남'들의 말, 그리고 미사여구나 어려운 용어로 쓰인 주식 관련 저서들은 정말로 믿을 만하지 않다는 것이며, 그에 따라 우리는 주식에 손을 대는 순간부터 많은 돈을 버는 것보다는 손실을 최소화하는 데에 목표를 두고서 자금을 운용해야 한다고 본다. 그런 방식을 통해서 즐겁게 많은 돈을 벌 수 있다면 더욱 좋겠지만. 어떻든 이것이 바로 이성의 불완전성을 갈파했던 철학자들의 고민으로부터 얻을 수 있는 최선의 교훈이 아니겠는가?!

5) 감사의 철학을 배운다.

우리는 인생을 살아가면서 엄청난 성공을 거둔 사람이나 그런대로 살아가는 사람들 어느 누구나 자신의 선택과 노력만에 의해서 그렇게 살아왔다고는 볼 수 없다. 선택될 수 없는 여러 가지 환경들이 그들을 그렇게 성공적이게 만들었다고 볼 수 있으며, 그런 환경이 없었더라면 그들의 지위가 꼭 그렇게 된다는 보장도 전혀 없다. 그런대로 살아가고 있는 우리 모두는 범사에 감사하고 베풀려는 마음 자세를 갖고 있어야 한다고 본다. 필자가 이 책을 쓸 수 있었던 것도 평생 살아오는 과정에서 눈에 보이게 그리고 눈에 띄지 않으면서 필자를 도와준 많은 분들과 여러 가지 환경의 덕분이라고 생각한다.

특히 저를 낳아주시고 키워주신 지금은 돌아가신 존경하는 부모님 두 분께 언어로 표현할 수 없을 만큼의 깊은 감사의 말씀을 드립니다. 그리고 저에게 지적으로 많은 도움을 주신 변형윤 선생님, 조순 선생님, 박재윤 선생님, 정운찬 선생님과 이미 고인이 되신 고남욱 선생님께 감사드립니다. 그리고 아내 김애영 여사의 평생에 걸친 내조에 감사하고, 큰 탈 없이 잘 커준 두 딸과 아들에게 고맙게 생각하며, 큰 딸을 한 없이 사랑하는 큰 사위 그리고 무럭무럭 건강하게 잘 자라고 있는 외손녀에게도 감사하게 생각한다. 끝으로 본서의 출판을 흔쾌히 허락해주신 도서출판 오래의 황인욱 사장님께도 심심한 감사의 인사를 드립니다.

2015년 2월

저자 박상수

차 례

서론: 자본주의의 본질

연못 속에 메기를 풀어놓으면 연못 속의 물고기들이 모두 메기에게 잡아먹혀서 멸종하는 것이 아니라, 메기에게 잡아먹히지 않으려고 열심히 도망다닌 결과 연못 속의 생물들은 활력이 넘치고 더욱 튼튼해질 수 있다. 자본주의 체제는 경쟁의 원리에 따라 움직이는 경제체제이며, 가격경쟁력을 향상시키는 비용절감과 기술개발에 따른 품질 향상 및 신제품 등이 자본주의 체제에서 메기의 역할을 하는 것들이다. 이런 메기에게 대항하지 못하는 기업들은 다른 기업에게 잡아먹히거나 파산한다. 이런 잔혹한 경쟁에 의해서 자본주의는 성장·발전했다고 볼 수 있다.

'자본가는 사회의 은인이다' 라고 언급했던 스미스는 자본주의 체제에서 자본가는 투자와 자원배분과 같은 역동적인 역할을 수행하므로 대단히 중요하며, 반면에 노동자는 수동적인 역할만을 수행한다고 보았다. 스미스의 이 지적은 자본주의의 핵심 사항을 꼭 집어서 말했다고 볼 수는 없으나, 자본주의 체제가 아무리 변했다고 해도 자본주의가 존재하는 한 그 실질적인 내용에선 변함이 없다고 보겠다. 정글과 같은 자본주의 체제에서 자본가가 자본의 힘을 최대한 활용하고, 그에 따라 효율적인 기업경영을 수행한다면, 그리고 그럴 경우에만, 자본가는 무한경쟁의 정글에서 살아남을 수 있을 것이다.

최근 영국에선 자본가의 권력에 많은 제약을 가하고, 노동조합과 노동자의 권력을 향상시켰으며, 복지제도도 확충했다. 그에 따라 영국의 상당 부문에서 자본주의적인 잔혹한 무한경쟁은 약화되었고, 그 결과 착한 자본주의로 변모하면서 국가경쟁력도 약화되었다. 그렇지만 1980년대의 대처리즘의 영향으로 국유기업의 민영화가 많이 이루어지고 노동조합의 세력 약화로 국가경쟁력은 많이 제고되었다고 볼 수 있을 것이다. 미국의 경우는 영국의 정도에 미치지는 않지만, 독점기업에 대한 규제 강화와 중소기업에 대한 보호

정책으로 인하여, 자본주의적인 무한경쟁이 약화되고 있는 실정이다.

최근 우리나라의 국가경쟁력이 급격히 상승하고 있고, 전자, 자동차, 철강, 화학 등의 분야는 세계 최첨단을 걷고 있다. 그 원인을 어디에서 찾을 수 있을까? 우리나라의 잔혹한 자본주의에서 그 근원을 찾을 수 있으리라고 생각한다. 물론 여기서도 정답은 없지만 필자가 생각하는 몇 가지를 들어보고자 한다.

첫째로 우리나라 학부모들의 교육열을 들 수 있다. 공교육을 불신하면서 학원을 보내거나 개인 과외를 시키는 등의 교육열은 세계 2등이라고 한다면 우리 학부모들이 억울해 할 것이다. 아이들이 태어나서 말하기도 전부터 유아원에서 영어교육이 이루어지고 유치원에서도 마찬가지이다. 돈이 있는 사람들이 그렇게 할 때 가난한 사람들도 그 정도에는 미치지 않지만 나름대로 학원에 보내기도 한다. 어떤 엄마는 학원비를 벌기 위해 노래방 도우미로 뛰다가 노래방 화재로 희생을 당하는 일도 있었다. 대학에 들어가서도 돈이 있는 집에선 해외 어학연수를 보내기도 한다. 태어나서 대학 졸업할 때까지 우리의 아이들은 잔혹한 경쟁에 길들여져 있으며, 그렇지 못한 아이들은 왕따를 당하기도 하고 불쌍하게도 '스스로 사망하거나' 불량 아동이 되기도 한다. 이런 희생 하에서 그리고 혹독한 경쟁 속에서 살아남은 사람들이 우리 경제를 키워 왔다고 할 수 있을 것이다.

둘째로 군대 문화를 들 수 있다. 군대 가서 철이 들어서 온다고 하지만, 그 철이 들 때까지 우리 젊은이들은 군대에서 실시되는 고된 훈련을 받기도 하지만, 아마도 이것은 육체적으로 힘들지 정신적으로는 그렇게 고되지는 않을 것이다. 아마도 선임병들의 정신적인 괴롭힘이 정말로 힘들고, 더욱이 한두 살 나이 더 먹어서 가면 나이 가지고 괴롭히는 일들이 다반사이다. 아마 군대 갔다 온 사람들이라면 다 이해할 수 있을 것이다. 이런 정신적이고 육체적인 고난을 견디지 못한 불쌍한 젊은 청춘들은 탈영하거나 '스스로 사망하거나' 혹은 총기 사고를 일으키기도 한다. 이런 힘들고 어려운 환경 속에서 적응하고 견뎌낸 우리 젊은 사람들은 그 이후 사회에 나와서는 정말로 잔혹한 경쟁에 잘 견딘다.

셋째로 중소 부품업체들의 피눈물 나는 경쟁의 결과를 들 수 있다. 대기업들은 동일한 부품에 대해서도 부품의 안정적인 공급과 가격 협상력을 높이기 위하여 여러 부품업체와 거래를 하는 것이 보편적인 현상이다. 좋은 의미로 해석하면 부품업체들 간에 경쟁을 시키면서 품질을 향상시키려는 목적도 있고, 또한 한 업체에서 파업으로 납품이 불가능할 경우 다른 업체로부터 부품을 안정적으로 공급받기 위한 목적도 있다. 대기업들은 혼자서 수요한다는 '수요 독점'이라는 우월적인 지위를 이용하여 납품업체로 하여금 납품 단가를 인하하도록 강요하거나 기술개발을 강요하기도 한다.

납품 대상업체로 선정되기 위해서 노동자들의 임금인상을 억제하거나 혹은 자신들의 영업이익률을 낮추거나 혹은 적자를 감수하려는 피눈물 나는 노력이 우리나라 국가경쟁력의 밑바탕이 되고 있다. 이런 현실을 수용하지 못하는 중소기업들은 도태되거나 해외에서 수요처를 찾을 수밖에 없기 때문에, 이런 잔혹한 현실에서 살아남은 기업들은 낮은 단가에서도 경쟁력을 갖추고 있고 또한 기술력도 충분한 경쟁력을 갖는다. 이런 잔인한 경쟁 속에서 중소기업들은 기술개발과 더불어 원가를 낮추는 눈물겨운 노력을 강력히 추진하고, 이런 바탕 위에서 대기업들은 완성품에서 세계적인 상품을 생산 · 판매하고 있다. 우리는 이런 중소기업 사장 및 종업원들에게 경의를 표해야 하지 않겠는가?!

넷째로 오너의 직접 경영을 들 수 있다. 선진국에선 소유와 경영의 분리가 보편화하면서 전문경영인이 대기업을 경영하는 것이 일반화되었으나, 우리나라에선 오너, 혹은 2~4세 등이 기업을 직접 경영하는 것이 보편적이다. 경영의 책임 의식이 전문경영인에게선 결핍될 수 있지만, 오너의 기업경영에서는 책임 의식이 분명하게 드러난다. 이런 기업문화는 후진적이라고 이야기되기도 하지만, 오너의 자녀들이 오너 밑에서 경쟁적으로 경영수업을 받으면서, 최적임자가 다음 세대의 오너로 선출되며, 그 결과 성공적인 글로벌 기업으로의 성장과 그 유지가 가능하게 된다. 문제는 오너의 지분을 상속시키는 데에서 합법을 가장한 불법이 저질러지고 그에 따라 국민들이 부자를 경멸하는 분위기를 창출하는 부작용을 낳기도 했다.

마지막으로 오너의 군대식 경영방식을 들 수 있다. 연구개발 분야를 제외할 경우, 오너의 명령에 절대 복종할 뿐만 아니라, 회사의 기밀과 비리 및 사생활 등을 철저히 함구할 수 있는 순종형 인재들을 선호하는 경향이 있다. 군대에서 생존할 수 있었던 인재들이 재벌 기업에 입사하고도 살아남을 수 있는 것도 아마 군대에서의 훈련과 단련, 특히 정신적인 스트레스를 이기는 단련 때문일 것이다.

서두에서 언급했던 것처럼 연못 속에 메기를 풀어놓으면 물고기들이 살아남기 위해 열심히 노력하듯이, 자본주의 체제에서도 메기와 같은 존재, 즉 무한한 경쟁(특히 기술과 비용)이 국가경쟁력을 제고시키고 경제를 건실하게 만든다. 환언하면 자본주의 체제는 냉혹한 약육강식의 정글이며, 약자는 도태되어서 사라져야 한다. 이런 약육강식의 정글에서 살아남는 방법은 개개인의 인적자본, 개별기업의 인적자본을 키워서 대항하는 수밖에 없다고 보겠다.

주식시장은 약육강식의 논리가 더욱 잘 적용되고, 약자에 대한 보완장치(이를테면 사회보장제도, 예금보험제도 같은)마저도 없는 그야말로 '만인에 대한 만인의 투쟁'이 벌어지는 전쟁터라고 보아도 무방할 것이다. 그런 곳에 약자 입장에 있는 개미들이 감히 돈을 벌겠다고 무작정 뛰어든다는 것은 사기도박판에서 돈을 따겠다고 장담하거나, 혹은 더욱이 아무런 무장도 하지 않은 채 맨주먹으로 온갖 무기로 중무장한 큰 손을 무너뜨리겠다고 장담하는 것과 똑같다.

제1장

주식시장은
허가받은 도박장이다!

.

여기선 주식시장의 본질을 탐구해 본다. 주식시장에 참여하면 대박을 터트릴 수 있다거나, 높은 수익을 얻을 수 있다는 환상을 갖고서 개인들이 주식투자를 하지만, 대부분 허탈하게도 빈털터리가 되거나 엄청난 손해를 보고서 주식시장을 떠난다.

주식시장에 대한 환상을 없애는 것은 주식투자에 있어서 정말로 필요한 절차이며, 그리고 주식시장에 대한 본질을 알게 된다면 주식투자에 엄청나게 신중하게 되고 과욕을 부리지 않게 될 것이다. 특히 개인 투자자, 그중에서도 소액투자자들은 주식투자에 앞서서 반드시 검토해야 할 핵심사항이라고 생각한다.

주식시장에 대한 환상을 없애야 하는 이유는 주식시장이 개인들에게 돈을 벌게 해주는 착한 시장이 결코 아니고 오히려 개인들의 호주머니를 호시탐탐 노리고 있는 사기와 협잡이 일상적으로 판을 치는 '개미지옥'이기 때문이다. 주식시장은 국가에 필요한 산업자본을 조달하는 데 꼭 필요한 제도적 장치이기는 하지만, 이런 시장에서 합법적인 작전과 더불어 불법적인 작전이 공공연히 저질러지고 있다는 사실을 개미들이 똑바로 직시해야 한다는 것이다. 작전세력들이 개미들의 호주머니를 노리고 있는 상황에서 개미들은 어떻게 하면 손실을 최소화할 것인가, 즉 호주머니의 돈을 덜 혹은 안 털릴 것인가를 염려해야 한다. 이런 손실의 최소화는 서글픈 약자들이 주식투자에서 반드시 지켜야 할 좌우명이어야 한다. 제3장에서 언급하는 명품주식이 바로 이런 손실 최소화의 전략이면서 동시에 개미들의 핵심적인 생존전략이다.

필자가 여기서 언급하는 것은 필자 개인의 견해일 뿐이며, 이것은 결코 진리도 아니다. 따라서 독자들은 여기서 언급하는 사항을 유념하면서 다른 투자서도 탐독하여 주식에 관한 나름대로의 견해를 확립하는 것이 좋을 것이다. 특히 주식에 대한 낙관적인 견해, 혹은 장점에 관한 견해보다는 비관적인 견해, 단점에 관한 견해들을 주목해야 할 것이다. 일반적으로 좋은 말을 하는 사람들은 신뢰성이 떨어지는 사람들이기 때문이며, 자신의 이익을 위해 남에게 위해를 가하거나 혹은 무의식적으로 (원래는 그런 의도가 없었지만) 그럴 가능성이 크기 때문이다.

1. 주식시장은 자본주의의 필요악이다!

여기서는 주식과 주식시장에 관련된 간략한 설명을 제시하고자 한다. 주식시장은 자본주의 체제에서 꼭 필요한 장치이며, 그리고 정부가 주식시장에 관심을 갖는 것도 주식시장에서 기업의 투자에 필요한 산업자본이 조달되기 때문이다. 그렇지만 이런 주식시장에서 불행하게도 도박판에 근접할 정도로 '돈 놓고 돈 따먹기'가 벌어지고 있다.

주식시장이란?

1) 주식이란?

주식시장을 정의하기에 앞서서 주식이 무엇인지 그리고 어떤 종류의 주식들이 있는지 등을 설명할 필요가 있다. 우선 '주식'(stock, equity)은 기업의 소유권에 대한 '지분'(持分)을 나타내는 증서이다. 여기서 지분이란 기업의 순자산(= 총자본 = 총자산 − 총부채)에 대한 소유비율을 의미한다.

주식은 크게 보통주와 우선주로 구분된다. '보통주'는 기업의 소유권에 대한 지분을 나타내면서, 경영참가와 이익 분배에 대한 권리를 나타낸다. 반면에 '우선주'는 일반적으로 이익 배당이나 잔여재산 분배 때 보통주에 우선하지만 의결권을 보유하지 않는 것이 특징이다.

주식, 특히 보통주는 대단히 비유동적인 거대한 자산(즉 기업)을 엄청나게 많은 숫자로 쪼개어 적은 금액의 자산으로 나눔으로써 대단히 유동적인 자산으로 변모시키고 있다. 그리고 투자자에게 기업의 파산에 대해서 유한 책임을 부여함으로써 투자자의 책임을 투자액에 한정시키는 특징도 갖고 있다.

주식은 아니지만 주식으로 전환 가능한 채권으로 '전환사채'(CB,

convertible bond)와 '신주인수권부사채'(BW, bond with warrant)가 있는
데, 전자는 전환청구기간 내에 일정한 조건으로 발행회사의 주식으로 전환
할 수 있는 권리가 부여된 회사채이며, 후자는 발행 후 일정한 기간이 지나
면 일정한 가격으로 발행회사의 신주를 인수할 수 있는 권리가 부여되는 회
사채이다.

최근 우리나라에서 전환사채와 신주인수권부사채는 대기업 총수들이 자
녀들에게 상기 회사채로 증여하여 증여세를 적게 내게 만드는 방법으로 활
용되면서 여론의 질타를 받은 제도이다. 즉 증여세는 회사채 발행가격에 기
준하여 내고, 일정기간 후에는 높은 가격의 주식을 낮은 가격에 매입함으로
써 엄청난 조세포탈이 합법적으로 이루어질 수 있다.

2) 주식시장 : 발행시장과 유통시장

주식이 발행되고, 발행된 주식이 거래되는 시장을 '주식시장'(stock
market)이라고 한다. 따라서 어떤 주식이 거래되느냐에 따라서 주식시장은
발행시장과 유통시장으로 구분된다.

'발행시장'은 신규로 발행된 주식이 최초로 투자자에게 매출되는 시장이
며, 기업들이 투자자금을 조달하는 창구이다. 주식시장의 목적은 원래 발행
시장과 관련된다. 회사를 경영하는 사람들의 자금부족을 해결하는 방안으로
소액으로 분할된 주식을 통해서 거대한 자금을 조달하는 것이 주식시장의
목적이라고 할 수 있다. 발행시장은 거대한 기업을 소액의 주식으로 분할 가
능하게 만드는, 인류가 발명한 위대한 걸작품이다.

그리고 '유통시장'은 주식을 매입한 사람들이 현금이 필요할 때 주식을
현금화할 수 있게 만드는 곳이다. 우리가 주식시장 혹은 증권시장이라고 하
면 보통 유통시장을 지칭한다. 발행시장이 기업의 투자를 위해서 만들어졌
다면, 유통시장은 주식소유자(개인투자자, 기관, 헤지펀드 등)를 위해서 만

들어진 시장이라고 할 수 있다.

발행시장과 유통시장은 불가분의 관계를 갖는다. 기업의 투자자금의 조달창구의 역할을 하는 발행시장의 활성화는 곧 기업투자의 활성화, 나아가서는 경제의 활성화를 의미한다. 그런데 발행시장의 활성화는 유통시장의 활성화에서 찾을 수 있다. 유통시장에서 주가가 상승하고 있으면 주식발행이 쉬워질 수 있으나, 주가가 하락하고 있으면 주식 발행이 어려워지거나 혹은 거의 중단상태에 이르게 된다. 따라서 발행시장의 활성화를 위해선 유통시장의 활성화가 필요하며, 정책당국자들이 주가지수 움직임에 신경을 쓰는 것도 바로 이 때문이다.

3) 우리나라 주식시장

우리나라 주식시장은 크게 거래소시장과 장외시장으로 구성된다.

거래소시장은 증권사 등 회원사들이 거래소에 상장된 주식, 채권, 수익증권 등 유가증권을 대상으로 매매시간, 호가, 매매수량단위 등에 관한 표준화된 거래규칙에 따라 유가증권을 매매하는 시장이며, 보통 유가증권시장이라고도 한다. 이 시장에서 거래되는 주식의 가격지수를 코스피지수라고 한다.

장외시장은 증권거래소 이외의 장소에서 상장유가증권은 물론 비상장유가증권의 거래가 이루어지는 비조직적인 시장을 의미하며, 직접거래시장과 점두시장(OTC)으로 나뉜다.

직접거래시장은 매매당사자들의 개별적 접촉에 의해 거래가 이루어지는 시장을 의미하고, 점두시장은 증권회사 등 전문중개기관을 통해 거래가 이루어지는 시장을 말한다.

점두시장에는 코스닥시장(KOSDAQ), 프리보드(Free Board, 종전 제3시장) 및 2013년 개장한 코넥스(KONEX)가 있다. 코스닥시장에서 거래되는 주식은 증권거래소에 상장되지 않은 유망 중소기업이나 벤처기업이 발행한 주식들이며, 거래방식은 거래소시장의 표준화된 방식을 채택하고 있어서, 거래소시장과 대동소이하다. 프리보드는 비상장 및 비등록주식의 거래를 제도권으로 수용하여 만들어진 시장이며, 거래방식은 상대매매(매수·매도가격 및 거래량이 일치할 때 거래 성립)방식을 채택하고 있다. 그리고 코넥스는 상기 3개 시장에 상장되지 못한, 성장 초기 중소기업들의 주식을 거래하기 위해 만든 시장이다.

주식의 내재가치란?

1) 주식의 내재가치의 중요성

주식의 '내재가치'(intrinsic value)란 주식이 갖는 본질적인 가치를 말한다. 주식의 내재가치를 알 수 있다면, 주식투자를 통해서 돈을 버는 것은 누워서 떡 먹기라고 할 수 있다. 즉 주가가 주식의 내재가치보다 낮으면 매수하고, 내재가치보다 높으면 매도한다면, 손쉽게 돈을 벌 수 있을 것이다. 금융이론가들은 주식의 내재가치를 계산하려고 갖가지 방법을 동원하고 있지만, 내재가치를 계산하는 참된 방법은 현재 존재하지 않는다.

금융이론가들은 주식가격이 그 주식의 내재가치를 향해서 움직이며, 그리고 주식의 내재가치가 대체적으로 기업의 미래가치를 반영한다고 생각한다. 따라서 기업의 실적이 좋아질 것으로 예상된다면, 기업의 미래가치가 상승할 것이라고 기대되고, 그 결과 주식의 내재가치는 상승할 것이다. 그렇지만 그런 예상은 사람에 따라 다르고, 정확한 예측 방법도 없으며, 그에 따라 주식의 내재가치를 계산하는 객관적인 방법도 존재하지 않는다. 그렇지만 우리는 그 내재가치의 동향을 정확하지는 않지만 자료 분석을 통해서 어느 정도는 예측할 수 있다.

2) 주식의 내재가치의 계산 사례

우리가 주식을 보유한다면 어떤 경제적인 이득이 있을까? 그 주식으로부터 배당이라는 이득을 얻을 수 있을 것이다. 그러면 배당소득의 미래 흐름이 그 주식의 내재가치를 결정한다고 볼 수도 있다.

어떤 주식의 (내재)가치가 배당소득의 흐름에 의해서만 결정되고, 매년 배당이 100원으로 고정되었으며, 그리고 현재 시장이자율이 10%라고 하자. 우리가 이 주식을 보유한다면 매년 100원의 배당수익이 예상되므로, 이 주식의 가치는 매년 수취되는 100원의 배당을 현재시점의 가치로 환산한 것(이것을 현재가치라고 한다)과 동일할 것이다. 이때 미래의 가치를 현재시점의 가치, 즉 현재가치로 환산할 때 현재의 이자율로 할인한다.

'현재가치'(Present Value)의 개념은 경제학이나 경영학에서 많이 사용되는 용어로 미래의 가치를 현재시점의 가치로 평가하는 방법이다. 현재 이자율이 10%일 때, A라는 사람이 현재의 100원을 다른 사람에게 빌려주고 1년 후 110원을 받기로 했다면, A는 1년 후의 110원을 현재의 100원과 동일한 가치를 갖는다고 생각했기 때문에 다른 사람에게 빌려주었을 것이다. 만약 이런 견해가 맞는다면 우리는 현재의 100원과 1년 후 110원을 동일하다고 평가할 것이다. 이자율이 10%일 때 1년 후 110원의 현재가치는 110원을 이자율로 할인하면, 즉 $110/(1 + 0.1) = 100$원이 된다.

이 개념이 익숙해졌다면 이제 현재 이자율이 10%일 때 미래의 배당소득의 흐름을 현재가치로 다음과 같이 전환시킬 수 있다.

매년 배당이 1주당 100원인 주식의 (이론적인) 가치

= 1년 후 100원의 현재가치 + 2년 후 100원의 현재가치 + …

$$= \frac{100}{(1 + 0.1)} + \frac{100}{(1 + 0.1)^2} + \frac{100}{(1 + 0.1)^3} + \cdots$$

= 90.9090 + 82.6446 + 75.1314 + …
≒ 1,000원

현재이자율이 10%일 때에는 미래의 가치를 10%의 이자율로 할인하여 합산하면 미래 배당수익의 현재가치를 얻을 수 있다. 앞의 예에서 배당소득이 100원이면 주식의 가치는 1,000원이 된다.

만약 이자율이 5%로 하락했다면, 할인율이 10%에서 5%로 하락했으므로, 미래 배당수익의 현재가치는 더 커지게 된다.

매년 배당이 1주당 100원인 주식의 (이론적인) 가치(단 이자율은 5%)

$$= \frac{100}{(1+0.5)} + \frac{100}{(1+0.5)^2} + \frac{100}{(1+0.5)^3} + \cdots$$

≒ 2,000원

이자율이 10%에서 5%로 하락하면 주식의 가치는 2,000원으로 상승한 것을 알 수 있다. 즉 주식가격과 이자율이 반대 방향으로 움직인다는 것을 알 수 있다. 물론 여기선 배당이나 다른 조건들이 일정하다는 것을 가정할 때에만 성립한다.

만약 시장이자율이 10%이고, 1주당 배당이 200원일 때 동일한 요령에 따라 계산하면 주식가격은 2,000원이 된다.

그런데 이 접근법에 몇 가지 문제점이 있다. 우선 배당이 매년 100원씩 일정하게 지급한다고 가정했지만 미래의 배당은 사실상 알려져 있지 않다. 그리고 배당이 지급되지 않는 주식은 아무런 가치도 없다고 결론지을 수도 있다. 현재 우리나라 주식시장에선 상당한 당기순이익을 얻고 있음에도 불구하고, 배당을 전혀 하지 않는 기업들이 굉장히 많다. 따라서 주식의 내재 가치를 측정하는 대안으로 우리는 그 주식에 귀속되는 당기순이익의 흐름을 생각해 볼 수 있을 것이다.

어떻든 여기서 핵심 사항은 이자율이 상승하면 주식가격이 하락할 것이란 점이며, 그리고 배당의 증가 혹은 기업의 수익성 증가는 주식가격의 상승으로 나타날 것이란 점이다.

3) 내재가치의 결정요인

주식의 내재가치는 정확하게 측정할 수는 없지만, 그래도 주식의 내재가치를 결정하는 중요한 다음 두 가지 요인을 제시할 수 있을 것이다.

첫째로 이자율이 내재가치를 결정하는 데 중요한 역할을 담당한다. 이미 언급한 것처럼 다른 조건이 동일한 상태에서 이자율이 상승한다면 내재가치도 하락할 것이다. 이자율의 상승은 먼 미래의 예상수익의 흐름의 현재가치를 작게 만들기 때문이다. 여기서 이자율은 특정 주식의 가격에도 영향을 주지만, 주가지수 전반에 영향을 미치는 중요한 인자이다. 다른 조건이 일정할 때 이자율의 상승은 주가지수를 하락시킨다고 볼 수 있으나, 경제 분위기가 낙관적으로 변모하는 상황에선 이자율의 상승에도 불구하고 당기순이익의 증가를 예상하여 주가지수가 지속적으로 상승하기도 한다. 따라서 이자율과 개별 주가 혹은 주가지수 간의 관계를 일률적으로 규정하기는 어렵다고 생각된다.

둘째로 1주당 당기순이익은 내재가치의 결정에서 가장 중요한 역할을 수행한다. 미래의 1주당 당기순이익은 알려져 있지 않지만, 사람들이 1주당 "예상" 당기순이익이 상승할 것이라고 예상한다면 앞의 수식에서 배당이 증가하는 경우처럼 내재가치는 상승할 것이다. 반면에 앞으로 수익성이 하락할 것이 예상된다면 1주당 당기순이익이 감소할 것으로 예상하여 내재가치도 하락할 것이다.

그렇다면 "예상" 당기순이익은 무엇에 의해서 결정될 것인가? 예상 당기순이익은 궁극적으로 기업의 수익 창출능력에 의해 좌우될 것이며, 그리고 기업의 수익 창출능력은 대체적으로 기계, 설비 등에 대한 그 기업의 투자, 기술개발능력을 좌우하는 연구개발지출(R&D지출), 시장에 대한 독점의 정도 혹은 시장점유율, 기업의 재무상태, 기타 기업 환경 등에 의존할 것이다.

주식가격의 형성에 가장 중요한 "예상" 당기순이익을 정말로 전혀 예측할 수 없을까? 아래(제2장 3절)에서 언급하는 "어닝 서프라이즈"를 실현하거나, "적자"에서 "흑자"로 돌아서는 기업들의 매출, 영업이익 및 당기순이익의 분기별 추이를 분석하면, 앞으로 그 기업들의 당기순이익이 지속적으로 증가할 수 있는지 여부를 어느 정도 추정할 수 있다. 특히 매출구조, 그 구성 비율과 금액 등의 추이를 분기별로 면밀히 검토해보면, 초보자들도 확신을 갖고 예측할 수 있다. 적어도 다음 분기 혹은 몇 분기에 걸친 당기순이익의 증가속도를 예측할 수 있다. 예컨대 신상품 혹은 신기술에 의한 제품에서 꾸준한 매출 신장세를 보이고 있다면, 거의 틀림없이 당분간, 이를테면 적어도 다음 분기나 1년 동안의 내재가치가 상승한다고 추정할 수 있고, 그에 따라 주식가격도 꾸준히 상승한다고 추정할 수 있다.

4) 주식가격의 결정요인

주식의 내재가치는 주식의 이론적인 가치 혹은 실제 주식가격이 수렴한다고 가정할 수 있는 주식의 균형가격이라고 할 수 있다. 그렇다면 주식가격은 현실적으로 어떻게 결정되는가? 이 문제는 제2장 이하에서 검토될 것이다.

주식시장은 필요악이다?

주식시장은 자본주의 체제에서 필요악이라고 주장한다. 주식시장은 자본주의 체제에서 산업자본의 조달을 위해선 반드시 필요한 제도적 장치이지만, 주식시장이 허가받은 투기장으로 변모하고 있어서 경제를 불건전화하면서 동시에 불안정화하고 있기 때문이다. 좀 더 자세히 검토해보자.

주식시장은 자본주의 체제에서 두 가지 이유 때문에 필요한 제도적 장치이다. 첫째로 앞에서 언급했던 발행시장에서 기업들은 원리금 상환의 압박을 받지 않으면서도 설비투자에 필요한 자금과 운전자금을 조달하고 있다. 만약 주식시장이 존재하지 않는다면 기업들은 회사채를 발행하거나 은행으로부터 차입해야 하며, 그에 따라 정기적으로 이자를 지급하고 원금을 상환해야 하는 압력을 받게 된다.

둘째로 기업이 발행한 주식을 보유한 자산 수요자들은 유통시장에서 필요한 시기에 별로 손해 보지 않으면서 혹은 어떤 경우엔 이익을 보면서 주식을 손쉽게 현금화할 수 있다. 예컨대 삼성전자와 같이 전혀 사고 팔 수 없는 비유동적인 자산을 주식이라는 수단을 이용하여 삼성전자라는 거대한 회사를 매일 사고 팔 수 있다. 이것을 전문용어로 '유동성을 제고시킨다' 라고 말한다.

이런 두 가지 이유로 인하여 자본주의 체제에서 주식시장은 기업의 입장에서 혹은 자산 수요자의 입장에서 없어선 안 될 중요한 제도적 장치이다. 이 주식시장이 잘 발달되고 활성화됨에 따라 그 나라의 경제도 양적인 성장과 질적인 발전을 비약적으로 성취할 수 있다. 그만큼 주식시장은 국가경제에서 필수불가결한 제도인 것이다.

그렇지만 주식시장은 두 가지 관점에서 경제에 해악을 끼치고 있다. 우선 주식시장은 사실상 허가받은 거대한 도박장이라고 볼 수 있다. 물론 이 문제는 다음 절에서 더 진지하게 검토될 것이지만, 여기서는 간단히 언급하고 넘어갈 것이다. 주식시장에서는 기관투자자, 자금력이 풍부한 큰 손들이 주식시장을 좌지우지하면서 자금력이 빈약한 개미들의 호주머니를 호시탐탐 노리고 있다. 개미들도 일확천금을 노리고 주식시장에 참여한다. 소위 공인된 투기장이 열리고 있다고 볼 수 있고, 좀 더 극단적으로 말하면 허가받은 도박이 주식시장에서 판치고 있다고 말할 수 있다.

　미국과 같은 선진 주식시장에서는 불공정행위에 대한 감시가 철저하게 이루어지고 발각되었을 때에는 다시는 재기할 수 없을 정도로 엄청난 벌과금을 매기고 가혹한 형량을 선고한다. 하지만 우리나라에선 웬만한 작전, 사소한 내부거래 등은 눈을 감고 있고, 감시기관들 간의 정보 감추기 등으로 적발을 거의 안하고 있으며, 불법행위가 적발된다고 해도 솜방망이 처벌이 보통이라서 실효성이 거의 없다고 보아도 과언이 아니다.

　둘째로 주식시장에서 주식가격의 움직임은 대단히 가변적이며, 그에 따라 주식시장에서의 자금조달도 들쭉날쭉하며, 기업의 투자도 등락이 심하고, 경제도 그에 따라 부침하게 된다. 즉 주식시장의 불안정성이 곧 실물경제의 불안정성을 유발한다.

　이런 관점에서 본다면 주식시장은 경제를 불건전화하고 나아가서는 경제를 불안정화하기도 한다는 관점에서 없어져야 할 악덕이라고도 말할 수 있을 것이다. 그렇지만 그런 악덕도 앞에서 언급했던 두 가지 이점 때문에 인내해야 할 것 같다.

　끝으로 우스갯소리를 한 마디 한다면, '주식투자를 하다가 망하면 국가와 민족을 위해서 망했다'고 할 수 있다. 즉 국가 기간산업과 기업의 투자 자금조달에 기여하면서 돈을 잃었다고 자위(?)할 수도 있을 것이다. 언론에 거론되었던 것처럼 어떤 연예인은 필리핀 카지노에서 도박을 하다가 돈을 잃고서 도박 때문에 망신당하고 더불어 외화를 밀반출했다는 죄목으로 구속당하기도 한다. 정선 카지노에서 했더라면, 그런 망신은 당하지 않았을 텐데! 또 일부 연예인은 인터넷 불법도박을 하다가 돈을 잃고 연예 프로그램에서 중도 하차하는 불상사를 당하기도 했다. 같은 돈을 잃더라도 주식시장이나 선물·옵션시장에서 잃었다면 동정을 얻거나 적어도 그런 망신은 당하지 않을 것이며, 그리고 '국가와 민족을 위해서 돈을 잃었다'고 자위할 수도 있었을 텐데!

2. 주식시장은 허가받은 도박장이다?

"비유를 약간 달리하면, 경연자들이 100장의 사진으로부터 가장 아름다운 6명의 얼굴을 선택하며 그리고 전체 경연자들의 평균적인 선호에 가장 근접한 선택을 한 경연자에게 상금이 주어지는 신문사 경연은 전문적인 투자에 비유될 수 있다. 결과적으로 각 경연자는 자신이 가장 아름답다고 느끼는 그런 얼굴들을 선택하는 것이 아니라, 모든 경연자들이 동일한 관점에서 그 문제를 바라보고 있는 상황에서 다른 경연자들의 마음에 가장 잘 들 것으로 생각하는 그런 얼굴들을 선택해야 한다. 그것은 한 사람의 최선의 판단에 따라 실질적으로 가장 아름다운 얼굴들을 선정하는 것이 아니며, 더욱이 평균적인 의견이 진정으로 가장 아름답다고 생각하는 얼굴을 선택하는 것도 아니다. 우리는 평균적인 의견이 평균적인 의견이 무엇이라고 기대하는지를 예견하는 데에 우리의 지능을 전념시키는 제3의 경지에 도달했다. 그리고 본인은 제4, 제5 그리고 더 높은 경지를 실천하는 몇몇 사람들이 존재한다고 생각한다."(Keynes, J. M., 1936, p.156)[1]

케인즈의 미인 경연대회와 미스코리아 선발대회

주식시장에서 나타나는 큰 손들의 행위를 비유적으로 표현한, 위에서 인용된 케인즈의 『일반이론』(1936)에 나타난 견해는 '미인 경연대회'(beauty contest)라고 불리며 다양한 해석이 제시될 수도 있다. 여기서는 미스코리아 진선미 3인을 선발하는 경연대회를 상정하고 미인들을 주식으로 간주하는 경연에서 진선미에 해당하는 주식들이 어떻게 선택되는지를 검토해보자. 물론 여기서 제시되는 견해에 전적으로 동감이 안 될 수는 있으나 주식시장의

---

1) 이 인용문은 조순, 『화폐금융론』, 비봉출판사, 1985, p.135에서 처음 발견했다.

본질을 이해하는 데 도움이 될 것이다.

우리는 2,500명의 미스코리아 후보(2,500종목의 주식)가 있고, 미스코리아 선발대회에서 다수의 심사위원(기관투자자, 큰 손)이 있으며, 심사위원들과 일반인 모두(주식시장 참여자 전부)가 투표에 참여한다. 투표 참여자들의 평균적인 선호에 가장 근접하는 미인 3인(주식)을 선택한 심사위원(우승자)에게 상금이 수여된다. 여기서 상금은 주식투자를 통해서 번 돈을 의미하며, 평균적인 선호에 근접할수록 번 돈은 커지게 된다. 여기서 심사위원(기관투자자와 큰 손)에게만 상금이 수여된다는 것은 다른 관점에서 본다면 큰돈을 벌 수 있는 사람은 오로지 그들만이라는 것을 암시한다. 그런데 여기서 유의할 점은 일반인(개미) 각자는 투표의 비중이 굉장히 미미하지만 전체로 합산하면 상당한 비중을 차지하며, 그리고 심사위원(기관투자자, 큰 손)들 각자의 투표의 비중도 전체 선호에 영향을 미칠 정도로 상당하다는 것이다.

미스코리아 선발대회에서는 원칙적으로 심사위원들은 미스코리아 후보자들의 몸매, 걸음걸이, 교양, 말솜씨 등을 평가하여 점수를 매길 것이다. 이것은 주식 발행기업의 경영전략, 재무상태, 과거실적, 기술경쟁력, 인적자원 등을 평가하여 점수를 매기는 것(소위 기본적 분석-후술)으로, 케인즈의 견해에 따르면 심사위원 자신의 평가를 반영하는 것이며, 케인즈의 용어로 재해석하면 가장 낮은 수준의 '제1의 경지'에 해당한다. 미스코리아 선발대회는 청중의 의견이 반영되긴 하지만 거의 '제1의 경지'에서 끝난다고 보아도 무방할 것이다.

상금을 받기 위해선, 즉 더 많은 돈을 벌기 위해선, 심사위원(기관투자자, 큰 손)들은 자신들의 판단에 따라 점수를 매기는 것이 아니라, 일반인(개미)들이 좋아하는 성향을 파악하는 데 주력한다. 케인즈의 언어로 표현하면 심사위원(기관투자자, 큰 손)들은 일반인(개미)들이 어떤 후보(주식)들을 좋아하는지를 제3자 입장에서 분석하는 데에 심혈을 기울여야 한다. 이것은 케인즈의 용어로 재해석하면 '제2의 경지'에 이른 것이다. '제2의 경지'에선 심사위원(기관투자자, 큰 손)들이 일반인(개미)들이 무엇을 좋아하는지를 분석하면서 그 분석에 따라 자신의 투표를 결정한다. 즉 '제2의 경지'에선 심사위원들이 일반인(개미)들의 심리를 분석하고 그들의 호주머니를 호시탐탐 노린다고 볼 수 있다.

그러나 이것만으로는 많은 돈을 벌지 못한다. 즉 우승할 수 없다. 따라서 각 심사위원(기관투자자, 큰 손)은 '제2의 경지'에서 얻어진 결론으로부터 다른 심사위원들이 어떤 후보(주식)들에게 투표할 것인가를 예견하는 데에 진력해야 할 것이다. 왜냐하면 본인과 다른 심사위원들의 투표는 최종적인 선호에 심대하게 영향을 미치기 때문이다. 환언하면 다른 심사위원들이 어떤 후보에게 투표할 것인가를 감안하면서 자신의 최선의 선택인 자신의 투표를 결정하는 것이다. 바로 이것이 케인즈가 언급하는 '제3의 경지'이다. '제3의 경지'는 주식시장에서 개미들의 호주머니를 털고자 할 때 다른 기관투자자들의 행동을 감안하면서 개미들의 호주머니를 어떻게 하면 더 많이 털 수 있는가를 연구하는 단계이다. 즉 각 기관투자자는 개미들의 심리를 분석하여 그들의 선호를 파악한 것만으로는 많은 돈을 벌 수 없고, 다른 기관투자자들의 심리를 분석하고 그들의 선호까지도 파악을 해야 한다는 것이다.

그리고 '제4의 경지'는 아마도 다음과 같을 것이다. 한 심사위원(기관투자자, 큰 손)이 개미들의 성향과 그에 따른 다른 심사위원들의 성향을 파악하고 최종적으로 어떤 후보에게 투표하기로 결정하고 실제로 투표를 한다면, 다른 심사위원들이 자신의 투표에 대해서 어떤 반응을 보일 것인지를 예견하는 것이다. 이를테면 한 심사위원이 특정한 후보에 투표하기로 결정하고, 다른 심사위원들이 그 특정한 후보에 투표하리라고 예상한다면, 그 심사위원은 그 특정후보에 대한 투표를 실행할 것이다. 만약 그렇지 않다면 자신의 의사결정을 수정해야 할 것이다.

그리고 '제5의 경지'와 '더 높은 경지'는 이런 투표의 영향을 고려하여 자신의 투표 결정을 수정하고, 그런 수정이 다른 심사위원의 투표에 어떤 영향을 미칠 것인가를 분석하는 등 예견의 연속을 의미할 것이다. 더 높은 경지에 이를수록 투표에서 우승할 확률은 더 높아질 것으로 추측된다.

케인즈의 견해를 재해석해 보았는데, 정확한 해석은 아닐 수 있으나, 이 논의의 핵심적인 골자는 기관투자자와 큰 손들은 주식 자체에 대한 분석도 중요시 하겠지만, 소액 투자자들인 개미와 다른 기관투자자들의 심리를 분석하는 데에 심혈을 기울인다는 것이다. 현실적으로 이런 일은 다반사로 일어나고 있다. '더 높은 경지'에 해당되는 것들은 통상적으로 작전이라고 불리며, 합법적으로도 얼마든지 자행될 수 있는 선물과 옵션을 이용한 거래도 여기에 속하며, 최근에 등장한 고도의 거래도구 프로그램인 알고리즘 매매도 이런 노력의 결실이라고 볼 수 있다. 따라서 거대한 자금을 운용하는 기관투자자들은 다른 기관투자자들의 행동을 파악하고 그에 따른 적절한 대응을 자동적으로 실행시키는 프로그램을 어떻게 잘 만드느냐에 따라 그 성과가 크게 달라질 수 있다.

허가받은 도박과 그 특징

항간에 유행했던 '바다이야기', 유명 개그맨이 빠져서 물의를 빚었던 인터넷 도박, 자투리 시간에 즐길 수 있지만 금액이 커지면 도박으로 취급되는 고스톱, 포커 등은 소위 허가받지 않은 도박이다. 인터넷 도박의 장점은 100원을 투자할 경우 회수되는 금액이 평균적으로 6~70원 정도라 그런대로 회수율이 높으며, 그리고 집에서도 앉아서 즐길 수 있는 도박이라는 점이다. 그렇지만 허가받지 않은 도박을 너무 즐기다가는 톡톡히 망신을 당할 수도 있다.

우리 주위에서 많이 볼 수 있는 경마, 경륜, 오픈 카지노, 로또, 스포츠 토토, 관광복권 등은 허가받은 도박이다. 허가받은 도박은 'minus-sum game'이다. 100원을 투자한 경우 평균적으로 60~75원 정도만 회수되기 때문이다. 베팅 금액 중 30% 내외의 금액이 운영비용이나 조세로 쓰이기 때문이다. 이런 관점에서 본다면, 허가받은 도박은 심심풀이나 스트레스 풀기 위하여 내기를 거는 것은 좋지만, 돈을 따기 위하여 허가받은 도박에 내기를 건다면 그 내기는 머리 나쁜 바보들이나 하는 게임이다. 어쩌다 운이 좋아서 딸 수는 있으나, 그 이후에 내기를 계속한다면 본전까지 전부 잃어버리는 것이 허가받은 도박의 특성이다.

반면에 친구나 지인들끼리 심심풀이로 혹은 점심내기나 저녁내기로 하는 국민 오락인 고스톱은 보통 놀이로서 인정받고 있는 'zero-sum game'이다. 그렇지만 이것도 금액이 커지면 도박으로 몰리고 참여한 사람들은 경찰서나 파출소에서 톡톡히 망신을 당한다. 누군가가 파출소에 신고하면 경찰관은 어쩔 수없이 출동해야 한다. 그래서 어떤 이는 이웃을 잘 사귀어야 한다고 말한다. 심심풀이로 할 때에는 허가받은 도박보다는 괜찮은 게임이라고 생각한다. 그 이유는 잃은 사람과 딴 사람의 돈을 합치면 0이어서 '−'는 아니기 때문이다.

그런데 고스톱에서 만들어진 자금은 소비자금으로 쓰이지만, 허가받은 도박에서 만들어진 자금은 조세의 성격을 갖고 있어서 좋은 용도로 활용될 수 있는 장점이 있다. 문제는 허가받은 도박이 사행성을 조장하는 한탕주의를 국민들에게 심어준다는 것이다. 더욱이 대부분의 부자들은 허가받은 도박, 이를테면 오픈 카지노, 경마, 로또복권 등을 하지 않는다. 혹시 삼성의 이건희 회장이 강원도 정선 카지노에서 슬러트 머신이나 블랙잭을 하고 있는 것을 보거나 들은 적이 있는가? 아마 아무도 보거나 들은 적이 없을 것이다. 불행하게도 서민들만이 여기에 부지런히(?) 많이 참여한다. 그 결과 서민들의 가정경제를 파탄에 이르게 하고 나아가서는 '스스로 사망하게' 만들기도 한다. 정부의 부도덕성이 여기서도 빛(?)을 발한다.

사실 조세를 갹출하는 방법 중 소득세는 소득이 많은 사람에게 조세를 많이 부담시키고 소득이 적은 사람에겐 적게 부담시키거나 면제시키기 때문에 상당히 바람직한 선진국형 조세징수수단이기는 하지만, 조세저항이 대단히 강하다는 단점을 가지고 있다. 그 반면에 간접세(부가가치세, 주세, 담배세, 특별소비세 등)는 세금을 상품가격에 포함시켜서 징수하므로 조세저항이 적기 때문에 정부가 선호하는 후진국형 조세제도이며, 그리고 부자보다는 서민과 최빈곤계층에게 막중한 세금을 부담시키고 있으므로, 점진적으로 비중을 낮추어주다가 최종적으로는 없애버려야 할 조세제도이다.

이런 간접세에 유사하면서도 더욱 나쁜 세금갹출방법이 바로 허가받은 도박이며, 특히 당첨(금)이라는 달콤한 미끼를 이용하여 서민들, 그중에서도 최빈층의 호주머니를 털어가며, 급기야는 가정까지도 파탄 내는 굉장히 나쁜 제도이다. 건전한 국가라면 확실히 없어져야 할 제도 중의 대표적인 하나라고 본다.

주식투자와 고스톱의 유사점

필자는 주식투자도 허가받은 도박이라고 생각한다. 이 문제는 바로 다음 절에서 자세히 다루어보기로 하고, 여기서는 주식투자와 국민오락인 고스톱 간의 유사점을 찾아보고자 한다. 이것은 다른 관점에서 보면 허가받은 도박 혹은 허가받지 않은 도박의 특징이라고 할 수 있을 것이다.

첫째로 언급될 수 있는 것은 친구나 지인끼리 저녁내기 고스톱을 하는 경우 저녁 값을 갹출하기 위하여 한 판이 끝나면 적게 딴 사람에게서는 개평을 거두지 않지만 많이 딴 사람에게서 개평을 뜯는다는 것이다. 이렇게 모인 돈으로 그들은 저녁을 먹는다. 고스톱에서는 적게 따면 개평(제주 방언(?)으로는 꼬리끼리)을 뜯지 않고 많이 따야만 개평을 뜯어가는 예의(?)가 있다. 인터넷 도박 같은 허가받지 않은 도박에서도 개평에 해당하는 것을 반드시 뜯어간다. 허가받은 도박에 비해서 뜯어가는 액수가 적을 수도 있다. 그 이유는 세금을 내지 않기 때문에 나타난 현상이지, 도박장 개설자가 착해서 그런 것은 절대 아니다.

그렇지만, 주식에서는 어떤 사람이 주식을 살 때에 수수료(일종의 개평)를 내고, 팔 때에도 그 사람이 이익을 보면서 팔든 손해를 보면서 팔든 무조건 수수료(거래세를 포함하여)를 뜯어간다. 정말 무지막지하고 인간성이라고는 눈곱만큼도 도저히 찾아볼 수 없다.

지금은 수수료율이 경쟁에 의해서 엄청나게 낮아졌지만(아직도 투자상담사의 상담을 받고서 주식거래를 하는 경우엔 높은 거래수수료가 부과된다), 2000년대 초반까지만 하여도 수수료율은 대단히 높았으며, 증권사들은 수수료 수입을 늘리기 위하여 '금주의 유망종목'을 선정하여 발표하고, 1주일 후에는 다시 새로운 종목으로 교체하여 사고팔도록 하였다. 증권사의 수익이 대부분 수수료에 의존하던 시절에 있었던 이야기이다. 매입한 증권을 팔기를 주저하는 고객에게는 주식을 담보로 돈까지 빌려주기도 했으며(물론이 자금은 주로 고객의 예치금이다), 주가가 떨어져서 반토막이 되면 강제청산하여 소위 '깡통 계좌'를 만들기도 하고, 주식투자자는 창문에서 뛰어내려 '스스로 사망하게도' 만드는 범죄 아닌 범죄(?)를 저지르기도 했다.

둘째로 고스톱을 칠 때 친선 목적일 때에는 그렇지 않지만, 금액이 커지면 사기도박이 될 수도 있다. 화투에 자기들만이 인식할 수 있는 표식을 하거나 고도로 지능적인 경우엔 화투에 전자칩을 심거나 혹은 도박판이 벌어지는 방안에 카메라를 설치하거나 혹은 서로 짜거나 하는 등의 온갖 방법이 동원된다. 금액이 커지면 반드시 갖은 방법을 동원하여 상대방의 돈을 울거내려는 시도가 있게 된다. 허가받은 도박인 경마에서도 불법행위가 저질러지고, 기수와 마주 혹은 외부인과의 검은 거래가 밝혀지고 처벌받는 것도 바로 이런 이유 때문이다.

증권시장에서는 작전과 같은 불법행위가 너무나 많이 자행되고 있고, 잡혔어도 그 처벌은 솜방망이 처벌에 불과한 실정이다. 금융정보분석원의 정보라면 쉽게 잡을 수 있는데, 왜 그럴까? 독자들이 추측해 보기 바란다. 겉으로 드러난 명분은 증권시장의 활성화이지만? 물론 불법적인 작전도 항상 이루어지고 있지만, 공식적으로 허용된 합법적인 작전이 지속적으로 그리고 주기적으로 자행되고 있다. 이 문제는 본 절의 마지막 항과 다음 절에서 더 자세히 검토될 것이다.

주식투자는 왜 도박인가?

주식투자가 '도박'이라는 주장에 가장 발끈할 사람들은 증권사에 근무하는 사람들과 경영학과에서 '투자론'을 강의하는 교수들일 것이다. 투자론을 강의하는 교수님들이 특히 발끈할 것 같다. 왜냐하면 근엄하신 교수님께서 누구나가 부도덕한 것으로 인정하는 "도박론"을 강의하고 있으니까 말이다. 제 기억으론 15년 전쯤에 본교 경영대학원 최고경영자과정에서 강연할 때 이런 요지의 이야기를 한 후에 강연을 들은 모 증권사 지점장이 연구실로 항의 전화를 건 적이 있으며, 설득을 당한 후에는 주식시장의 장점을 꼭 이야기해 달라고 하여서 그 이후에는 강연할 기회가 생길 때에는 강연 말미나 중간에 "주식으로 망하면 국가와 민족을 위해서 망한 것이고 사실상 애국을 한 것"이라고 반드시 덧붙였다.

경제학에서 '투자'(investment)는 기계, 설비 등의 실물자산을 형성하는 것을 말하며, 국부(national wealth)가 증가하는 것을 의미한다. 반면에 주식에 투자하는 것은 '투기'(speculation)라고 하며, 국부를 증가시키는 데 기여한 주식 소유권의 단순한 이동일 뿐이다. 따라서 주식에 투자한다는 것은 경제학 용어론 투자가 아니라 미래 주식가격이 상승할 것이라는 기대, 즉 자본이득에 대한 기대에 베팅하는 것이다. 한 마디로 베팅, 즉 도박하는 것이다.[2]

---

[2] 필자는 원래 '주식투기'라는 경제학 관점에서 참된 의미의 용어를 사용하고자 했으나, 너무 과격한 것 같아서 보다 부드러운 표현인 '주식투자'란 용어를 사용한다.

그렇다면 주식투자는 정말로 도박일까? 도박이라고 주장할 수 있는 다섯 가지 이유를 제시하고자 한다.

1) 자금 규모에 의한 구분

경마, 경륜, 고스톱, 포커 등은 금액이 적으면 놀이문화의 일종이라고 평가된다. 사기가 없다면 공정한 게임이고, 소액이면 정말로 재미있으면서 일상적인 스트레스를 날려버릴 수 있는 훌륭한 놀이문화이다. 경마와 경륜에선 한 사람이 베팅할 수 있는 금액에 상한을 두고 있는데, 그럼에도 불구하고 상한을 교묘하게 어기면서 베팅을 한다. 오픈 카지노 혹은 외국인 출입 카지노에선 상한 자체가 없다. 베팅 규모가 큰 고객은 VIP로 특별 대우하기도 할 정도로 진정한 도박이다.

허가받지 않은 도박인 고스톱이나 포커의 경우 금액이 커지면 도박으로 취급된다. 옆집이나 어떤 사람이 파출소에 신고하면 호주머니에 있는 돈 전부가 판돈으로 취급되고, 베팅 규모가 부풀려지는 일이 다반사이다. 어떻든 도박으로 취급되는 근본적인 이유는 금액이 커지면 놀이문화라기보다는 남의 돈을 따 먹겠다는 불순한(?) 목적이 있다고 보기 때문이다. 고스톱이나 포커에서 자금력이 풍부한 사람이 특히 상대적으로 공정한 도박에서 이길 확률이 상당히 높다. 자금력이 있는 사람이 돈을 잃으면 판을 키우고 또 잃으면 또 키우다 보면 언젠가는 반드시 한 번에 잃은 것을 회수할 기회가 온다.

주식시장은 어떤가? 작은 규모로 베팅하면서 스트레스를 날려버리는 놀이문화인가? 그건 아니지 않는가? 아무리 찾아보아도 주식투자를 하면서 놀이를 즐기는 것이라고 말하는 사람은 여태까지 본 적이 없다. 인터넷 거래가 안 되던 시절에 증권사 객장에서 전광판을 보면서 일희일비 하는 모습을 많이 볼 수 있었고, 폭락장에서 망한 투자자가 객장의 유리창을 부수고 항의

하고 창문에서 뛰어내려 '스스로 사망하는' 사람들을 왕왕 볼 수 있었다. 이
들은 소액 투자자일 뿐이며, 이들은 기관투자자와 큰 손에 당한 것뿐이다.
주식투자 역시 자금력이 모든 것을 좌우한다. 이 문제 역시 다음 절(합법적
인 작전의 극치: 선물과 옵션)에서 다시 검토하겠지만 주식은 자금력이 풍부
하면 풍부할수록 주가지수에 더 많은 영향을 미칠 수 있으며, 그에 따라 합
법적으로 돈을 벌 수 있는 기회는 더 많아진다. 따라서 주식시장은 어떤 다
른 도박보다도 오히려 더 거대한 진정한 도박장이라고 말할 수 있다.

아주 오랜 전 1980년대 중반에 예비군 훈련에 동원되어서 정말로 재미없
는 정신교육(아마도 지금도 하겠지만 젊은이들의 귀중한 시간을 정말 왜 그
렇게 낭비시키는지 모르겠다)을 받는 중에 심심풀이로 읽었던 주간지에 나
온 인상 깊었던 이야기가 생각난다. 1980년대에 우리나라 최초로 콘도사업
으로 성공했으나 부채가 너무 많아서 유동성 부족으로 흑자 도산(이 부분이
뒤에서 명품주식의 조건 중 핵심사항이다)한 사업가가 주간지 기자와 인터
뷰한 내용이었다. '그 좋은 머리로 주식을 왜 하지 않았습니까?' 라는 질문
에 '엄청나게 큰 손이 있어서 저의 자금력으론 상대가 되지 않습니다. 주식
을 했다면 아마 저의 자본 전부를 금방 날렸을 것입니다' 라고 답변했던 것
을 기억하고 있다. 6～70대 연령의 사람들은 '엄청나게 큰 손' 이 누구인지
를 아마도 추측할 수 있을 것이라고 생각한다. 어떻든 핵심은 자금력이 주식
시장을 좌지우지할 수 있으며 개미들은 당연히 그 희생양이라는 것이다.

2) 수익률에 의한 판단

도박은 'zero-sum game' 이거나 'minus-sum game' 이며, 반면에 주식은
장기적으로 양의 수익을 가져다주는 'plus-sum game' 이라고 주장되기도
한다. 이런 주장은 경영학과에서 강의되는 '투자론' 과목의 저술자들이 강
변(?)하는 내용이다. 필자같이 주식은 도박이라고 정의를 내리면, 진리(사실

진리도 존재하지 않는데 말이다!)를 탐구하는 엄숙한 대학에서 도박의 기법을 강의하는 것이 되기 때문일 것이다. 사실 도박의 기법을 강의한다고 생각하면 뒤가 상당히 많이 켕길 것이다. 다음 절에서 언급하는 선물과 옵션을 이용한 헷징이라는 기법은 약간만 뒤집으면 최고수준의 작전기법이 된다. 그러니 경영학과 교수님들이 합법적인 작전, 소위 도박의 기법을 강의한다고 해도 할 말이 없게 된다. 강의하는 본인은 잘 모르지만 소위 범죄행위를 강의하고 있는 것이다.

앞에서 이미 언급했듯이 허가받은 도박은 투자자금 회수율이 평균적으로 70% 내외의 'minus-sum game'이며, 불법도박인 인터넷도박의 경우에는 투자자금 회수율이 다소 높을 것으로 추정될 뿐이다. 정말 그런지는 필자도 잘 모른다. 그런데 경영학과 '재무관리' 혹은 '투자론'을 담당하는 교수님들은 아마 거의 대부분이 주식투자는 'plus-sum game'이라고 주장할 것이다.

그렇다면 주식투자는 장기적으로 양의 수익률을 보장하는가? 주식투자자의 장기적인 수익률을 측정했던 경험적인 자료는 전무한 것으로 알고 있고, 실시했다고 해도 정확성을 기하기도 어려울 것이다.[3]

주식투자의 수익률을 개략적으로 추정할 수 있는 지표로서 주가지수의 추세를 들 수 있다. 'The Wall Street Journal'의 'Market Data'에 나와 있는 자료에 따르면, 우리나라 KOSPI 지수, 미국의 다우존스 지수, 영국의 FTSE 250 지수, 독일의 DAX 지수 등은 1990년대 초반 이래로 장기적인 상승추세를 보이고 있다. 이들 국가에 주식투자를 했다면 평균적인 수익률은 장기적으로 양의 값을 갖는다고 추측할 수 있을 것이다. 그렇지만 일본 NIKKEI 225 지수는 1990년 이후 장기적인 추세선이 20여 년간 하락하고 있으며(최근 아베노믹스로 상승세로 돌아섰지만), 중국의 상하이 종합지수

---

3) 필자는 기초 통계자료 자체가 결코 완벽하지 않기 때문에, 사실 통계학, 더욱이 계량경제학을 별로 신뢰하지 않는다.

도 2001년 이후 10여 년간 장기추세선이 대체적으로 수평선을 형성한다. 일본의 경우는 허가받은 도박처럼 장기적으로 음의 평균수익률을 얻는다고 추측할 수 있다. 중국의 경우에는 도산하는 기업들을 감안하면 음의 수익률이 가능하리라고 추정해볼 수 있다.

그런데 한국, 미국, 영국, 독일 등의 경우에는 양의 평균수익률을 얻는다고 정말로 단정할 수 있을까? 장기적으로 살아남은 기업들만을 고려한다면 그럴 수 있지만, 여러 가지 이유로 상장 폐지된 기업들의 '-100%' 수익률을 감안한다면 양의 수익률이라고 단정하기 어려울 수도 있다.

만약 상장이 폐지된 기업들을 고려하더라도 양의 수익률이 실현된다면, 그 경우에도 우리는 도박이라고 단정할 수 있다. 필자는 소액투자자들의 입장에서 주식투자를 검토하고 있기 때문이다. 기관투자자나 큰 손들은 정보 획득에서 우위에 있고, 자금력도 우위에 있으며, 투자기법도 단연 우위에 있어서 확실하게 장기적인 양의 수익률을 실현시킬 수 있을 것이다. 그렇지만 이들이 수익을 실현시킬 때 소액투자자들은 희생양이 되고 있으므로 시장의 평균수익률을 따라가기가 버겁다. 정보력의 부재 혹은 약화로 인하여 소액투자자들은 파산하거나 부도난 기업에 투자하는 경우가 다반사이다. 어떻든 소액투자자 입장에서 본다면 주식투자는 음의 평균수익률을 실현시키는 도박이라고 할 수 있다.

3) 정보 분석 여부에 대한 판단

주식투자는 정보 분석을 해야 하며, 그 정보는 기업에 관한 각종 정보, 국내외 경제, 정치 등에 관한 정보 등을 망라한다. 이들 정보는 고급 정보이고, 그 정보를 분석하기 위해선 고급 두뇌들을 필요로 하는 최첨단산업이라고 불리기도 한다. 현실적으로 주식투자에 관련된 금융업, 예컨대 증권사, 자산운용업, 투자자문사 등에 종사하는 사람들은 고급 두뇌들이며, 고학력, 고임금 직종으로 알려져 있으며, 경상계 학생들의 선망의 직종이기도 하다. 그리고 기관투자자들은 다른 사람이나 기관투자자들보다 더 많은 돈을 벌기 위해 더 많은 고급 두뇌를 끌어오고 활용하고 있다. 이런 관점에서 본다면 분명히 허가받은 도박이나 불법 도박과는 확연히 다르다.

그렇지만 허가받은 도박인 경마나 블랙잭 혹은 고스톱에서도 정보 분석이 필수적이다. 만약 정보 분석팀을 만들어서 지원한다면 그렇지 않은 사람에 비해서 분명 더 많은 돈을 딸 수 있을 것이다. 이때의 정보는 대단히 저급한 수준의 정보일까? 물론 정보 자체는 예컨대 다음의 패가 무엇이고 숨겨진 패가 무엇인가에 관련되어서 주식에 관련된 정보와는 확연히 다르다고 할 수 있다. 그렇지만 승부와 관련된 정보, 즉 다음 패와 숨겨진 패에 관한 분석은 확률에 관한 고도의 수학적인 분석이다. 주식에 관한 정보에 못지않은 대단히 차원이 높은 정보 분석인 것이다. 특히 사기도박을 시도하고자 한다면 현대 문명의 이기들이 총동원될 것이며, 그리고 사기도박이 아니라고 해도 도박판의 규모가 1,000억이나 1조 원이라면 기관투자자들이 동원하는 수준의 인력들, 이를테면 주로 확률분석 등에 필요한 물리학, 수학, 통계학 등의 박사급 인력들이 동원될 것이다.

주식과 관련된 인력이 최종적으로 하는 일이 무엇일까? 어떤 주식에 자금을 투자할 경우 그 주식가격이 장기적으로 혹은 단기적으로 상승할 것인가, 혹은 얼마의 배당 수익이 기대될 것인가 등과 같은 미래를 예측하는 것이다. 이것은 곧 다음 패가 어떤 패로 예상되는가, 혹은 다음 패가 돈을 벌게 할 것인가 등과 같은 확률적인 미래 예측과 별반 다르지 않다.

바로 이런 관점에서 본다면, 불행하게도, 소액투자자인 개미들은 정보 분석팀의 지원도 받을 수 없으며, 자신의 정보 분석 능력도 보잘 것 없을 수밖에 없다. 이들이 주식투자에서 돈을 벌었다면 어쩌다 실수(운?)로 돈을 번 것에 불과하다. 대부분의 개미들은 항상 진다고 보아야 타당하며, 주식투자는 결과적으로 개미들 입장에선 'minus-sum game'이면서 순수한 도박에 근접한다.

추가적으로 언급할 수 있는 것은 기관투자자들의 정보 분석의 내용과 관련된 것이다. 앞에서 인용된 케인즈의 견해에 따르면 일반인들, 즉 개미들의 성향을 분석하고, 이를 이용하려는 경향을 보이며, 그에 따라 주식과 선물 및 옵션을 동원한 합법적인 작전이 실행되는데, 이때 개미들의 심리를 정확히 파악하고 그것을 프로그램에 잘 반영시킬 수 있는 능력을 가진 기관투자자들이 엄청난 이득을 볼 수 있다. 기관투자자들의 정보 분석과 프로그램은 굉장한 고급인력을 활용하고 있지만, 그 내용은 과거 어떤 사건과 관련하여 개미와 다른 기관투자자들의 행동에 관한 분석이고 또한 '돈을 따먹기 위한 치졸한 전략'일 뿐이다.

일반적으로 그리고 상식적으로 생각할 수 있는 것처럼 기관투자자들이 투자 대상 기업의 미래 경영전략, 기술력, 인적자원, 판매전략 등에 관한 철저한 분석 위에서 그 기업에 투자한다는, 소위 워런 버핏이 언급했다고 하는 '주식에 투자하는 것이 아니라 기업에 투자하라'와 같은 생각으로 투자한다고 생각하는 것은 극히 일부의 사람들, 정보력이 강력한 일부 기관투자자들의 생각이며, 대부분의 경우 정말로 순진한 생각이고, 잘못된 오류이다. 헤지펀드, 사모펀드, 뮤추얼펀드에 투자하는 사람들의 단기적인 욕구, 즉 단기적인 높은 수익률을 충족시키기 위하여 이들 펀드들도 어쩔 수 없이 도박판에서 베팅하는 것처럼 할 수밖에 없다.

4) 도박은 순수하게 요행(luck)을 바란다?

소위 운에 의해서 도박의 결과가 결정된다고 주장하지만, 도박도 사실은 사기 칠 수 있는 기술을 포함하는 도박의 기술, 도박 경험 및 상대방의 기술이나 패에 대한 분석 등을 필요로 하며, 운이 중요한 역할을 하는 것은 사실이지만 순수하게 운에 의해서만 그 결과가 결정되지는 않는다. 만약 공정한 경쟁을 하고 정보 분석도 각자가 동일한 수준에서 이루어지며, 도박의 기술도 비슷한 수준이라고 한다면, 대체적으로 각자의 성과는 운에 크게 좌우될 것이다.

그렇지만 현실은 그렇지 않다는 것은 누구나 잘 알고 있는 사실이다. 도박기술수준이 높고, 경험이 많고 정보를 많이 분석한다면, 그때의 성과는 운에 의존하는 경우에 비해서 월등하게 높게 나타날 것이다. 더욱이 사기도박을 한다면 엄청난 이득을 가져올 수 있다는 것을 모를 사람은 아무도 없을 것이다. 게임의 결과를 운에 맡기는 것이 아니라 '자신의 의도대로' 이끌 수 있는 것이 사기도박의 진정한 특징이라고 볼 수 있다.

이자율, 물가, GDP, 경제정책 등의 국내외 경제상황에 대한 분석, 기업에 관한 분석, 각종 정보에 대한 분석에 의존해서 주식투자가 이루어진다고 한다면, 운에 의존하는 것에 비해서 더 나은 성과가 가능할 수도 있지만, 다음에 나오는 제2장의 효율적 시장이론에서 언급되는 것처럼 그 성과는 별로 신통하지 않을 것이다. 그 이유는 특히 주식투자의 성과는 궁극적으로 우리가 예측할 수 없거나 분석하기가 어려운 미래의 경제상황과 기업 환경 및 기업의 성과에 의존한다고 볼 수 있기 때문이다. 미래에 대한 예상이 그대로 적중한다면 그때 주식투자의 성과는 대단히 양호할 것이지만, 그렇지 못할 경우에 그 수익률은 매우 낮거나 손실을 부담하게 될 것이다. 예상이 맞느냐 혹은 틀리느냐는 운에 의해서 결정되므로, 결국 주식투자의 성과가 운에 의해서 결정된다고 볼 수 있을 것이다. 물론 여기선 정말로 공정한 경쟁이 주식시장에서 이루어진다고 가정할 경우이다.

기관투자자들은 이렇게 자신의 투기성과가 운에 맡겨지는 것에 만족하지 못하며, 자신들의 의도대로 성과가 결정되길 시도할 것이다. 이런 의도가 표출되는 것이 작전이며, 일부의 기관투자자들은 불법적인 작전을 실행하기도 하나, 대다수의 기관투자자들은 합법적인 작전을 시도하며, 이런 작전에 옵션과 선물이 동원되고, 최첨단기법이 활용된다.(후술) 앞에서 언급된 '자신의 의도대로' 이끌어가는 사기도박의 진정한 특징과 무엇이 다른가?!

5) 개미들은 항상 불리하다

개미들이 항상 불리하다는 관점에서 주식투자는 도박이라고 규정지을 수 있다. 앞에서 부분적으로 언급되기도 했지만, 본서가 취한 입장, 개미들 입장에서 본다면, 개미들은 기관들에 비해서 적어도 세 가지 관점에서 뒤지고 그에 따라 도박이라는 결론에 이른다.

우선 자금력에서 기관투자자에게 뒤지며 그에 따라 시세조작에 항상 당하는 입장에 선다. 개미들은 주식과 옵션 혹은 선물을 이용한 헤징전략(다음 절)을 실행할 수 없으며, 특히 주식시장에 대한 영향력을 전혀 갖고 있지 않아서 작전의 대상, 즉 작전의 희생양이 되고 있다.

그 다음으로 거래비용에서 기관투자자나 외국인들에 비해 항상 불리한 위치에 처해 있다. 연간 거래 규모가 일정한 크기를 넘어서면 상당수 증권사에선 VIP로 대우하며, 거래수수료는 거래금액의 일정비율이 아니라 정액제로 계약되며, 그 결과 단위금액 당 거래수수료는 대단히 저렴하게 된다. 외국의 민간 거래소들은 많은 거래를 한 경우엔 시장조성에 기여했다는 명목으로 수수료 일부를 환급해주기도 한다.

그리고 개미들은 기관투자자들에 비해 정보비대칭에 노출되어 있다. 기관투자자들은 정보 분석도 열심히 하지만, 주식을 발행한 기업들은 주식가격에 영향력이 큰 기관투자자들에게 정보를 신속하게 제공한다. 이런 점에서 개미들은 정말로 운에 따라서 자신의 성과가 결정되는 위치에 처하게 된다.

지금까지의 논의를 종합하여 보자. 주식투자는 순수한 도박은 아니지만, 도박성향이 대단히 강하며 극단적으로 표현하면 주식시장은 허가받은 거대한 도박장이라고 보아도 틀리지 않는다. 주식시장이 도박이냐 아니냐는 종류의 차이라기보다는 정도의 차이에 불과하다고 보겠다. 다시 언급한다면 주식시장은 노골적으로 돈 따먹기 같은 투전판처럼 보이지는 않지만, 점잖은 사람들이 모여서 노름을 하는 점잖은(?) 투전판이라고 보아도 과언은 아니다. 여기서는 놀이문화는 전혀 찾아볼 수 없고 돈 놓고 돈 따먹는 혹은 돈 잃는 잔인한 투쟁, 즉 약육강식만이 있을 뿐이다. 그렇지만 여기서 형성된 자금이 투자자금으로 변모하여 국가의 자본을 증가시키는 데 기여한다. 앞에서 언급했듯이 돈을 잃어도 '국가와 민족을 위해서 돈을 잃은 것', 즉 '애국하는 것'이 된다.

더욱이 정보 분석을 제대로 안하고 있고 자금력의 한계를 느끼고 있으며, 더욱이 작전이 횡행하고 있고 나아가서는 기관투자자들의 프로그램 매매에 대항하여야 하는 개미들 입장에서 주식시장을 본다면, 주식투자는 운에 의해서 전적으로 결정되는 순수한 도박에 정말로 근접한다고 생각한다. 따라서 이런 도박장에서 개미들은 '돈을 많이 따겠다'는 전략보다는 작전에 말려들지 않는 전략, 즉 개미지옥에 빠지지 않는 전략, 환언하면 '손실을 최소화한다'는 전략을 채택해야 약육강식의 살벌한 정글(주식시장)에서 그나마 살아남을 수 있다.

우리나라 주식시장에 나타나는 도박의 특성

우리나라 주식시장은 야만적인 정글의 법칙이 적용되는 시장이라고 하여도 과언은 아닐 것이다. 불법적인 행위들이 판치고 있으며, 만약 발각이 된다고 해도 자신들의 번 돈 중 발각된 부분과 약간의 추징금이나 내면 되고 징역형도 별로 없는 것이 우리나라 현실이다. 작전으로 번 돈의 3배까지 벌금을 부과할 수 있었으나 지금까지의 대체적인 법원의 판결은 번 돈의 100% 이하의 벌금을 부과했다. 최근 최하 100%의 벌금을 부과하도록 자본시장법을 개정할 예정이라고 한다. 만약 법이 그렇게 개정된다고 하여도 작전세력들은 열심히 작전을 실행할 것이다. 왜냐하면 발각이 되면 번 돈 100%를 벌금으로 내면 그만이고, 발각이 안 된다면 그런 불법행위의 수익은 전부 내 것이 된다. 참 좋은 작전 천국의 나라가 아닌가?!

작전과 같은 불법행위를 근절하는 방법은 법경제학에서 연구해야 할 과제인데, 우선 작전과 같은 불법행위는 100% 잡힌다는 생각이 널리 퍼지게끔 만들어야 한다. 금융정보분석원의 금융자료만 잘 활용하면 그런 작전세력의 뿌리 뽑기는 식은 죽 먹기일 텐데! 그 공무원들 자료만 부지런히(?) 저장만 하고 국록만 축내고 있는 것은 아닌지? 만약 자신들의 호주머니를 털어간다고 해도 그렇게 가만히 있었을까? 둘째로 작전이나 다른 불법행위를 하다가 걸리면 전 재산을 몰수당할 정도의 과중한 법금을 부과해야 할 것이다. 수익의 100%를 벌금으로 몰수하는 자본시장법은 작전세력을 비호하는 법령일 뿐이다. 자본시장법을 개정한다면 다시는 작전을 못하도록 만들어야 한다. 예컨대 1년간 확인된 불법행위의 수익이 10억 원이고, 주식시장에서 활동한 기간이 10년이라고 한다면, 10년 동안 불법행위를 한 것으로 간주하고 10억 원×10년=100억 원이나 혹은 그 금액의 3배 이상의 벌금, 즉 300억 원 이상을 부과시킬 수 있도록 법을 개정해야 한다. 가혹한 법 집행은 그런 불법행위를 거의 근절시킬 것이며, 만약 그럼에도 불구하고 불법행위를 한다는 것은 자신의 전 재산을 걸게끔 만들어야 한다.

작전하기 참 좋은 우리나라에서 작전의 결과 우리의 개미들은 그 등쌀에 죽어나고 있고 피눈물을 흘리고 있다. '오로지 애국하는 심정으로 주식시장에 동참해야만 할 것인가?' 정직한 사람들이 잘 살 수 있고 정직한 사람이 정직하게 돈을 벌 수 있는 풍토가 마련되어야만 할 것이다.

불법행위만 판치고 있는 것이 아니라 합법적인 방법(작전)을 동원하여 우리나라 주식시장을 교란시키면서 그 와중에 엄청난 수익을 챙기는 기관투자자와 외국인들(검은 머리 외국인들을 포함하여)이 엄청나게 많다. 우리나라의 시장구조가 그런 합법적인 행위(작전)를 통해서 엄청난 이득을 챙길 수 있게 만들고 있는 환경적 조건도 문제이다.

이하에서 불법적이거나 합법적인 '사기도박'(다소 과격한 표현이기는 하지만, 그 내용에서 보거나 혹은 개미 입장에서 보면, 그렇게 과격한 표현은 결코 아니다)의 내용들을 검토해보자. 불법적이거나 합법적인 사기도박의 특성은 간단하게 작전이라고 한다. 작전은 학술적인 용어는 아니지만 대체적으로 주가지수 혹은 주식가격을 조작하여 부당한 이득이나 합법적인 이득을 취하는 현상을 지칭하며, 작전세력은 그런 사람이나 기관투자자들로 정의될 수 있을 것이다. 이하에서 언급되는 도박의 5가지 특성들은 대부분 작전과 관련이 깊거나 작전을 보다 상세히 설명한 것들이다.

작전의 고전적인 형태는 1960년대 이후 1990년대까지 금융실명제가 실시되기 이전에 나타났던 형태들이며, 소위 야구의 작전 용어를 가져다 쓴 '치고 빠지기'(hit and run) 작전이다. 여러 증권사에 개설된 여러 가명계좌를 이용하여 코스닥이나 코스피의 소형주를 계속적으로 사들이고 동시에 유언비어, 즉 목표 기업의 주가 상승에 유리한 정보를 퍼트리면서 주식가격을 상승시킨 이후에, 관망하던 개미들이 대거로 몰려와서 한꺼번에 매수하면 바로 빠져서 나가버리는 작전이다.

고전적인 작전이기는 하지만 지금도 여러 증권사에 개설된 차명계좌를 이용하여 작전이 이루어지고 있으며, 과거에 비해서 보다 은밀하게 실행되고 있으며, 실명계좌를 통해서도 이런 작전이 이루어진다. 과거에는 작전세력들이 자금력이 모자랄 경우 재력가들을 수소문하여 투자클럽을 만들어서 공동자금을 마련하고 작전을 펴기도 했으나, 요즘은 인터넷을 통해서 투자카페를 만들어서 공동으로 작전을 펴기도 한다. 앞에서도 언급했지만 금융정보분석원의 자료를 가지면 이런 작전들을 적발하기는 손쉽지만, 그런 의도가 거의 없는 것 같다.

여기서 작전은 물론 불법적인 작전만을 의미하는 것은 결코 아니다. 후술하는 알고리즘 매매를 통해서도 합법적인 작전이 가능하며, 또한 다음 절에서 언급되는 '합법적인 작전의 극치', 즉 최고급 도박이라고 할 수 있는 선물과 옵션을 주식과 결부시키면서 어마어마한 규모의 이득의 실현이 합법적으로 가능할 수 있다. 선물과 옵션을 이용한 합법적인 작전은 그 구조가 복잡하고 그 내용이 길기 때문에 절을 달리하여 검토해 보겠다.

대표적인 작전으로 언급할 수 있는 다섯 가지 정도의 도박적 특성을 검토해보자. 물론 여기서 언급하는 도박은 개미들의 입장에서 바라본 것이며, 제3자의 입장이나 기관투자자의 입장에서 바라본 것은 아님을 유념해야 할 것이다.

1) 테마주 열풍

'테마주'는 대체적으로 앞으로 성장 가능성이 크거나 혹은 특정한 사건이나 정책 발표 시 수혜가 예상되는 주식으로 정의될 수 있을 것이다. 고전적인 작전 중의 하나이면서 작전 같지가 않은 정말로 투자할 만한 가치가 있는 주식들도 포함한다. 테마주로서 가장 적합한 것은 시대적 조류에 맞고 실제로 성과가 우수할 수 있는 주식이면 최적이며, 그렇지 않을 경우에도 개미들이 관심을 가질 만한 주식이면 된다. 아마도 앞에서 인용되었던 케인즈의 견해, 그중에서도 '제2의 경지'에 적절하게 적용 가능한 사례가 아마 테마주일 것이다. '제2의 경지'는 기관투자자들이 개미들의 심리를 분석하고 활용하여 개미들의 호주머니를 터는 낮은 수준의 작전에 해당한다.

2009년 전후 각광을 받았던 태양광 발전, 풍력 발전, 우주항공, 스마트그리드, 2차 전지, LED 등이 대표적인 테마주이며, 2012년 대통령 선거 전에 불었던 박근혜, 문재인, 안철수 관련주가 정치 테마주이다. 이들 테마주들은 정부의 에너지 지원정책, 항공우주 지원정책, 대통령 당선 가능성 등과 연결지어서 과도한 주가 상승 그리고 그 이후의 폭락을 반복하는 주식들이다. 이

테마주의 움직임 배경에는 유언비어를 퍼트리는 작전세력들이 있으며, 일단 유언비어를 통해서 주가를 띄우고 과도하게 오르면 매각하는 전략을 쓴다.

　예컨대 나로호가 발사하기 전까지는 항공 관련주가 폭등하고, 발사 실패 후에는 폭락하거나, 신재생 에너지정책이 발표된 후에는 에너지 관련주들이 폭등하고 그 이후에 폭락하거나 혹은 점진적으로 하락하거나, 천안함 피격, 연평도 포격 이후에 방위산업 관련주들이 폭등하다가 폭락하거나 꾸준한 하락 등이 나타난다. 이 과정에서 파도를 잘 타는 정말로 재주(?)가 좋은 사람들, 특히 운이 좋은 극히 일부의 개미들이 재미를 좀 보고, 개미들은 상투를 잡고 눈물을 흘리는 경우가 대부분이다.

2) 내부거래와 지배주주의 배임행위

　지배주주는 기업의 대주주이거나 혹은 상당히 많은 주식을 가지고 있어서 그 기업의 경영에 영향을 미칠 수 있는 주주들을 총칭한다. 이것은 도박장 개설자가 도박장을 개설할 뿐만 아니라 다른 도박꾼들과 어울려 도박을 하면서 도박장에 각종 장치를 이용하여 다른 도박꾼들의 돈을 울겨내는 것과 유사한 행위라고 할 수 있다. 왜냐하면 도박꾼들은 도박장 개설자를 신뢰하여 그에게 도박의 진행을 위임하였기 때문이다.

　기업의 경영과 관련된 공개되지 않은 정보를 '내부정보' 혹은 '내막정보'라고 하였는데, 지배주주는 이런 내부정보를 많이 갖고 있으며, 그런 내부정보를 이용하여 이득을 취할 수 있는 기회가 많다. 그리고 공개되지 않은 국가의 정책도 내부정보에 속한다. 전 세계적으로 주식시장에서 지배주주, 회사의 임직원 혹은 국가 정책의 입안이나 실행에 관여하는 공무원이 회사의 내막정보를 이용하거나 국가정책의 기밀을 이용하여 주식거래에서 이득을 보는 '내부자거래'는 법으로 금지하고 있다. 우리나라에서도 지배주주 혹은 임원들의 주식매매는 사후에 공시하도록 하고 있고, 고위 공무원들은 주식을 보유하지 못하도록 강제하고 있다.

그렇지만 우리나라에선 내부정보를 이용하여 공공연히 이득을 취할 수 있는 여지가 너무나 많다. 작전과 같은 굵직한 불법행위도 관대하게 처분하는 마당에, 하물며 금전적인 대가없이 말로만 전달되는 내막정보를 이용한 금전적인 이득에 대해선 당연히 관대할 수밖에 없는 것이 우리나라의 법집행 현실인 것이다. 지배주주나 임직원 혹은 경제정책 담당 고위 직급을 잘 알고 있어서 이들로부터 내막정보를 획득하여 이득 보는 것은 주식시장에서 너무나도 잘 알려진 공공연한 비밀이다.

지배주주와 관련하여 개미들이 막대한 피해를 입는 것은 지배주주의 배임행위이다. 배임행위는 대체적으로 자신과 다른 주주들을 대리하여 회사를 경영하고 있는 지배주주가 자신의 임무를 다하지 않고 회사나 다른 주주에게 손해를 끼치는 행위를 일컫는다. 배임행위의 대표적인 유형으로는 회사 공금 유용, 회계부정 혹은 분식회계, 자회사 혹은 관계회사에 대한 부당 지원 등이다. 이런 배임행위의 결과 그 회사의 이익이 크게 삭감되거나 적자로 전환되기도 하고, 급기야는 파산에 이르기도 한다.

이런 배임행위로 피해를 보는 이들은 당연히 주로 개미들이다. 개미들은 배임행위가 이루어지는 과정에서 정보를 획득하지 못하여 배임행위가 공시되었을 때에야 비로소 그 사실을 알게 된다. 그것을 늦게 알면 알수록 손해는 더 커지게 된다. 반면에 기관투자자들은 신속한 정보를 이용하여 빨리 빠져나오기 때문에 그 피해는 굉장히 많이 축소시킬 수 있다.

정부기관에서 발표한 배임행위의 징후는 다음과 같은 것들이라고 한다. 이익잉여금이 거의 없음에도 무상증자를 실행하거나 혹은 자주 실행하는 회사, 특별한 사유가 없음에도 불구하고 유상증자가 빈번하게 이루어지는 회사, 지배주주가 자주 바뀌는 회사, 총자본(= 총자산 – 총부채, 후술)이 0에 근접하거나 '–'인 회사, 테마주로 변신하기 위하여 정관에 사업목적을 빈번하게 변경시키는 회사, 자원개발사업을 신규로 추진하는 회사, 광구를 발견했다고 허위 공시하는 회사, 전환사채(CB)나 신주인수권부사채(BW)를 자주 발행하는 회사 등이다. 물론 이런 회사들 전부가 그렇다는 것은 아니고 일부 악덕 지배주주가 이런 방법을 동원하여 배임행위를 저지른다는 것이다.

3) 증권사의 추천종목

추천종목은 증권사가 앞으로 주가가 상승할 것이라고 예측하여 고객에게 매수하도록 권장하거나 혹은 고객에게 계속 보유하도록 권장하는 종목을 말한다. 원칙적으로는 증권사가 고객에 대한 서비스 차원에서 제공한다.

1970~80년대 증권사들의 수익 창출원이 주로 증권매매수수료에 국한되었을 적에, 증권사가 매수와 매도를 권장함으로써 매매수수료 수입을 증대시키기 위한 방편이었다. 특히 당시에는 금주의 유망 종목이라는 미명(?) 하에 10개 내외의 종목을 추천하고, 다음 주에는 한두 종목을 제외하고는 전부 바뀌는 방식으로 제시되었다. 그런데 아무리 경제상황과 회사의 환경이 급변하는 현대이기는 하지만, 지난주에 유망했던 회사가 일주일 사이에 갑자기 희망이 없는 회사로 바뀐다는 것은 상식적으로는 이해될 수 없는 현상이다. 증권사가 고객들의 매매를 부추겨서 수수료 수입을 늘리려는 잔꾀로밖에는 보이지 않는다.

고객 입장에서는 금주의 유망종목을 그대로 수용한다면 매주 사고팔아야 한다는 것이고, 보유 종목을 팔기를 원치 않는다면 보유주식을 담보로 대출해 주기도 했다. 이런 추세는 고객들로 하여금 단기투자를 종용하고, 주가가 하락할 때에는 차입한 개미들의 주식계좌가 증권사의 대출금 강제 상환으로 빈 계좌로 변모하는, 소위 '깡통계좌'가 속출하기도 했다. 특히 이런 깡통계좌는 주식시장이 활황을 보이고 있을 때 더 많은 수익을 얻기 위해 차입하는 경우 5~6개월 후 주식시장이 침체를 보일 때 빈발한다. 전 재산을 주식에 털어 넣었던 많은 희생자는 불행하게도 '스스로 사망하는' 길을 택하기도 했다. 물론 깡통계좌는 본인의 책임이지만 증권사도 일말의 책임을 느껴야 했었다. 최근에는 추천종목으로 명칭이 바뀌었고 수수료율도 경쟁으로 인하여 굉장히 낮아졌지만 자주 매매를 하거나 투자 상담을 받는 경우에는 특히 개미들에게는 만만치 않은 부담이다.

증권사 추천종목과 관련하여 유의해야 할 사항 세 가지가 있다. 첫째로 언급할 수 있는 것은 추천종목이 정말로 좋은 종목인가이다. 추천종목은 증권사 입장에서 다소 낮게 평가되었다고 생각해서 추천하는 것이지만, 개미들 입장에서는 정말로 좋은 종목이라고는 볼 수 없다. 추천종목도 과거처럼 1주일 단위로 바뀌지는 않지만 자주 바뀌고 있다는 것은 결국 증권사의 수수료 수입 때문이라는 것을 바로 알 수 있다. 종전의 의도와 크게 다르지 않다는 것을 유념해야 할 것이다. 따라서 추천종목은 참고사항으로만 생각하여야 하며, 그것에 전적으로 의존해서 투자할 생각은 접는 것이 신상에 이로울 것이라고 생각한다.

추천종목과 관련하여 유의해야 할 둘째 사항은 증권사가 추천하기 전에 이미 활용해 버린 종목이라는 것이다. 우리의 상식으로 생각해 본다면 증권사가 이 종목을 활용해 돈을 벌 수 있다면 모든 이에게 공표할 리가 없다는 것이다. 증권사가 보유한 종목을 팔고자 할 때 추천종목을 이용할 가능성도 전혀 배제하지는 못한다. 또한 VIP 고객인 큰 손이나 기관투자자에게 비밀스럽게 먼저 정보를 제공해 주고 나서 공개될 가능성도 충분히 존재한다. 물론 증권사 입장에서는 절대 그럴 리 없다고 하겠지만, 추천종목을 선정하는 것은 인간이고, 또한 인간이기 때문에 증권사 내부에서 추천종목이 미리 공개될 것이며 그 정보를 필요로 하는 이에게 우선 제공될 개연성은 충분히 존재한다. 진정으로 고객, 특히 개미들을 위한다면 추천종목이 증권사 내부에 있는 아무에게도 알려지지 않은 상태에서 고객들에게만, 특히 개미들에게 먼저 공개되어야 한다. 아마 그럴 가능성은 전혀 없다고 생각한다.

추천종목과 관련하여 정말로 중요한 셋째 사항, 즉 나중에 '효율적 시장 이론'에서 설명될 내용, 그리고 통상적으로 망각하는 중요한 사실은 '추천 종목으로 공개되는 순간 그 정보는 그 가치를 완전히 상실한다'는 것이다. 특히 단기적인 투자전략을 가진 사람들은 이런 추천종목에 의존해서 투자해선 절대 안 된다. 장기적인 시각을 가진 사람들은 부분적으로 검토하고 참고할 가치가 있지만, 정말로 좋은 종목인지는 역시 본인의 노력으로 분석을 해봐야 할 것이다.

우리는 몇 백만 원짜리 옷을 사는 것도 아니고 2~3만 원짜리 옷을 사면서도 직접 골라보고 입어보고서 구입한다. 하물며 몇 천만 원 혹은 몇 억 원어치의 주식을 사면서 남의 말만 믿고서 살 것인가? 물론 전문가라는 사람들의 말이라고는 하지만, 그 사람들을 정말로 믿을 만한가에 대해선 우리가 정말로 많이 생각해야 할 것이다. VIP 같은 큰 손이나 기관투자자들에 대해선 증권사가 제대로 된 정보를 제공한다고 볼 수 있다. 왜냐하면 그렇지 않을 경우 다른 증권사로 옮겨가기 때문이다. 그렇지만 우리 개미들은 옮겨가든 말든 그들은 겉으론 관심을 가지기는 하지만 실질적으론 별로 큰 관심을 갖지 않을 것이다. 이럴 경우 거꾸로 추천하는 것도 얼마든지 높은 개연성을 가질 것이다. 어떤 이들은 외국 증권사를 더 많이 신뢰하는 경우도 있으나 국내 증권사나 외국 증권사나 다 마찬가지라는 사실을 명심해야 할 것이다.

1960~80년대에는 거래수수료가 중요한 수입원이었으나 최근에는 서비스의 다양화로 수익원도 다양화하고 있지만, 거래수수료가 아직도 중요하기 때문에 주식매매 수수료 수입을 증대시키기 위해선 개미들도 중요하지만 기관투자자들과 큰 손들의 거래를 유치하는 것이 무엇보다도 더 중요하다. 큰 손이나 기관투자자에 대해선 일반적으로 연간 일정액을 거래수수료로 하는 정액제로 운영된다. 기관투자자나 큰 손은 1%의 이익만 발생해도 그 거래로부터 바로 그런 이득을 얻지만 개미들은 거래비용이 높기 때문에 이런 점에서도 불리한 위치에 놓여 있다.

추천종목과 유사한 관점에서 바라보아야 하는 것이 또 하나 있다. 그것은 증권사나 언론사의 기업분석보고서이다. 금융을 공부한 학부생들의 선망하는 직업이 애널리스트인데, 이들이 발표하는 것이 증권사의 각종 기업분석보고서이다. 기업분석보고서는 과거 실적만이 아니라 장래 전망까지 망라하는 형식을 갖추기도 하고, 기술적 분석을 중심으로 구성되기도 한다.

기업분석보고서는 주식투자의 참고자료로만 활용해야 한다. 증권사가 그 보고서를 발표하기 전에 주가에 영향을 줄 수 있는 경우에는 이미 활용되었다고 보아도 무방할 것이다. 앞에서도 언급했지만 공개된 자료로 단기적으로 이익을 보려는 생각 자체가 잘못임을 다시 한 번 지적하고자 한다.

언론사의 기업에 관한 기사, 즉 일간지의 경제면이나 경제신문의 일반기사로 등장하는 기업에 관한 르포 기사나 분석은 그 신문사가 추천하는 것으로 착각할 수 있으나, 이것은 광고란을 통한 광고와 같다고 보면 될 것이다. 기업이나 대주주가 기업의 이미지 향상을 위해서 자사의 주식가격을 관리하고자 할 경우 이런 방법을 동원하는 경우가 다반사로 나타난다. 특히 개미들에게 솔깃한 내용을 넣었을 경우 일시적으로 주가가 상승하는 경향이 있다. 그리고 일반기사로 등장한다는 내부정보가 외부로 유출되는 경우(아마도 그럴 가능성이 충분히 있다고 보아도 무방하다), 그 정보로 약간의 이익을 챙길 여지가 존재할 가능성이 충분히 있다.

요즘의 개미들은 과거에 비해서 굉장히 영악해져 있다. 어떤 증권사가 애널리스트를 동원하여 어떤 주식을 추천종목으로 추천하면, 그 주식의 주가는 하락하는 경향을 보인다. 너무 많이 당해서 학습하게 되고 그 결과 반대로 행동하기 때문이다. 그리고 기관들이 대량으로 보유하고 있는 물량을 매도하고자 할 때 추천종목으로 뜨면 바로 매도에 들어가기 때문이기도 하다. 역설적으로 보면 추천종목으로 뜨면 그 종목을 싸게 살 수 있는 기회가 되기도 한다. 참 주식시장은 알다가도 모를 존재이다!

4) '네 마녀의 날'

'네 마녀의 날'은 코스피 200 선물, 코스피 200 옵션, 주식선물, 주식옵션 등의 만기일이 동시에 도래하는 날이며, 3월, 6월, 9월, 12월의 둘째 목요일을 말한다. 그리고 매월 둘째 목요일에는 '옵션 만기일'이 도래하는데, 이 날도 네 마녀의 날에 못지 않은 날이다. '네 마녀의 날'과 '옵션 만기일'은 케인즈의 견해론 대략 '제3의 경지 그리고 그보다 높은 경지'에 도달한 기관투자자들이 합법적으로 작전하는 날이라고 보아도 무방하며, 특히 개미들이 이해하기가 어려운 고차원의 경지에서 합법적으로 개미들의 호주머니를 털어가는 날이다. 보다 자세한 설명은 다음 절로 넘기기로 한다. 어떻든 이 날에는 주가와 주가지수가 출렁거리고, 특히 급락하는 일이 종종 발생한다.

왜 이런 주가와 주가지수의 요동이 자주 발생하는가? 여러 가지 이유가 동시에 작용한다. 우선 우리나라 옵션은 만기일에 권리를 행사할 수 있는 유럽식 옵션이기 때문이며, 둘째로 만기일에 현물주가지수와 선물주가지수, 혹은 현물주가와 선물주가가 일치하기 때문이다. 이 경우 주식포트폴리오의 가격변동에 따른 손해를 헤지(방지)하고자 할 때 베이시스위험(예컨대 현물주가지수와 선물주가지수의 불일치로 발생하는 손실위험)이 없어진다. 셋째로 우리나라의 선물과 옵션시장이 주식시장에 비해 상대적으로 크기 때문이다. 우리나라의 주식시장 규모는 세계 12~14위 수준에 머물고 있으나 선물과 옵션 같은 파생상품시장 규모는 세계 1~3위권에 있기 때문이다. 이런 현상은 우리나라 사람들의 도박성향이 대단히 강하다는 것을 단적으로 증명해 준다고 볼 수 있다. 이런 비대칭이 외국인이나 거대한 기관투자자들에겐 합법적인 작전에 적합한 매력적인 시장이 되고 있다.

따라서 주식시장은 상대적으로 규모가 작기 때문에 외국인 혹은 기관 둘이나 셋이 담합하여 혹은 독자적으로 매수 혹은 매도를 통해서 코스피 200

주가지수에 영향을 주기는 그렇게 어렵지 않을 것이지만, 반면에 선물과 옵션시장은 상대적으로 규모가 크기 때문에 헤지를 위해 현물의 매수 혹은 매도 이전에 선물의 경우 매수 혹은 매도, 옵션의 경우 콜옵션 매수 혹은 풋옵션 매수를 한다면 선물과 옵션시장에 거의 영향을 주지 않는다. 코스피 200 주가지수에 확실하게 영향을 줄 수 있는 경우 헤지에 해당하는 수량만을 매수 혹은 매도하는 것이 아니라 훨씬 더 많은 수량을 매수 혹은 매도하면 엄청난 수익이 확실하게 얻어진다.

우리나라 주식시장의 매력은 바로 여기에 있다고 해도 과언은 아니다. 2011년 11월 둘째 목요일에 발생한 도이치증권의 사례는 약간의 법규 위반일 뿐이다. 합법적으로 할 수 있음에도 불구하고 실무자의 착오로 발생한 것으로 추측될 뿐이다. 자금력이 대단한 사람이 도박판에서 돈 버는 것과 완전히 흡사한 방식으로, 우리나라 주식시장에서 코스피 200 주가지수에 영향을 미칠 수 있는 자금력을 보유한 외국인이나 기관들은, 교과서에서도 나오는 내용을 약간만 응용하면, 합법적으로 돈을 얼마든지 쉽게 벌 수 있다. 이런 곳에서 개미들은 어쩌다 정말 실수로 운이 좋아서 돈을 조금 벌지 대부분의 개미들은 돈을 잃고서 피눈물을 흘린다.(보다 상세한 내용은 다음 절에서 논의)

5) 알고리즘매매(Algorithmic trading)

전통적인 주식거래방식은 투자자가 증권사 객장에서 증권사에 주문을 요청하면 증권사는 주문을 접수하고 주문을 집행하여 증권거래소에서 계약체결이 이루어지는 방식이며, HTS(Home Trading System)는 전통적인 방식에서 온라인으로 주문이 체결되는 방식이고 일반투자자들이 보통 집에서 주식을 거래하는 방식을 일컫는다.

알고리즘매매는 특정한 매매전략을 수행하기 위한 조건(이를 Algorithm

이라고 한다)을 전산시스템에 설정하고, 해당 요건에 부합하는 시장상황 발생 시 별도의 인적 개입 없이 자동으로 주문이 생성되고 발주되는 시스템매매방식이며, 투자자가 증권사를 통해서 증권거래소에 접근하는 방식(DMA, Direct Market Access)과 투자자가 증권거래소에 직접 접근하는 방식(순수 DMA)이 있다. 알고리즘은 수학과 컴퓨터 용어이며 문제 해결이나 과업을 수행하기 위해 입력된 자료를 토대로 결과를 도출하는 규칙을 언급한다. 이런 알고리즘을 주식거래에 적용한 것이다. 알고리즘 매매는 케인즈의 견해론 '제3의 경지'와 그 이상의 수준에 이른 기관투자자들이 합법적인 작전에 활용되는 도구이다.

알고리즘매매는 대체적으로 두 가지 유형으로 정리되는데, 첫째는 현물주가(혹은 현물주가지수)와 선물주가(혹은 선물주가지수) 간의 일시적인 가격괴리가 한계선을 넘으면 상대적으로 높은 가격의 물건에 대해 매도 주문, 상대적으로 낮은 가격의 물건에 매수 주문을 제출하여 무위험차익을 노리는 차익거래형이다. 이런 알고리즘매매는 시장의 불완전성을 기회로 활용하여 확실한, 즉 무위험적인 이득을 추구하며, 그에 따라 시장가격이 합리적인 수준으로 유지되게끔 만드는 중요한 역할을 수행한다.

알고리즘매매의 둘째 형태는 사건 추종형이다. 특정한 사건이 발생할 때 과거 주가(지수)의 흐름을 기반으로 자동적으로 주문을 제시하는 매매방식이다. 자동적으로 주문이 형성되고 체결되기 때문에 주가(지수) 흐름의 변동성을 증대시킬 가능성이 클 뿐만 아니라 옵션 혹은 선물과 동시에 거래되는 헤지형이 대부분을 이룬다고 볼 수 있다. 이 경우에는 알고리즘을 어떻게 하느냐에 따라 다를 수 있으나 헤지거래('합법적인 작전의 극치'에서 후술)를 이용하여 엄청난 이득을 챙길 수 있으며, 특히 네 마녀의 날 혹은 옵션의 만기일에 거래가 이루어지는 경우 천문학적인 이득이 가능하다.

알고리즘매매는 대량 매매의 주문을 소규모로 분할하여 짧은 시간 내에 동시다발적으로 제출하며, 1초에 수백 수천 건의 주문을 생성하므로 대량매매에 따른 시장충격을 완화하거나 혹은 최소화할 수 있는 장점이 있으며, 초단기매매를 통해서 아주 적은 이익을 추구한다. 2000년대 이후 자산운용사, 헤지펀드, 투자회사 등이 많이 이용하고 있으며, 2010년 미국 거래량의 50% 이상, 유럽 거래량의 30% 정도에 이르는 것으로 추정되고 있고, 우리나라도 상당량에 이를 것으로 추정된다.(현재 우리나라에서 많이 통용되는 프로그램매매는 자동으로 주문을 실행하는 것은 같지만 분할매매를 하지 않는다는 점에서 다르며, 어떻든 넓은 의미에선 알고리즘매매의 일종이다.) 이런 알고리즘매매는 1초에 수백 혹은 수천 건의 거래를 가능하게 하므로 거래수수료가 걸림돌로 작용할 수 있으나, 기관투자자들의 경우 우리나라나 선진국이나 대부분 정액제로 수수료를 결정하기 때문에 걸림돌로 작용할 수 없다. 우리나라에선 매도할 때 거래세가 부과되기 때문에 이런 알고리즘 매매가 보편화될 수 없다는 견해가 있지만, 엄청난 수익 창출이 가능하다면 거래세도 걸림돌로 작용할 수 없다.

이런 알고리즘매매에는 개미들과 관련해 두 가지 문제점이 도사리고 있다. 첫째로 알고리즘매매를 위해선 알고리즘을 기획할 수 있는 최고급인력의 풀(전산통계학과+경상계열학과+수학과 등의 출신 인재)을 필요로 하며, 그 결과 자산운용사, 헤지펀드, 투자회사 등만이 이런 매매를 운용할 수 있다. 결과적으로 개미들은 완전히 접근 불가능한 매매방식이며, 주식거래에서 불공정의 극치를 이루는 방식이다. 결과적으로 사기도박에 당하는 것과 유사하게 개미들은 이런 매매에 의해서 희생양이 될 수밖에 없다.

둘째로 앞에서도 언급했던 것처럼 헤지거래의 경우 가격 변동성이 증대될 수 있으며, 이런 가격변동성은 기관들에겐 호재로 작용하며, 이런 가격변동성을 빌미로 어느 정도의 시세조작이 가능하다. 이것은 공식적으로 허용된 가격조작이라고 할 수 있을 것이다.

예컨대 기관들이 대규모 수량을 꾸준히 매입한다면 주가지수가 상승할 것이고, 만약 매입한 수량을 꾸준히 매도한다면 주가지수가 원래의 수준으로 하락할 것이며, 그 결과 기관들의 수익은 0이 될 것이다. 만약 매수할 때에는 가격을 상승시켰다가 매도할 때에 알고리즘매매를 이용한다면 주가(지수)의 하락이 별로 크게 나타나지 않을 것이다. 이것이 바로 알고리즘매매의 이익인 것이다.

주가지수에 영향을 미칠 수 있는 물량을 보유하고 있는 자산운용사, 헤지펀드, 투자회사들만이 가능한 방법이며, 불공정게임의 극치에 속한다고 볼 수 있을 것이다. 만약 여기에 선물이나 옵션까지 가미시킨다면 매매이익의 크기는 엄청날 수 있을 것이다. 이런 이익의 추구과정에서 손해를 보는 측은 당연히 개미들 몫이라고 할 수 있다.

3. 합법적인 작전의 극치: 선물과 옵션

보통 우리가 주식시장이라고 말하는 유통시장은 자산 보유자들이 소지하고 있는 주식의 유동성을 높이기 위해서 존재한다. 쉽게 말하면 돈이 필요할 때 현금화를 용이하게 만들기 위해서 만들어졌다. 이런 유통시장의 중대한 문제점은 특히 자산운용사, 기관투자자, 헤지펀드 등이 대규모로 주식을 매입할 때 주가 상승으로 매입비용이 증가할 수 있으며, 또한 돈이 필요할 때 대규모로 매각해야 한다면 주가하락에 따른 손실을 부담해야 한다. 알고리즘매매로 부분적으로 그 비용부담이나 손실을 줄일 수는 있으나, 매입 및 매도 물량이 많아지면 비용증가 혹은 손실은 불가피하다고 본다.

바로 이런 문제를 해결하기 위해 만들어진 시장이 선물시장과 옵션시장이다. 예컨대 대규모 주식 매입에 따른 주가 상승의 부담을 제거하기 위하여 선물을 매입한다면, 대규모 주식 매입에 따른 매입비용 증가를 선물가격 상승에 따른 이득(선물을 낮은 가격에서 매입하고 높은 가격에서 팔 때 얻어지는 이득)으로 완전히 상쇄시킬 수 있다. 그리고 주식의 대규모 매각에 따른 주가 하락의 손실을 상쇄하기 위하여 선물을 미리 매도하면, 주가 하락에 따른 손실이 선물가격 하락에 따른 이득(선물을 높은 가격에서 매도하고 낮은 선물가격에서 매입하여 발생하는 이득)으로 완전히 상쇄시킬 수 있다. 기관투자자들의 이런 행태를 헤징(hedging)이라고 한다.

헤징이라는 좋은 목적으로 출발한 선물 혹은 옵션시장이지만, 주식시장에 영향력을 갖고 있는 기관들의 입장에선 헤징의 범위를 넘어서서 엄청난 수익을 가능케 하는 수단으로 자리 잡고 있다고 하겠다. 특히 우리나라같이 기관들이 주가에는 커다란 영향을 미칠 수 있지만 선물이나 옵션을 대량으로 매입하더라도 상대적으로 선물이나 옵션가격에는 크게 영향을 미치지 않을 경우 손실의 만회에 그치는 것이 아니라 엄청난 이득을 합법적으로 얻을 수 있다. 이런 이득이 가능한 것은 앞에서 이미 언급했지만 우리나라의 주식시장의 규모가 세계 12~14위 수준이지만, 선물과 옵션을 비롯한 파생상품 시장의 규모가 세계 1~3위권에 있기 때문이다.

개미들은 주식을 매수하거나 매도하고자 할 때 주식가격에 대한 영향력이 전혀 없기 때문에 헤징 할 필요성이 없다고 하겠다. 물론 보유기간 동안의 헤징을 위해서 선물이나 옵션을 보유할 수는 있지만 그 헤징을 통한 엄청난 이득은 완전히 불가능하다고 보겠으며, 오히려 자산운용사, 헤지펀드, 투자회사 등의 헤징으로 개미들은 피해만 본다.

본 절은 필자가 아주 쉽게 쓰려고 해도 너무나 전문적이면서 어려운 부분이라서 일반인이나 소액투자자들이 이해하기에는 다소 난해한 부분이어서 생략해서 넘어가더라도 큰 문제는 되지 않을 것이다. 비록 읽지 않고 넘어가더라도, 최상위 0.01%의 초대형 기관투자자들만이 선물과 옵션을 이용하여 개미들을 농락하고 있고 개미들을 개미지옥에 빠지게 만들고 있다는 것이 본 절의 핵심이라는 점만 이해하면 좋을 듯싶다. 그리고 선물과 옵션시장에 대해서 잘 아는 독자들, 특히 대학 때 '화폐금융론', '금융경제학', '투자론', '파생상품론' 혹은 '금융선물옵션이론' 등을 수강했거나 선물이나 옵션을 직접 거래했던 독자들은 둘째 항목인 '선물시장과 허가받은 작전'과 넷째 항목인 '옵션시장과 허가받은 작전'으로 바로 넘어가도 되겠다.

선물시장이란?

'선물계약'(futures contract)은 사전에 결정된 가격으로 미래의 특정일에 일정량의 상품 혹은 금융자산을 교환할 것을 매수자와 매도자가 계약하는 것으로 정의되며, 실제 계약은 거래소가 매수자, 매도자와 각각 따로 계약을 맺는 형태를 취한다. 이런 선물계약이 이루어지는 거래소시장을 선물시장(futures market)이라고 한다.(이런 계약이 장외시장에서 거래될 때 선도계약forwards contract이라고 한다)

선물시장은 중요한 세 가지 기능을 수행하는 것으로 알려져 있다.

첫째는 위험을 기피하는 사람들이 미래의 불확실성을 제거하고자 할 때 투기자에게 위험을 이전시키는 기능이다. 소위 헤징의 기능이다. 자산운용사, 헤지펀드, 투자회사 등이 투자자산을 주식으로 보유하는 경우 주식가격 변동에 따른 손실 위험을 선물을 통해서 헤지 하는 기능이다. 이 기능을 적절히 응용하면(물론 교과서에는 절대 안 나오는 내용이다) 사실상 불공정한 도박, 소위 합법적인 작전의 핵심 요인으로 등장한다.

둘째는 위험을 선호하는 사람(위험애호자라고 불린다)들의 투기적 욕구, 즉 도박성향을 충족시키는 기능이다. 이 기능은 선물의 상승 혹은 하락에 베팅을 하고 예측이 맞게 되면 돈을 벌고 틀리면 돈을 잃는 순수한 도박 성향을 충족시키는 기능이다.

셋째는 무위험 차익거래의 기회를 제공하는 기능이다. 개미들은 이런 기회를 전혀 활용할 수 없고 기관들만이 활용할 수 있는 기능으로 알고리즘매매를 통해서 이런 기회를 최대로 활용할 수 있다. 이 기능은 선물가격과 현물가격 간의 괴리가 어느 한계를 넘어서서 차익거래의 기회가 순간적으로 발생할 때 나타나는 기능이며, 주가지수와 선물지수의 가격 차이를 적정수준으로 유지시키는 유익한 기능이다.

주가지수, 주식, 통화, 금리 등의 금융자산이 선물시장에서 거래될 때 이를 '금융선물'(financial futures)이라고 한다. 금융선물은 표준화된 상품을 완전경쟁매매방식으로 결정된 가격으로 매매계약을 체결한 후 일정기간이 경과한 뒤에 미리 약정한 가격으로 상품의 인수도와 자금결제가 이루어지는 계약이며, 1996년 5월 코스피(KOSPI) 200 선물, 2001년 1월 코스닥 50(현재 스타지수 30) 선물이 개설되었다.

많이 거래되면서 허가받은 작전이 가능한 KOSPI 200 선물시장을 중요한 것 중심으로 간단히 설명하겠다.(개별 주식선물은 주가지수선물과 유사한 방식으로 거래되므로 여기서 설명은 생략하기로 한다) 코스피 200 주가지수선물의 대상은 주식시장에서 거래되는 코스피 200 주가지수이며, 사전에 정한 주가지수와 인수도하기로 계약한 미래 특정일에 현실로 나타나는 주가지수 간의 지수 차액에 대해 현금 결제한다.

주가지수선물의 특징은 대략 세 가지가 있다. 첫째로, 투자자들의 손익을 모두 합하면 0이 되는 'zero-sum game'이다. 물론 거래수수료를 공제하면 'minus-sum game'이 된다. 이것이야 말로 진정한 도박이다. 강원도 정선의 오픈 카지노와 동일한 게임이라고 생각하면 될 것이며, 특히 오픈 카지노의 슬러트 머신처럼 푼돈으로 하는 오락과는 달리 상당히 많은 금액으로 베팅하기 때문에 엄청나게 큰 도박이라고 하겠다. 만약 고스톱을 그런 규모로 베팅했다면, 경찰서에서 전문 도박꾼으로 몰려 상당한 형기를 치러야 할 것이다. 어떻든 거대한 도박장이 합법적으로 운영되고 있다!

선물의 움직임을 나름대로 예측할 수 있고 그에 따라 돈을 벌 수 있을 것이라고 생각하고 개미들이 선물에 투기하려고 몰려들고 있는 것이 우리나라 현실이다. 아마 오픈 카지노 혹은 다른 허가받은 도박보다는 승률이 높은 것만은 확실하다. 후술하는 허가받은 작전에서 언급하겠지만, 헤지펀드, 자산운용사, 외국인, 투자회사 등이 주식과 동시에 선물에 베팅하기 때문에, 대규모 큰 손들, 그중에서도 '상위 0.01%의 초대형 기관투자자들'은 선물의 움직임을 정확하지는 않지만 아마도 90% 이상은 그 방향을 알 수 있을 것이다. 선물의 움직임을 알 수 있는 것이 아니라 그 방향을 자신의 의도대로 조작할 수 있다! 즉 이들은 주식시장을 통해서 선물시장에 정확히 비례적이지는 않지만 상당한 영향력을 행사할 수 있다. 환언하면 이들은 미래의 선물주가지수가 어떻게 될 것인가를 예측한다기보다는 오히려 주식시장을 통해서 선물가격을 그들의 의도대로 조작하면서 엄청난 이득을 취한다. 개미들은 이들과의 경쟁에서 항상 질 수밖에 없는 게임이며, 어쩌다 정말 실수로 운이 좋아서, 즉 큰 손들의 행동을 우연히 뒤따르게 되어서 돈을 번 경우는 있을 것이다. 주식과 마찬가지로 개미들은 여기서도 항상 잡아먹히는 봉일 뿐이다. 몇 년 전 모재벌 총수가 500억 원의 선물투기를 풍문으론 점술가에게 맡겼다고 한다. 그리곤 몽땅 다 날렸다고 한다. 개미 입장에선 충분히 이해할 수 있지만, 상위 0.01%의 초대형 기관투자자들은 속으로 웃었으리라! 여기선 재벌 총수도 조금 큰 개미에 불과할 뿐이다.

둘째로, 적은 투자자금으로 큰 규모의 거래가 가능하다. 주식거래는 결제일(익익영업일)까지 매수자금을 100% 납부하여야 하지만, 주가지수선물은 약정금액의 일부분(15%)의 증거금으로 거래가 가능하다. 약정금액은 다음과 같다: 약정금액 = 선물지수 × 계약수 × 1계약단가(50만 원). 1계약을 체결한 경우 주가지수가 1포인트 움직일 때마다 50만 원의 손익이 발생한다는 것을 의미한다.

셋째로, 손실 폭이 클 수 있는 선물거래에서 손실 보는 측의 결제불이행 등의 위험을 사전에 막기 위하여 증거금 및 일일정산제도를 마련했다. 증거금은 선물계약 이행 확보를 위한 보증금이며, 선물계약을 신규로 체결하고자 할 때 예치하는 개시증거금, 그리고 선물계약을 보유하고 있는 투자자가 유지해야 하는 최소한도의 증거금으로 약정금액의 10%를 유지해야 하는 유지증거금이 있다. 매일매일의 선물가격의 변동에 따른 손실을 언제든지 보전할 수 있는 수준으로 증거금이 유지되도록 매일매일의 손익을 평가하여 유지증거금에 반영하며, 구체적으로는 투자자가 보유한 선물계약(미결제약정)을 매일 선물종가로 평가하여 그 손익을 증거금에 가감한다.

우리나라 주가지수선물의 결제월은 3월, 6월, 9월, 12월이고, 최종거래일은 각 결제월의 두 번째 목요일이며, 특히 이 날은 옵션의 만기일과 겹치기 때문에 '네 마녀의 날'이라고도 한다. 주가지수선물의 결제는 두 가지 유형이 있다. 우선 중도매매 시에는 중도매매한 선물가격과 전일 선물종가의 차이에 해당하는 손익을 결제하는데, 최종거래일 거래 종료 전까지 보유하고 있는 선물매수계약은 다시 매도(전매도)하고, 반면에 보유하고 있는 선물매도계약은 다시 매수(환매수)하여 선물계약을 종결한다. 그리고 최종거래일에는 코스피 200 현물지수 종가와 전일 선물종가의 차이에 해당하는 손익을 결제한다. 최종거래일에는 현물가격과 선물가격이 일치한다.

〈그림 1-1〉은 선물매매 시 손익곡선을 나타내고 있다. 위 그림은 선물을

그림 1-1 **선물매매 시 손익구조**

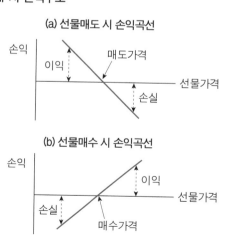

(a) 선물매도 시 손익곡선

(b) 선물매수 시 손익곡선

매도한 경우 손익을 나타내고 있다. 매도가격보다 선물가격이 상승하면 높은 가격에서 환매수하여 청산하여야 하므로 손실이 발생하며, 반면에 매도가격보다 선물가격이 하락하면 낮은 가격에서 환매수하여 청산하므로 이익이 발생한다. 즉 선물을 매도한 경우에는 선물가격이 하락해야 이익이 발생한다는 것을 알 수 있다.

아래 그림은 선물매수 시 손익곡선을 나타내고 있는데, 선물매도와는 반대로 선물가격이 상승해야만 이익이 발생하는 구조를 보여주고 있다.

선물시장에서 허가받은 작전

선물과 관련된 작전은 대단히 간단하다. 자산운용사, 헤지펀드, 투자회사, 외국인 등이 실물주식을 보유하고 있는 경우(혹은 공매를 시도할 경우도 포함)와 주식을 매수할 예정인 경우(공매한 주식을 다시 환매수할 경우 포함) 등 두 가지로 나누어서 생각해 볼 수 있다. 물론 여기서는 엄청난 물량의 주식을 매매하여 자신의 의지대로 코스피 200 주가지수에 충분히 영향을 줄 수 있는 0.01%의 초대형 기관투자자에 해당이 된다. 소규모 물량을 매매하여 코스피 200 주가지수에 영향을 주지 못하는 경우에는 단순한 헤지거래일 뿐이다. 여기서 논의되는 내용은 주식선물에도 그대로 적용된다.

케인즈의 견해론 '제3의 경지' 이상에 해당하며, 우리나라 용어론 프로그램매매를 통해서만 가능하며, 알고리즘매매를 하는 경우엔 효과가 극대화될 수 있으며, 작전을 인지하고 그에 대응할 수 있는 프로그램을 갖고 있는 다른 대형 혹은 초대형 기관투자자들의 알고리즘매매가 참여하면 그 효과는 배가될 수 있다. '네 마녀의 날'에 주자지수가 출렁이는 이유는 한 기관투자자가 작전을 합법적으로 하고 다른 기관투자자들이 뇌동매매에 참여하여서 주가지수에 크게 영향을 미치기 때문이다. 합법적인 작전을 처음 시작한 기관투자자는, 다른 기관투자자들의 뇌동매매가 있을 때, 혼자일 때의 이익에 비해서 더 많은 이익을 얻게 되며, 뇌동매매에 참여한 기관투자자들도 짭짤한 이익을 얻게 될 것이다. 케인즈의 견해론 '더 높은 경지'에 이를수록 이득을 취할 기회가 많아지고 또한 더 많은 이득을 얻게 될 것이다. 반면에 그들의 거래 상대방인 기관들과 개미들은 당연히 그 이익과 동일한 크기의 엄청난 손실을 입게 된다.

1) 주식매수 + 선물매수

우선 첫째로, 어떤 자산운용사가 코스피 200 주가지수에 따라 수익률이 정해지는 뮤추얼펀드(예컨대 인덱스펀드)를 모집하여 1조 원을 조성했고 이 자금으로 코스피 200에 포함된 주식을 아주 짧은 시간, 예컨대 10분 이내에 사들인다고 상정하자. 그리고 공매를 실행한 기관투자자가 상환에 필요한 주식을 다시 매수하는 경우에도 물론 그대로 적용된다. 만약 몇 개의 자산운용사, 헤지펀드 등이 담합하는 경우에도 동일한 효과를 낼 수 있고, 또한 다른 기관들의 컴퓨터가 알고리즘매매를 통해서 이런 상황을 자동으로 인지하는 경우에는 그 효과가 배가될 것이다.

1조 원어치의 주식을 짧은 시간에 사들이면 당연히 코스피 200 현물지수가 상승할 것이며, 동시에 코스피 200 선물지수도 동일하지는 않지만 비슷하게 상승한다. 그에 따라 여기서 우리는 주식 매입비용이 상승한다는 것을 알 수 있으며, 자산운용사 입장에선 손실이 발생하는 것으로 간주할 수 있고, 이런 비용 상승에 따른 손실을 선물매입을 통해서 만회하는 헤징이 가능하게 된다.

그런 선물매입을 통해서 어떻게 헤징하는지를 살펴보자. 현재 코스피 200 현물지수와 선물지수가 각각 200포인트라면, 1조 원 헤징에 필요한 선물매입 계약수는 1만 계약(=1조 원/(1 계약×200포인트×50만 원))이다. 선물계약의 매수는 주식을 매집하기 이전에 분산해서 조금씩 매입한다면 선물가격에 커다란 영향을 주지 않는다고 가정하자. 특히 우리나라의 선물시장의 규모가 주식시장에 비해서 상대적으로 크기 때문에 선물계약의 매수는 선물가격을 그렇게 크게 상승시키지 않을 것이다.

1만 계약의 선물을 매입한 이후에 1조 원어치의 주식을 매입함으로써 코스피 200 현물지수가 200포인트에서 210포인트로 5% 가량 상승했다고 가정하자. 그러면 자산운용사는 평균적으로 1조 원의 5%에 해당하는 500억 원의 추가 비용이 발생한다. 우리는 단순화를 위해서 이하에서 자산운용사가 코스피 200 현물지수의 상승에 비례해서 평균적으로 5% 상승한 가격에서 주식을 매입했다고 가정한다. 이때 만약 코스피 200 선물지수가 현물지수와 동일하게 200포인트에서 210포인트로 상승한다면, 여기서 선물계약을 매도하여 청산함으로써 발생하는 이익은 500억 원(= (210 − 200) × 1만 계약×50만 원)으로 추가비용을 정확히 상쇄시킨다.

그런데 최종만기일의 경우를 제외하면, 현실에선 선물지수와 현물지수가 다르고, 그 차이를 베이시스라고 하며, 시간 경과에 따라 그 차이가 달라질 수 있다. 이것 때문에 발생할 수 있는 손실위험을 베이시스위험이라고 하는데, 만기일에는 선물지수가 현물지수와 같아지므로 이런 베이시스위험이 없어진다. 여기서는 단순화를 위해서 선물지수와 현물지수가 일치하는 것으로 가정했으며, 그러더라도 알리고자 하는 내용을 충분히 전달할 수 있을 것이라고 생각한다.

만약 자산운용사가 자신의 주식매수가 자신의 의도대로 코스피 200 현물주가지수에 충분히 영향을 줄 수 있다는 것을 인지하고 있다면 선물매수계약을 1만 계약으로 할 것이 아니라 10만 계약으로 할 수도 있다. 만약 선물 10만 계약을 상당한 기간에 걸쳐서 매수한 이후[4]에 자산운용사가 주식을

---

[4] 엄청난 물량의 선물계약을 매수하고 매도하면 주가지수선물에 영향을 줄 수 있으나, 우리나라 선물시장의 규모가 세계적으로 최상위 수준이어서 현물주가지수에서 크게 벗어나지 않는다. 만약 크게 벗어난다면, 차익거래에 의해 그 차이가 축소될 것이다.

매입하기 시작하고 코스피 200 현물지수와 선물지수가 각각 5% 상승한다면, 선물계약을 매도하여 청산함으로써 발생하는 1만 계약의 이익은 주식매입비용 상승분을 상쇄시킬 것이며, 나머지 9만 계약은 순수이익 4,500억 원(= 9만 계약 × 10포인트 × 50만 원)을 낳게 할 것이다. 주가지수에 영향을 미칠 수 있는 기관들은 이런 허가받은 작전을 통해서 엄청난 이득을 자동적으로 발생시킬 것이다. 물론 이런 작전은 오로지 큰 손 중의 '상위 0.01%의 큰 손'만이 할 수 있는 작전이며, 그리고 이런 작전을 알고리즘매매가 인지하고 작동시키면 다른 큰 손 역시 엄청난 수익을 얻을 수 있을 것이다. 이 경우 다른 큰 손은 케인즈의 '제4, 제5 그리고 더 높은 경지'를 실행하는 경우에 해당한다.

2) 주식매도 + 선물매도

다음으로 자산운용사가 주식을 매수하고 보유하고 있다가 만기가 되어 뮤추얼펀드를 한꺼번에 상환해야 한다면, 보유주식을 매도해야 할 것이고 그에 따라 가격하락에 따른 손실이 불가피하게도 발생할 것이다. 물론 엄청난 물량의 주식을 공매하고자 하는 기관투자자에게도 동일하게 적용된다. 이때에도 자산운용사는 주식을 매도하기 이전에 선물 1만 계약을 상당한 기간에 걸쳐 매도하면 주식매도에 따른 가격하락의 손실을 선물매도에 따른 이득으로 완전히 상쇄시킬 수 있다. 물론 이 경우에도 자산운용사가 10만 계약의 선물을 매도한다면, 코스피 200 주가지수와 선물지수가 각각 5%씩 하락하는 경우 순수한 이익 4,500억 원을 확보할 수 있을 것이다. 앞의 경우와 완전히 반대되는 현상이므로 더 이상의 설명은 생략한다.

3) 공매와 하이에나

공매와 관련해 중요한 사실은 어떤 자산운용사가 공매를 시도하는 경우 다른 자산운용사, 증권사, 헤지펀드 등도 뇌동 매매할 가능성이 크며 그에 따라 주가하락이 더 크게 나타날 것이다. 여기서 우리는 케인즈가 언급했던 '제4, 제5 그리고 더 높은 경지'에 이르게 된다. 어떻든 그 결과 공매로부터 얻어지는 전체 이득은 ① 주식의 평균적인 공매가격과 공매 후 주식의 평균적인 매수가격 간의 차이, ② 공매 시 얻어지는 선물매도와 환매수에 따른 이익, 그리고 ③ 주식 반환을 위한 주식 매집 시 얻어지는 선물매수와 전매도에 따른 이익 등 세 가지로 구성될 수 있다. 코스피 200 주가지수에 심대한 영향을 줄 수 있는 기관투자자들이나 외국인들은 정말로 너무나 행복하다.

공매와 관련하여 정말로 흥미로운 것은 약간 실적이 나쁘거나 여러 가지 악재가 겹친 회사의 주식이 그 목표가 되고 있고, 공매를 하는 과정에서 악성 유언비어를 퍼뜨리면 그 효과가 더욱 치명적으로 발휘된다는 것이다. 만약 그 회사가 망한다면 공매에 참여한 사람들은 엄청난 이득을 얻을 수도 있다. 왜냐하면 비싼 가격에서 팔고 주식시장에서 퇴출되면서 95% 이상의 낮아진 가격에서 매수한다면, 1,000% 이상의 엄청난 이득이 가능하기 때문이다. 이 경우엔 주식선물을 이용하지 않아도 그런 이득이 가능하다. 특히 우리나라의 주식선물은 그 종목이 대형주 20여개로 한정되어 있기 때문이다.

이것을 비유한다면 절뚝거리거나 상처가 있는 짐승만 찾아다니다가 발견만 하면 그 짐승을 집요하게 공격하는 아프리카의 하이에나와 유사하다. 가만히 놔두었다면 살아날 수 있었던 짐승(회생 가능했던 기업)도 하이에나(공매도 세력)의 공격으로 결국은 죽게(망하게) 된다. 우리나라에서 그런 사례가 몇몇 있는 것으로 알고 있다. 이것은 정말로 정글의 법칙, 즉 약육강식의 논리가 그대로 적용되는 대표적인 사례이다. 2007년 금융위기 이후 미국을 비롯한 선진국들이 공매를 규제했으나 유럽은 이미 규제가 풀린 상태이고 우리나라는 다소 엄격하게 규제하려는 의도는 있으나 법규나 그 처벌은 대단히 허술한 것으로 알고 있다.

4) 선물을 이용한 작전의 문제점

선물을 이용한 작전과 관련해 중요한 두 가지 문제점이 존재한다.

우선 첫째 문제점은 전문적인 용어로 베이시스 위험과 관련된다. 간단히 언급한다면, 예컨대, 1조 원어치 주식을 매집하고자 한다면 먼저 1조 원어치의 선물계약을 매수해야 하며, 그리고 주식을 매집하여 코스피 200 현물지수가 상승하고 선물지수도 상승했을 때 매수한 선물계약을 전매도하여 청산해야 한다. 문제는 선물계약을 청산하고자 할 때 발생한다. 1조 원어치, 즉 1만 계약 혹은 10만 계약의 선물을 전매도해야 하며, 그 결과 선물가격이 하락하여 실제 선물에서 발생하는 이익이 축소될 것이다. 다시 말하면 사들인 선물계약이 너무 많기 때문에 그 선물계약을 되팔 때 선물지수가 하락하여 이익이 축소된다는 것이다. 즉 주식의 대량 매집으로 인하여 현물지수는 높은 수준을 유지하고 있으나 선물지수가 상대적으로 하락한다는 데에 문제가 발생하고 있는 것이다.

이 문제는 '네 마녀의 날'에는 자동적으로 해소된다. 네 마녀의 날은 선물의 만기일이기 때문에 현물지수와 선물지수가 일치한다. 즉 주식의 대량 매수로 인하여 현물지수가 높은 수준에서 만기일이 된다면, 선물지수가 현물지수와 동일한 수준이 되며, 그리고 매수한 선물계약은 매도할 필요도 없이 자동적으로 청산이 된다. 즉 대량으로 매수한 선물계약을 되팔아서 발생하는 선물지수의 하락을 걱정할 필요가 없는 것이다. 따라서 허가받은 작전을 실행하려는 0.01%의 초대형 기관투자자들은 선물을 일정기간 동안에 걸쳐서 매수하거나 혹은 매도한 이후에 '네 마녀의 날'에 주식시장이 마감하기 10분 혹은 20분 전에 코스피 200 현물지수(와 선물지수)를 올리거나 내리기 위해 주식을 1조 원어치 매수하거나 혹은 매도하거나 혹은 공매하면 된다. 이 날 주가가 급격히 변동하는 것은 바로 이런 허가받은 작전이 공공연히 이루어지고 있다는 것을 입증한다. 이때 물론 개미들은 당연히 희생양이 되어야 한다.

　둘째 문제는 1조 원어치, 즉 1만 계약의 선물을 매수하거나 매도해야 한다는 것이다. 예컨대 대량의 선물계약을 매수해야 하는 경우 짧은 시간에 매수한다면 선물지수가 상승하여 선물을 청산할 때 그 이득이 크게 감소하므로, 대량의 선물계약을 일정기간에 걸쳐서 분산 매수하면서 선물지수의 상승을 억제해야 하므로 다른 기관들이 그 작전을 눈치 챌 수 있다는 단점을 안고 있다. 이런 관점에서 선물의 단순한 전략보다는 복잡하면서도 다양한 상품들이 존재하고 그에 따라 다양한 전략이 가능하며 그리고 순식간에 이득을 챙길 수 있는 옵션시장이 공공연한 작전을 수행하는 초대형 기관투자자들이 선호하는 시장이다.

　선물의 목적이 원래 자산운용사, 헤지펀드 등처럼 과다한 주식을 보유한 기관들이 헤징을 할 수 있도록 만드는 데 있었지만, 앞의 숫자 사례에서 볼 수 있는 것처럼 자신의 의도대로 주식이나 주가지수에 영향을 미칠 수 있는 큰 손들, 특히 그중에서 상위 0.01%의 초대형 기관투자자들에게 확실한 이익을 안겨준다. 이들 기관투자자들은 주식을 사들이면서 돈을 벌 수 있고 주식을 팔면서 또 이익을 얻을 수 있는 구조가 바로 선물의 특성인 것이다. 또한 공매하면서 선물에서 이익을 얻고 공매한 주식을 반환하기 위해 주식을 매집하면서 선물에서 또 이익을 얻고 추가적으로 공매가격과 주식 매수가격 간의 차이에 의해서도 이익을 얻는다. 이런 곳에서 도박 성향이 강한 선물투기자들이 돈을 벌겠다고 욕심을 부리는 것 자체가 기관들 입장에선 너무나 고마운 존재일 뿐이다. 특히 우리나라의 선물·옵션시장이 세계적인 규모이므로 이런 희생양들이 엄청나게 많아서 기관들이 장난치기 좋은 환경이 저절로 만들어지는 것이다. 아마 기관들은 이런 개미들 같은 희생양들에게 표창장 내지는 감사장을 주어야 하지 않을까?!

　주식시장이나 선물시장 그리고 다음에 언급할 옵션시장 모두가 시장을 움직일 수 있는 상위 0.01%(이 숫자는 굉장히 임의적인 숫자이다)에게는 정말로 기회의 땅이라고 하여도 과언은 결코 아닐 것이다. 시장에 영향을 미칠 수 없는 개미들은 0.01%의 행동에 우연히 동조하여 돈을 번 경우도 없지 않으나 대다수는 손실을 보면서 희생양이 될 수 있다. 선물시장은 사기 도박장에서 첨단장비로 player들의 패와 심리까지도 훤히 들여다보면서 자기 마음대로 도박을 유도하는 도박장 개설자와 유사한 모습을 보인다고 볼 수 있다. 케인즈가 미인 경연대회에서 언급했던 것처럼 '제4, 제5 그리고 더 높은 경지'를 실행할 수 있는 기관들은 더 많은 이득을 챙길 수 있다고 본다. 그런 관점에서 정말로 현실의 주식시장은 개미들 입장에서 너무나 살벌하면서도 불공정한 게임으로 점철되어 있다고 해도 과언은 아닐 것이다.

옵션시장이란?

옵션시장은 선물시장과 달리 다양한 상품들이 존재하며, 기본적으로 합법적인 작전을 펴기에는 선물보다는 더 나은 조건을 갖추었다고 볼 수 있다. 상당히 복잡한 구조를 갖고 있기 때문에 옵션시장에 익숙하지 않은 독자들은 선물시장만 이해하고 옵션시장은 생략해서 넘어가도 좋을 듯하다.

여기서는 옵션시장에 관한 개략적인 설명을 제시하고자 한다. 우리나라는 1997년 7월 코스피 200 주가지수 옵션시장을 개설하였고, 2002년 1월에 개별주식 옵션을 도입하였다. 옵션을 결제하거나 옵션가격을 표현할 때 1계약 옵션의 코스피 200 주가지수 1포인트 변동은 10만 원의 변동을 의미한다.(선물은 50만 원이다)

'옵션'(option)은 특정한 기초자산을 미리 정해진 가격(이를 '행사가격'이라고 한다)으로 사거나('콜옵션'이라 한다) 팔('풋옵션'이라 한다) 수 있는 권리를 지칭한다. 이때 옵션을 매입하는 비용(이를 '옵션 프리미엄' 혹은 '옵션가격'이라고 한다)은 보험료의 성격을 가진다. 여기서 옵션을 매입하는 사람은 보험료를 불입하는 보험가입자의 입장에 서는 것이고, 옵션의 매도자는 보험료를 수취하는 보험회사의 입장에 서는 것이다. 보험가입자가 될 경우에는 비용이 보험료에 해당하는 옵션가격만 지불하면 되고 수익은 최대 무한대가 될 수도 있지만, 보험회사의 입장에 서는 경우에는 수입은 최대 옵션가격에 그치며 손실은 무한대가 될 수도 있다.

옵션의 특징으로 거론되는 것은 옵션 매입자는 자기에게 유리한 경우에는 권리를 행사하지만, 불리한 경우에는 권리를 행사하지 않으며, 반면에 옵션 매도자는 옵션 매입자의 권리 행사가 있으면 반드시 그에 응할 의무가 있다는 것이다. 즉 선물은 권리와 의무가 분리 불가능하지만, 옵션은 권리와 의무가 분리되어 있다.

최종거래일 이전에 권리를 행사할 수 있느냐 여부에 따라 얼마든지 권리를 행사할 수 있는 '미국식 옵션', 최종거래일에만 권리를 행사할 수 있는 '유럽식 옵션'이 있는데, 우리나라 주가지수 옵션과 개별주식 옵션은 유럽식 옵션을 채택하고 있다.

옵션시장의 가격, 즉 '옵션가격'은 옵션매수자가 사거나(call), 팔(put) 권리를 가지는 대신에 옵션 매도자에게 지불하는 대가로 정의되며, 행사가치와 시간가치로 구성되어 있다. '행사가치'(exercise value)는 옵션의 권리를 행사함으로써 얻을 수 있는 이익으로서 내재가치(intrinsic value) 혹은 본질가치라고도 한다. 콜옵션의 행사가치는 대상자산가격이 권리행사가격보다 클 때, 즉 '대상자산가격 − 권리행사가격 > 0'일 때(이를 내가격옵션-ITM, in-the-money-이라 한다), 그 가치를 갖는다. 반면에 풋옵션의 행사가치는 권리행사가격이 대상자산가격보다 클 때, 즉 '권리행사가격 − 대상자산가격 > 0'일 때 그 가치를 갖는다. 반면에 부등호가 반대로 된다면(이를 외가격옵션-OTM, out-of-the-money-이라 한다) 두 가지 옵션에서 행사가치는 0이다.[5]

---

5) 반면에 행사가격과 자산가격이 일치할 때를 등가격옵션(ATM, at-the-money)이라 한다.

그림 **1-2** **주가지수와 옵션가격**

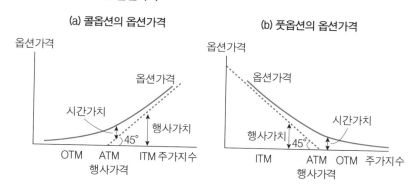

'시간가치'는 옵션가격에서 행사가치를 뺀 부분이며, 외재가치(extrinsic value)라고도 한다. 즉 시간가치 = 옵션가격 - 행사가치. 시간가치는 만기일까지의 잔존기간 동안 매수자에게 얻어지는 이익과 회피할 수 있는 위험에 대한 기대치이며, 시간가치는 잔존기간 중의 기대치이므로, 만기일에 근접할수록 감소하며, 그에 따라 옵션가격은 행사가치 혹은 0에 근접한다. 그렇지만 현재에는 행사가치가 없는 외가격옵션도 만료일까지의 잔존기간 동안에 얻어지는 이익에 대한 가능성 때문에 시간가치를 갖는다.

1) 콜옵션의 손익구조

콜옵션(call option)은 옵션 보유자에게 특정한 가격으로 특정 주가지수나 주식을 만기일에 '매입'할 수 있는 권리를 부여한다.(유럽식 옵션) 주식가격이 상승할 것이라고 기대하는 투자자는 콜옵션을 매수하며, 만약 예상이 적중하면 무한대까지 많은 돈을 벌 수 있으나, 예상이 틀리면 그 손실은 최대 이미 지급된 옵션매입비용(옵션가격)에 한정된다. 반면에 콜옵션 매도자는 주식가격이 변동하지 않거나 하락할 것으로 기대하는데, 자신의 예상이 맞으면 이익이 최대 옵션가격이지만, 예상이 틀리면 무한대의 손실이 발생한다.

그림 1-3 **콜옵션의 손익구조**

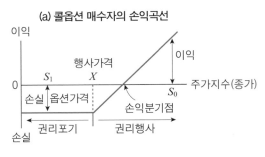

(a) 콜옵션 매수자의 손익곡선

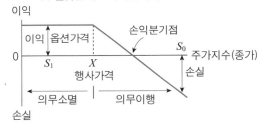

(b) 콜옵션 매도자의 손익곡선

콜옵션의 손익은 중도매매와 만기일의 손익구조로 나누어진다. 중도매매는 만기까지 기다리지 않고 중간에 이익이나 손실을 실현시키는 것이며, 매도가격과 매수가격의 차이에 의해서 손익이 결정되므로 더 이상의 추가적인 설명은 생략하기로 한다. 만기일에 콜옵션 매수자와 매도자의 손익은 행사가치와 옵션가격 및 주가지수(종가)에 의해서 결정된다. 〈그림 1-3(a)〉처럼 콜옵션 매입자의 손익구조는 주가지수(종가)가 상승할 때 이익은 '주가지수−행사가격−옵션가격'으로 나타나며 무한대까지 확대될 수 있으나, 주가지수(종가)가 하락할 때 손실은 이미 지불한 옵션가격에 한정한다. 반면에 〈그림 1-3(b)〉처럼 콜옵션 매도자의 손익구조는 콜옵션 매수자의 손익구조와는 정반대의 구조를 갖는다. 주가지수(종가)가 상승할 때 손실은 무한대로 커질 수 있으며, 주가지수(종가)가 하락할 때 이익은 이미 수취한 옵션가격에 한정한다.

2) 풋옵션의 손익구조

풋옵션(put option)은 옵션 보유자에게 특정한 가격으로 특정 주식을 만기일에 '매도'할 수 있는 권리가 부여된다.(유럽식 옵션) 풋옵션 매수자는 주식가격이 하락할 것으로 예상하며, 그 예상이 옳으면 엄청난 이익도 가능하지만, 예상이 틀리면 그 손실이 이미 지급한 옵션가격에 한정된다. 반면에 풋옵션 매도자는 주식가격이 변동 않거나 상승할 것으로 예상하며, 그 예상이 적중하면 최대이익이 이미 수취한 옵션가격에 한정되며, 그 예상이 틀리면 엄청난 손실이 가능하다.

풋옵션의 손익은 콜옵션의 경우와 유사하게 중도매매와 만기일의 손익구조로 나누어볼 수 있으나, 여기선 만기일의 손익구조만 살펴보자. 〈그림 1-4(a)〉는 풋옵션 매수자의 손익구조를 나타내고 있는데, 주가지수(종가)가 하

그림 1-4 **풋옵션의 손익구조**

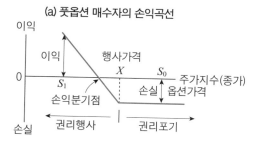

(a) 풋옵션 매수자의 손익곡선

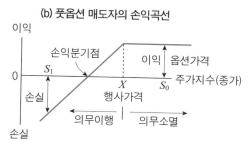

(b) 풋옵션 매도자의 손익곡선

락했을 때 '행사가격−주가지수−옵션가격' 만큼의 이익이 발생할 수 있으나, 주가지수(종가)가 상승할 때 손실은 이미 지급된 옵션가격에 한정한다. 반면에 〈그림 1-4(b)〉처럼 풋옵션 매도자의 손익구조는 풋옵션 매수자의 손익구조와 정반대의 구조를 갖는다. 주가지수(종가)가 하락할 때 '행사가격−주가지수−옵션가격' 만큼의 손실이 발생할 수 있으며, 주가지수(종가)가 상승할 때에 이익은 이미 수취한 옵션가격에 한정한다.

옵션시장에서 허가받은 작전

반대매매를 통해서 최종만기일 이전에 옵션을 청산하는 경우 옵션 매입자든 옵션 매도자든 매입가격과 매도가격을 비교하여 매도가격이 높으면 이익을 보는 것이고, 그렇지 않으면 손실을 본다. 허가받은 작전을 감안했을 때 대량으로 옵션을 매입하면, 중도에 대량으로 옵션을 전매도해야 하므로 옵션가격이 하락하는 문제가 발생하며, 그리고 대량으로 옵션을 매도한 경우에도 나중에 대량으로 옵션을 환매수해야 하므로 옵션가격이 상승하는 문제가 발생한다. 이것은 선물의 경우에도 중도매매 시에 나타나는 공통적인 문제이다. 이런 문제를 해결하기 위하여 최종만기일에 청산절차를 밟으면 환매수 혹은 전매도를 해야 할 때 발생하는 가격하락 혹은 가격상승의 문제가 저절로 해소된다. 따라서 옵션에서도 허가받은 작전은 최종만기일 이전에 실행되기도 하지만 최종만기일 장 마감 바로 전에 많이 실행되고 그 결과 매달 둘째 목요일인 옵션의 최종만기일에 주가지수가 출렁거린다.

'파생상품론' 혹은 '금융선물옵션이론' 교과서에 옵션과 관련된 엄청나게 많은 전략들이 나와 있으며, 이런 전략들 대부분은 무위험차익거래, 즉 위험이 없는 상태에서 확정적인 약간의 이익을 추구하는 전략들이다. 이들 전략들은 동일한 콜이나 풋옵션에서 상이한 행사가격의 옵션의 결합, 동일한 행사가격의 콜과 풋옵션의 결합, 나아가서는 상이한 만기일 사이의 관계

등을 이용하여 무위험차익의 기회를 포착하는 전략들이다. 개인들의 손으로는 포착하기도 어렵고 또한 순간적으로 잠깐 나타나기 때문에 손의 조작으로는 도저히 따라갈 수 없는 전략들이며, 자산운용사, 헤지펀드, 투자회사 등의 기관들의 알고리즘매매를 통해서 실행시킬 수 있는 전략들이다. 이런 무위험차익거래는 기관들만이 할 수 있고 약간의 이익을 추구하지만, 옵션 가격을 적정수준으로 유지시키는 유익한 기능을 수행한다.

우리가 관심을 갖는 허가받은 도박이라고 할 수 있는 작전은 당연히 '파생상품론' 혹은 '금융선물옵션이론' 교과서에 나오는, 옵션을 이용한 헤징 전략이다. 방어적 풋 전략과 커버된 콜의 반대 전략 등 두 가지 전략이 굉장히 흥미롭다.

1) 방어적 풋 전략

우선 '방어적 풋 전략'(protective put strategy)은 자산운용사, 헤지펀드, 투자회사 등이 '보유 주식'을 매각할 때 가치하락의 위험을 '주가지수(혹은 주식) 풋옵션'을 매수하여 헤징 하는 전략이다. 즉 방어적 풋 전략 = 주식 보유 + 풋 매수. 주식가격이 하락할 때 주가지수도 정확히 비례해서 하락한다고 가정할 경우 주식에서 손실이 발생하지만, 풋옵션 매수로 주가지수 하

그림 1-5 **방어적 풋전략**

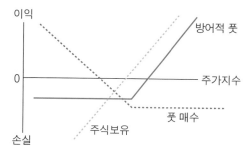

락에 따라 이익이 발생하므로, 전체적으로 손실의 하한이 존재한다. 반면에 주식가격이 상승함에 따라 주가지수도 비례적으로 상승한다면 보유주식에서 이익이 비례적으로 증가하며, 풋옵션 매수에서는 오로지 이미 지불한 옵션가격에 해당하는 손실만 발생하므로, 전체적으로 이익이 증가하는 모습을 보여주고 있다.

따라서 방어적 풋 전략은 주가지수가 하락할 때에는 손실을 일정한 규모로 한정시키며, 주가지수가 상승할 때에는 옵션가격을 차감한 크기로 이익을 증가시키고 있다. 이 전략은 마치 콜옵션을 매수한 것과 동일한 수익구조를 보여준다. 소위 보유 주식의 가치하락에 따른 위험은 풋옵션 매수로 헤징하면서, 주식가격이 상승하는 것에 대해선 그 혜택을 누리겠다는 전략이며, '파생상품론' 혹은 '금융선물옵션이론' 교과서에 실리는 내용 그대로를 표현한 것이다. 교과서에 실린다고 일반 개미들이 이 전략을 안다고 볼 수는 없다. 아마도 경영학이나 경제학을 전공하고 '파생상품론' 혹은 '금융선물옵션이론' 강의를 듣고서야 알 수 있는 내용이고, 이론적인 수준에서나 어렴풋이 기억하고 있을 뿐이다. 일반 개미들은 정말로 알지 못하는 그런 전략이다. 그렇지만 어떻든 교과서에 실리는 내용이며, 이 전략 자체는 단순히 헤징전략일 뿐이다. 즉 손실을 막는 전략에 불과할 뿐이다.

그렇다면 교과서에서 이런 방어적 풋 전략이 어떻게 사용될 수 있는지를 우선 검토해보자. 앞의 선물에서 언급했듯이 자산운용사가 1조 원의 주식을 보유하고 있다고 하자. 앞의 경우처럼 보유 주식은 코스피 200 주가지수에 비례해서 가치가 변동한다고 가정하고, 현재 코스피 200 주가지수가 200포인트라고 하자. 행사가격이 200포인트인 등가격(ATM) 풋옵션 1계약의 가치는 200×1계약×10만 원=2,000만 원이다. 1조 원의 주식을 헤징하기 위해 필요한 풋옵션 계약 숫자는 1조 원/2천만 원=5만 계약이다. 즉 보유 주식 1조 원어치의 가격하락을 헤징하기 위해서 풋옵션 5만 계약(선물에선 1만 계약이었다)을 매입하면 주식가격 하락을 걱정할 필요가 없다는 것

이다.[6]

예컨대 코스피 200 주가지수가 5% 하락함에 따라 보유 주식의 가치가 5% 하락한다면 보유주식에서의 손실은 500억 원이다(앞에서처럼 여기서도 단순화를 위해 보유주식가격이 평균적으로 5% 하락했다고 가정한다). 풋옵션 매수 포지션은 주가지수가 하락함에 따라 이익이 발생하므로, 행사가격 200포인트에서 5% 하락한다면 코스피 200 주가지수가 10포인트 하락하며, 그에 따라 풋옵션의 이득은 정확히 10포인트×5만 계약×10만 원=500억 원이다. 즉 주식가격 하락에 따른 손실이 정확히 풋옵션의 이득으로 상쇄되고 있음을 알 수 있다.

여기서 고려되지 않은 것은 5만 계약어치의 이미 지불한 옵션가격이며, 이 옵션가격에 해당하는 손실만 감수하면 되는 것이다. 즉 코스피 200 주가지수가 200포인트 이하로 하락한다면 자산운용사의 손실은 옵션가격에 해당하는 손실에 한정하게 된다. 그리고 주가지수가 200포인트 이상으로 상승한다면, 보유 주식가치가 비례해서 상승한다고 가정했으므로 자산운용사의 이익도 비례해서 증가할 것이며, 반면에 풋옵션은 권리행사를 포기하게 된다. 따라서 자산운용사의 이익은 이미 지급된 옵션가격을 차감한 크기만큼 이익이 축소되면서 증가하게 된다.

이제 허가받은 작전이 어떻게 수행될 수 있는지를 검토해 보자. 1조 원의 주식을 보유하고 있는 자산운용사는 코스피 200 주가지수에 영향을 줄 수 있고, 다른 기관투자자들이 뇌동매매를 실행한다면 그 효과는 엄청날 것이다.(다른 기관투자자들은 바로 여기서 알고리즘매매를 통해서 '제4, 제5 그리고 더 높은 경지'를 실행할 수 있다) 만약 자산운용사가 보유 주식 1조 원

---

6) 코스피 200 선물지수는 한 종목뿐이며, 위 사례에서 한 종목을 1만 계약을 매매해야 한다. 그러나 코스피 200 주가지수옵션은 등가격 1개, 내가격 6개, 외가격 6개 등 2.5포인트 단위로 13개 종목이 있으므로 위 사례에서 5만 계약을 여러 종목에 분산 매매할 수 있다. 단순화를 위해서 우리는 여기서 등가격옵션 한 종목만 매매하는 것으로 가정한다.

어치를 매도하여 뮤추얼펀드를 청산하여야 하고 또한 주식가격 하락에 따른 손실을 헤징하기 위하여 풋옵션 5만 계약을 매수하면 주식 매도에 따른 손실을 충분히 만회할 수 있을 것이다.

만약 자산운용사가 헤징이 아니라 확실한 이익을 챙기기 위하여 5만 계약이 아니라 50만 계약의 풋옵션을 매수한 다음에 1조 원어치의 주식을 매도하여 현금화하려고 한다면 어떤 결과가 발생할 것인가? 1조 원어치의 주식을 매도하여 코스피 200 주가지수가 10포인트, 즉 5% 하락한다면, 앞의 경우처럼 주식에서 500억 원의 손실이 발생하지만, 반면에 풋옵션에서 권리행사로 10포인트×50만 계약 × 10만 원 = 5,000억 원의 이익이 발생하며, 그에 따라 전체적으로 4,500억 원의 순이익이 발생한다. 환언하면 코스피 200 주가지수에 영향을 줄 수 있는 규모로 주식을 처분할 수만 있다면, 선물과 마찬가지로 옵션을 이용해서 확실한 이익을 챙길 수 있다.

그런데 여기서 언급은 했으나 고려되지 않은 것은 옵션가격과 관련된 두 가지 사항이다. 첫째로, 50만 계약의 옵션을 만기일 훨씬 이전에 매수하고 그 다음에 전매도하여 청산하는 경우 옵션가격 하락에 따르는 손실이 발생할 수 있다. 이런 문제를 해소시키는 것이 만기일까지 보유한다면 전매도에 따른 손실을 막을 수 있다.

그리고 그 다음으로 더 중요한 것은 옵션가격이 비싸다면 자산운용사가 얻는 이익에서 옵션가격을 공제해야 한다. 따라서 허가받은 작전에서는 공짜에 근접하는 풋옵션을 매수하는 것이 관건이 된다. 〈그림 1-6〉은 옵션의 잔존기간이 짧아짐에 따라 옵션가격이 낮아지는 현상을 보여주고 있다. 만기일까지 15일이 남아 있을 때에는 옵션가격 중 시간가치가 상당히 많이 남아 있으나, 장 마감 20분 전에는 시간가치가 거의 없어지고 있으며, 외가격 옵션(OTM)에서는 옵션가격이 거의 0.01포인트(0.01×10만 원=1,000원)수준에 근접하며, 그 결과 다른 옵션가격들도 거의 행사가치로 구성되고 있음을 알 수 있다. 앞의 예에 따르면 풋옵션 50만 계약도 단돈 1,000원으로 계산하면 5억 원이면 족하다. 물론 외가격, 내가격 옵션 등 여러 종목을 분산해서 매입하는 경우 행사가치가 있는 것도 구입할 경우 다소 매수금액이 더 많아질 수도 있을 것이다. 그렇지만 행사가치는 권리행사 시에 회수되므로, 실질적인 비용은 행사가치를 초과하는 시간가치이다. 따라서 만기일 장 마감 20분 전을 전후하여 현재 주가지수 주변의 행사가격을 가진 풋옵션을 중심으로 매우 낮은 옵션가격으로 풋옵션 50만 계약을 매수하고, 그 다음에 보유 주식을 매각한다면 옵션가격에 많은 금액을 지불하지 않고도 수천억 원의 순이익을 획득할 수 있을 것이다.

대표적인 사례는 2010년 11월 11일 장 마감 10분 전쯤에 한국도이치증권과 도이치은행 홍콩지점을 통한 추정치 2조 3천억 원 규모의 매물폭탄이 쏟아졌고 코스피지수가 53.12포인트 하락했으며, 국내투자자들의 손실은 1,400억 원으로 추계되고 있다. 이를 증권가에선 '11.11 옵션쇼크'라고 하며, 한국도이치증권과 도이치 홍콩지점은 '11.11 옵션쇼크' 직전에 풋옵션 16억 원어치를 매수하여 홍콩지점은 436억 원, 한국도이치증권은 12억 원의 이익을 챙겼다고 한다. "검찰에 따르면 관련자들은 사전에 철저하게 범

그림 1-6 **잔여 만기와 풋옵션가격**

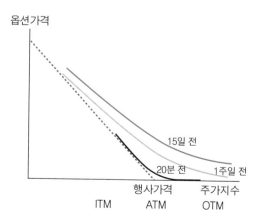

죄를 공모한 데다 프로그램매매 사전신고 시간도 지키지 않았다고 한다. 그야말로 야바위꾼들의 사기와 다를 바 없는 중대 범죄행위를 코스피지수를 상대로 저지른 셈이다."(한국경제신문, 2011.8.21, 17:00) 여기서 범죄 사실은 프로그램매매를 하기 10분 전에 신고해야 한다는 프로그램매매 사전신고 시간을 지키지 않고 7분 전에 신고했다는 것이다. 만약 사전신고 시간만 지켰다면, 비록 '야바위꾼들의 사기와 다를 바 없는 중대 범죄행위'도 사실상 합법적인 작전이 되는 것이 우리나라 주식시장과 선물·옵션시장의 현실이다.

2) 커버된 콜 전략[7]의 반대전략

'커버된 콜 전략(covered call strategy)의 반대전략'은, 이를테면, 주식을 공매한 기관이 주식을 매수하여 청산하고자 할 때 혹은 뮤추얼펀드를 조성한 자산운용사가 주식을 매입해야 할 때, 콜옵션을 매수하는 전략이다. '주식 공매 청산 + 콜 매수' 혹은 '주식 매수 + 콜 매수'로 표현되는 이 전략 역시 '파생상품론' 혹은 '금융선물옵션이론' 교과서에 나오는 대표적인 헤징전략이다. 예컨대 주식을 차입하여 공매(short sale)한 기관이나 개인은 차입한 주식을 일정한 기간 후에 상환하여야 하는 경우 주식가격이 상승한다면 손실을 볼 우려가 있으며, 이런 주가상승에 따른 손실(즉 비용 상승)을 헤징하기 위하여 콜옵션을 매수하여 상쇄시키는 전략이다. 물론 자산운용사가 뮤추얼펀드로 자금을 조성하여 주식을 매집하는 경우에도 동일하게 적용된다.

〈그림 1-7〉에서 공매한 주식을 매입해야 하는 시기에 주식가격이 상승한다면 주식매입비용 상승에 따른 손실이 발생하고 있으며, 반면에 주가가 상

---

7) 커버된 콜 전략은 콜을 매도한 기관투자자들이 선물가격의 상승에 따른 손실을 만회하기 위하여 주식을 매수하여 보유하는 전략이다. 즉 콜 매도 + 주식 보유.

그림 1-7 **커버된 콜의 반대전략**

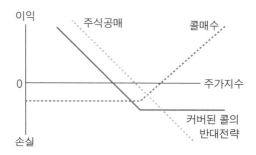

승함에 따라 콜의 권리행사가 가능하게 되고 그에 따라 이익이 발생하며, 그 결과 전체적으로 이미 지불된 옵션가격에 해당하는 한정된 손실만 부담하면 된다. 그러나 주가가 하락하는 경우에는 낮은 가격으로 주식을 매수할 수 있으므로 이익이 발생하고, 콜은 낮은 가격으로 인하여 권리행사가 포기되며 그에 따른 손실은 이미 지불된 옵션가격에 한정되며, 그 결과 전체적으로 이익은 주가가 하락함에 따라 이미 지불된 옵션가격을 차감한 크기로 증가할 것이다.

이 전략의 핵심은 주가상승에 따른 손실을 일정한 크기로 한정하겠다는 것이다. 이 핵심이 바로 허가받은 작전의 요체가 될 수 있다. 예컨대 주식 1조 원어치를 공매할 때에는 보유 주식을 매도할 때와 동일하게 풋옵션을 매수하여 앞에서 언급된 방어적 풋옵션 작전을 펼 수 있으며, 그 결과 우리는 상당한 이익을 얻을 수 있을 것이다. 이렇게 엄청난 이득을 얻은 이후에 공매한 주식을 되돌려주어야 하며, 1조 원어치의 주식을 옵션 만기일 장 마감 10분을 전후하여 한꺼번에 매수해야 할 것이다. 매수하기 이전에 앞의 전략과 유사하게 행사가격에 살 수 있는 권리를 나타내는 콜옵션을 5만 계약을 매수하면, 그 이후 주식 매수에 따른 주가상승의 손실을 콜옵션의 권리행사로 정확하게 상쇄시킬 수 있다. 즉 코스피 200 주가지수가 현재 200이고 주식의 대량 매수로 인하여 5%, 즉 10포인트 상승한다면, 500억 원의 추가비용, 즉 손실이 발생하지만, 코스피 200 주가지수 10포인트 상승에 따른 콜옵션 권리행사의 이익은 10포인트 × 5만 계약 × 10만 원 = 500억 원이므로 추가비용을 정확히 상쇄한다. 그렇지만 이미 지불된 5만 계약분의 옵션가격이 손실로 남는다. 앞의 전략과 마찬가지로 주가지수 상승을 초대형 기관투자자의 의도대로 유도할 수 있는 경우 콜옵션을 5만 계약이 아니라 50만 계약을 매수한다면 4,500억 원의 순이익을 얻을 수 있다.

물론 여기서도 옵션가격이 낮으면 그만큼 비용, 즉 손실을 줄일 수 있다. 만기일 장 마감 10분 전후에 집중적으로 외가격옵션(OTM)이나 등가격옵션(ATM) 혹은 행사가치가 극히 낮은 내가격옵션(ITM)을 아주 헐값에 매수한다면 큰 비용 부담없이 엄청난 순이익을 남길 수 있을 것이다. 〈그림 1-8〉은 콜옵션의 만기가 다가옴에 따라 시간가치가 축소되는 것을 보여주고 있으며, 장 마감 20분 전에는 시간가치가 거의 없고 행사가치만 남아 있음을 보여주고 있다.

그림 **1-8** **잔여 만기와 콜옵션 가격**

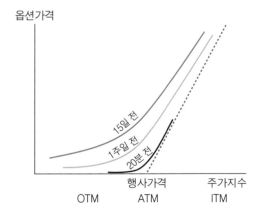

옵션 쇼크의 이후

2010년 '11.11 옵션 쇼크' 이후 국내에선 도이체증권에 대한 소송이 잇따랐고, 범죄행위에 대한 도덕적 비난이 이어지면서 기존의 초대형 기관투자자들도 합법적인 작전을 크게 시도하지는 않은 것으로 알고 있다. 최근에 이르러 옵션 만기일에 주가가 과도하게 출렁이는 현상이 잦아든 것도 이 때문으로 추측된다. 그렇지만 언젠가는 합법적인 작전이 우리 법을 준수하면서 실행될 것으로 생각된다.

과거 미국에서도 10년에 한 번 정도는 블랙 먼데이(1987년 10월 19일에 홍콩에서 시작되어 미국까지 확산된 주가 대폭락) 정도는 아닐지라도 상당한 주가 폭락이 있어 왔는데, 이런 주가 폭락도 주식과 선물 혹은 옵션이 결합된 합법적인 작전이라고 필자는 추측한다. 이런 일이 발생하면 미국 FBI가 수사에 착수하는 것으로 알고 있으며, 계좌추적을 통해서 최초의 프로그램매매 혹은 최근엔 알고리즘매매의 발단을 찾기는 쉽지만, 범죄행위를 입증하기는 쉽지 않다. 그 이후에 다른 기관투자자들의 뇌동매매가 뒤따르기 때문이다. 그렇지만 두 번 그런 일이 있게 되면 범죄행위로 간주하고 가혹한 형벌이 주어지기 때문에 동일한 기관투자자들이 그런 일을 한 번 저지르고는 다시는 그런 일을 저지르지는 않는다.

제2장

주식이론에서
배울 점은?

주식시장의 본질에 관해선 앞에서 살펴보았고, 여기서 주식가격에 관한 기초적인 이론을 살펴보면서 무엇을 배울 수 있는가를 검토한다. 금융이론가들은 주식가격의 움직임을 설명하는 이론들을 나름대로 만들어보려고 노력했으나 완벽한 이론은 아직 존재하지 않는다. 인간은 불가능하다는 것을 알면서도 그런 불가능에 도전하려고 노력하고, 그 결과 좀 더 나은 이론이 발견되고 그에 따라 과학이 발전하고 사회도 발전해 왔다. 주식가격에 관련된 대표적인 이론이 '효율적 시장이론'이며, 이 이론에 대한 찬반이 주식이론의 발전을 가져오고 있다. 여기서는 '효율적 시장이론'을 먼저 설명하고, 그 다음에 이 이론에 대한 반론을 검토해 보면서 우리가 무엇을 얻을 수 있는가를 알아본다.

주식시장에 관한 이론을 설명하는 목적은 이 이론과 관련해 많은 시사점을 얻을 수 있으며, 부분적으로는 주식투자를 어떻게 할 것인가에 관한 지침도 마련할 수 있기 때문이다. 우리는 아는 만큼 주식에 대한 자신감을 가질 수 있고, 그에 따라 거액을 투자하면서 남에 의존하지 않고, 큰손들에게 사기당하지 않을 수 있다. 우리가 모르는 만큼 허가받은 도박장에서 우리는 사기당할 가능성이 커지고 조바심을 낼 수밖에 없다. 조바심을 내지 않기 위해선 많은 것을 알 필요가 있다고 생각한다. 이 세상에 어떤 일이든 정답은 결코 없지만, '많은 것을 안다면 우리는 그만큼 실수를 많이 줄일 수 있다'고, 환언하면 '손실을 최소화할 수 있다'고, 또 다시 환언하면 '사기가 판치는 도박장에서 생존할 수 있다'고 생각한다.

그렇지만 여기서 언급된 주식이론으로 엄청난 떼돈을 벌 수 있다고 생각하면 정말로 큰일이다. 여기에 언급되는 이론들은 투자론 교과서에 기본적으로 등장하는 이론이며, 주식과 관련해서 공부한 독자들은 대부분 알고 있는 내용들이다. 제2장의 핵심적인 결론은 다른 사람들이 알고 있는 정보(주식이론을 포함하여)로는 엄청난 이득을 취할 수 없다는 것이다. 그렇지만 남들이 다 아는 정보나 이론을 모른다면 그때는 무서운 개미지옥에 빠질 수 있다. 그에 따라 우리는 그런 개미지옥에 빠지지 않기 위해선 기본적인 주식이론은 알고 있어야 한다. 제2장에서 독자에게 깨우치고자 하는 것은 치명적인 손실을 방지하고 작전에 빠지지 않기 위해선 우리가 주식에 관한 기본이론을 알아야 한다는 것이고, 그 이론들이 어떤 용도로 활용될 수 있는지도 알게 함으로써 우리 개미들이 많은 돈은 못 벌지라도 적어도 개미지옥에 빠져서 허덕이는 것만은 막아보자는 것이다.

1. 위험에 대한 태도: 너 자신을 알라!

'손실을 최소화한다' 는 것은 무엇을 의미하는지를 검토한다. 자산선택과 관련해 핵심적으로 등장하는 개념이 바로 위험이다. 위험은 굉장히 전문적인 용어이면서도 일상적으로 많이 사용하는 용어이고 또한 주식투자와 관련해선 엄청나게 중요한 개념이다. 일반적으로 위험에 대한 사람들의 태도는 대단히 다양하다. 그 위험에 대한 우리 자신의 태도를 알게 된다면 우리가 어떤 방향으로 주식을 선택해야 하는지를 결정할 수 있을 것이다. 특히 개미들의 입장에서 그리고 항상 작전에 노출되고 희생되는 약자의 입장에서 위험을 어떻게 해석해야 하는지를 검토한다. 여기서 핵심은 나 자신을 확인해 보는 것이고, 그런 내가 정말로 그렇게 행동하고 있는가를 알아보는 것이다.

위험이란?

위험(risk)은 어떤 자산을 일정기간 동안 보유하였을 때 그 자산으로부터 실제로 얻게 되는 수익(률)이 평균적으로 기대되는 수익(률)으로부터 이탈하는 정도를 숫자로 표현한 것이며, 통계적으로 해석하면 실제수익(률)이 평균으로부터 벗어나는 정도, 즉 실제수익(률)의 표준편차로 표현된다.

이를테면 앞면이 나오면 1만 원을 벌고 뒷면이 나오면 1만원을 손해 보는 동전던지기 게임을 상상해 보자. 동전던지기 게임의 평균적인 기대수익은 0원이다. 왜냐하면 앞면과 뒷면이 나올 확률이 각각 50%로 동일하며 그 결과 그 게임의 평균수익은 0원이다. 그렇지만 실제 수익은 앞면 아니면 뒷면이 반드시 나오므로 +1만 원 아니면 −1만 원이다. 따라서 평균으로 벗어나는 정도는 ±1만 원임을 알 수 있으며, 이때 위험은 1만 원이다. 즉 위험이 1만 원이라는 것은 평균에서 1만 원 더 벌 수 있거나 혹은 1만 원 손해 볼 수 있다는 것을 의미한다.

그러면 위험이 커진다는 것은 무엇을 의미하는가? 이를테면 앞면이 나오면 1천만 원을 벌고 뒷면이 나오면 1천만 원 손해 본다면 위험이 1만 원에서 1천만 원으로 커졌다. 평균은 전과 동일하게 0원이지만 이익을 본다면 1천만 원으로 커지고 반면에 손해를 본다면 −1천만 원으로 역시 커졌다. 환언하면 위험이 커진다는 것은 이익이 발생할 때 이익이 커지지만, 손해 볼때에는 손해도 마찬가지로 커진다는 것이다.

갑자기 무슨 동전던지기 게임이냐고 하지만, 선물이 바로 동전던지기 게임이라고 보면 딱 맞을 것이다. 이를테면 코스피 200 선물지수가 1포인트 하락할 것이라는 나의 예측(이때 우리는 선물을 매도한다)이 맞으면 1계약에 대해서 50만 원 벌고 나의 예측이 틀려서 선물지수가 1포인트 상승했다면 50만 원을 손해 보는 것과 완전히 똑같다. 물론 선물에선 선물지수가 상승할 확률과 하락할 확률이 정확히 각각 50%라고 단정하기는 어렵지만 동전던지기 게임의 원리가 그대로 적용 가능하다고 본다.

보다 현실적으로 돌아와서 주식해설가들이 TV에서 주식 시황을 해설할 때 "변동성"이 커질 것 같다 혹은 작아질 것 같다"라고 자주 언급한다. 이때 '변동성'은 주식가격의 변동 폭이 커질 것 같다 혹은 작아질 것 같다는 것을 언급하고 있다. 위험은 달리 표현하면 변동성을 의미한다고 보아도 별로 틀리지 않는다고 본다.

나는 어떤 유형의 사람인가?

자산선택과 관련하여 금융이론에선 두 가지 유형의 사람이 존재하는데, 위험을 좋아하는 사람을 '위험애호자'(risk lover), 위험을 싫어하는 사람을 '위험기피자'(risk averter)라고 한다. 이런 구분은 투자자가 위험을 어떻게 해석하고 있는가에 달려 있다. 즉 위험 중에서 이익 보는 것을 중시하느냐 혹은 손해 보는 것을 중시하느냐에 의존한다.

위험애호자는 위험의 구성요소 중 손해 보는 것에 대해선 거의 관심을 갖지 않으면서 이익 보는 것에 대해선 더 많은 관심을 갖는다. 따라서 그는 위험이 커진다는 것은 이익의 규모가 더 커지는 것으로 해석을 하고 그런 위험의 확대를 더 선호한다. 이를테면 1만 원짜리 동전던지기 게임은 이익이 너무 작기 때문에 시시해서 못하겠고 1천만 원짜리 아니면 1억 원짜리 동전던지기 게임은 이익이 크기 때문에 그런 게임을 선호한다.

그렇지만 어느 누구든 망하는 것, 혹은 손해 보는 것을 좋아할 사람은 아무도 없을 것이다. 그러면 손해에 대해선 어떤 생각을 갖고 있을까? 필자의 견해론 돈을 잃었다고 할지라도 심리적으로는 항상 '그 돈은 다음에 얼마든지 다시 회수할 수 있어!'라고 생각하는 사람들(정말로 회수할 수 있는 능력이 있는지는 논외로 한다)이 그런 위험애호자에 속한다고 판단된다. 전문적인 언어이지만 통속적으로도 이해할 수 있는 '돈을 땄을 때의 기쁨이 돈을 잃었을 때의 아픔보다는 큰 사람'이 바로 위험애호자라고 생각하면 틀림없을 것이다. 보다 통속적으로는 돈을 땄을 때에는 마구 떠벌리고 자랑하고 돈도 펑펑 쓰지만, 돈을 잃었을 때에는 조용히 있으면서 언젠가는 더 큰 판을 벌려서 그 돈을 회수할 수 있다고 생각하는 사람이 아마도 그런 유형의 사람이라고 생각한다. 그렇다면 도대체 어떤 유형의 사람들이 그런 생각을 갖겠는가? 아마도 도박을 좋아하고 빚을 내서라도 도박하는 사람들이 그런 유형의 사람들이라고 생각하면 거의 틀림이 없을 것이라고 생각한다.

그러면 위험기피자는 어떤 유형의 사람들인가? 이들은 위험의 구성요소 중 이익보다는 손해 보는 쪽에 더 많은 관심을 갖는 사람들이다. 환언하면 이들은 '땄을 때의 즐거움보다는 잃었을 때의 뼈저린 아픔이 더 큰 사람'이라고 생각하면 딱 맞을 것이다. 즉 돈을 잃으면 치명적이라고 생각하는 사람들이다. 예컨대, 반드시 게임을 꼭 해야 한다면, 1억 원짜리 혹은 1천만 원짜리 동전던지기 게임은 손해가 너무 막대하기 때문에 손해가 무서워서 도저히 못하겠고, 반면에 1만 원짜리 동전던지기 게임은 손해가 적기 때문에 할 만한 게임이라고 생각한다. 일반적으로 금액이 적을 때에는 위험애호적인 성향, 소위 도박 성향을 보이지만, 금액이 커지면 위험기피적인 성향을 보이는 것이 일반적인 인간의 본성이라고 볼 수 있다.

나는 어떤 유형의 사람인가를 판단하려면 자신에게 자문해봐야 할 것이다. '돈을 땄을 때의 즐거움과 돈을 잃었을 때의 아픔' 중 어느 것이 더 큰가를 자문해보면 어느 정도 자신의 성향을 파악할 수 있을 것이다. 본서가 추구하는 바는 위험기피자의 입장에서 저술하고 있다는 것을 유념하여야 한다. 그렇기 때문에 항상 '위험을 최소화하는 것' 즉 '손실을 최소화하는 것'에 초점을 맞추고 있다. 즉 '돈을 잃었을 때 뼈저린 아픔을 느끼는 사람들'은 당연히 그래야만 할 것이다. 이런 성향은 위험 중 손해 보는 쪽을 먼저 생각하는 경우에 해당한다.

이런 유형의 사람들은 확정적인 수익이 발생하는 자산에 투자하는 것이 바람직하다. 이를테면 정기예금에 투자한다면 일정기간 후에 원금과 확정적인 이자소득을 얻을 수 있을 것이다. 다소 수익률이 변하는 상품으로 공채와 회사채에 투자할 수도 있을 것이다. 우리나라에선 공채와 회사채 시장이 잘 발달되지 못해서 자산운용사 등을 통해서 간접투자상품에 투자하는 것도 바람직할 것이다. 만약 주식에 투자한다면, 매년 배당이 일정하게 제공되는 주식 혹은 우량주식에 투자할 것이다. 왜냐하면 배당이 상당히 일정하게 주어진다면 실제수익이 기대수익(또는 예상수익)으로부터 크게 벗어나지 않기 때문이며, 그리고 우량주식은 일반적으로 주가가 하락하더라도 엄청나게 폭락하는 일은 거의 없기 때문이다. 반면에 우량주식이 아닌 경우엔 주가가 크게 상승할 가능성도 있지만 어쩌면 대폭적인 폭락사태가 도래할 수도 있기 때문이다. 그리고 이들은 공통적으로 기다릴 줄 아는 사람들이며 장기투자를 선호하는 경향을 보인다.

위험애호자와 개미

'돈을 잃었을 때의 아픔보다는 돈을 땄을 때의 즐거움이 훨씬 크다'고 느끼며 그리고 위험 중 이익 보는 쪽을 먼저 생각하는 이런 유형의 사람들은 항상 자신이 돈을 딸 수 있다고 생각하는 사람들이다. 앞에서도 언급했듯이 도박성향이 강한 사람이며, 진정한 도박이라고 할 수 있는 선물과 옵션에 참여하는 것이 본인들의 심성에 맞는 투기전략이라고 생각한다. 우리나라의 선물·옵션시장의 규모가 세계 상위권이라는 것은 그만큼 우리나라 사람들이 다른 나라 사람들에 비해서 도박성향이 강하다는 것을 단적으로 예시한다고 볼 수 있다. 이런 유형의 사람들은 단기투자를 좋아하기 때문에 주식투자에 있어서도 대형주나 우량주식보다는 소형주에 투자하는 경향이 강하다. 그리고 한 건에 많은 투자수익을 얻으려고 시도한다.

그런데 정말로 이들은 단기투기를 통해서 높은 수익을 얻을 수 있을까? 만약 개미들이 이런 위험애호자의 성향을 보인다면 이들은 자신들의 능력에 대해서 착각을 하고 있고, 현실의 세계에서 자신들이 항상 희생양이라는 사실을 직시하지 못하고 있다. 그 결과 이들은 합법적인 작전이나 불법적인 작전에서 손실을 보는 희생자가 되며, 궁극적으로 자신의 전 재산을 날리고 파산에 이르게 된다.

'개미라는 자기 자신의 위치, 주가지수에 영향을 미칠 수 없는 자신의 무능력 등을 인지하고 그에 따라 이익을 극대화하는 전략이 아니라 손실을 최소화하는 전략'이 위험애호적인 개미들에게도 필요하다고 본다. 이들 역시 선물과 옵션에 투자하는 것보다는 주식, 그중에서도 '손실을 최소화할 수 있는' 주식에 투자하는 것이 바람직하다고 본다. 주식시장의 본질을 알고 자신의 능력을 알게 된다면, 무모한 투기를 통해서 망하는 것보다는 훨씬 나은 결과가 있으리라고 생각한다.

위험애호자와 큰 손

큰 손들은 진정한 위험애호자들이다. 이들은 위험이 증대할수록, 즉 주식시장의 변동성이 커질수록 이익을 얻을 수 있는 기회는 그만큼 커진다. 특히 상위 0.01%에 해당하는 초대형 기관투자자들에게 위험이 커진다는 것은 손해가 커질 가능성이 높아진다고 생각하지만 이익이 커질 가능성도 높아진다는 것을 의미하며, 특히 그들에겐 손해 볼 가능성보다는 이익 볼 가능성에 주목한다. 왜냐하면 이익을 획득할 수 있는 능력을 정말로 보유하고 있기 때문이다.

환언하면 큰 손, 그중에서도 상위 0.01%의 큰 손들은 자신들의 의지대로 주가지수 혹은 주가에 얼마든지 영향을 미칠 수 있고 그에 따라 주식과 선물 혹은 옵션을 결합한 작전을 수행할 수 있는 능력을 갖고 있으며, 그 결과 변동성이 클수록 돈을 딸 수 있는 기회는 더 많아진다. 결국 이들에겐 위험의 확대가 바람직할 수 있다. 이를테면 어닝 쇼크 같은 사건은 변동성이 커질 수 있는 기회를 제공하며, 공매를 통해서 엄청난 이득을 얻을 수 있다. 즉 썩은 고기만을 찾아다니는 하이에나에게 어닝 쇼크는 큰 기회이며, 반면에 개미들은 그 과정에서 빠져나오지 못하여, 특히 장기투자가 바람직하다고 생각하거나 혹은 이후에 주가가 다시 상승할 것이라고 기대하여 엄청난 피해를 입게 된다.

너 자신을 알라!

'너 자신을 알라!' 라는 소크라테스의 명언은 주식시장에서도 그대로 적용 가능하다. 우선은 자신의 성향이 어떤 사람인지를 우선을 알아야 한다. 그리고 우리는 여기서 자신이 어떤 성향의 사람이라고 판단하든 자신들이 진정한 개미라고 한다면, 자신의 능력을 인정하여야 한다. 자신의 능력을 인정하지 않고 과도한 망상에 사로잡히거나 혹은 그런 자신의 한계를 인정하고 타인의 조언을 무조건 따르는 행동들은 물론 운이 좋아서 많은 돈을 벌 수도 있으나 대부분의 개미들은 쪽박을 차고 주식투자를 한 것에 대해서 후회한다.

환언하면 자신의 의도대로 이익을 창출시킬 수 없다는 것을 인식하고, 많이 분석하여 자신의 능력을 제고시키면서 '손실 최소화'에 초점을 맞추는 주식투자 전략이 바람직하다고 결론지을 수 있을 것이다. 핵심적인 문제는 손실을 최소화할 수 있는 좋은 주식을 찾는 것이 관건이다.

2. 효율적 시장이론에서 배울 점은?

금융이론 교과서에 나오는 주식에 관한 대표적인 이론이 바로 **효율적 시장이론**이다. 정보가 주식가격에 즉각 반영된다는 취지의 이론이며, 이에는 세 가지 유형의 이론이 있다. 주식투자에 앞서서 생각해봐야 할 많은 내용들을 함축하고 있으므로, 주의 깊게 검토해 봐야 한다.

효율적 시장이론이란?

'효율적 시장이론'(efficient market theory)은 '주식시장에 참여하는 사람들은 모든 정보를 분석하기 때문에 주식가격에는 이미 모든 정보가 반영되어 있다'라고 주장한다. 이 주장의 핵심은 주식시장은 모든 시장 가운데에서도 가장 효율적인 시장이라는 것이다. 따라서 주식의 가격변화를 현재 보유하고 있는 정보를 가지고는 전혀 예측할 수 없다는 결론에 이르게 된다. 환언하면 정보에 따라 행동하는 것이 유리하다는 명제를 부정한다.

그렇다면 효율적 시장이론에서 언급하는 정보(information)란 무엇을 의미하는가? 분석 대상이 되고 있는 정보로 거론될 수 있는 것들은 대체적으로 금리, 통화량, 물가, 생산, 투자, 실업률, 소득, 소비 등의 동향을 나타내는 국내의 거시경제변수, 해외 금리, 해외 물가동향, 원유가, 원자재가격, 환율 등의 국제경제 동향, 전쟁, 특정국의 정권교체 등의 국내외 정세, 개별기업의 투자, 연구개발지출, 판매, 영업이익, 순이익 등에 관한 발표 등을 망라한다. 소위 온갖 정보가 다 분석대상이 되고 있다.[1]

효율적 시장이론에 따른다면 모든 정보가 이미 주식가격에 반영되었다는 주장은 우리가 정보를 분석해서 주식가격을 예측할 있다는 견해를 부정한다. 즉 우리는 정보를 분석함으로써 주식투자를 통해서 돈을 벌 수 없다는 것이다. 그런데 정말로 모든 사람들이 정보를 부지런히 분석하고 있을까? 그렇지 않은 사람들이 굉장히 많지 않을까? 그럴 경우엔 정보를 분석하는 것이 유리하지 않을까?

그러면 우리나라는 어느 쪽에 해당할까? 우리나라는 주식시장에서 개인들의 비중이 큰 나라에 속한다. 개인들은 일반적으로 남의 말을 잘 듣기 때문에 정보 분석에 등한히 하는 경향이 짙다고 볼 수 있으며, 바로 그런 이유로 인하여 우리나라가 작전하기에 딱 맞는 여건을 갖춘 나라라고 본다. 정보

---

1) 예컨대 삼성전자의 '갤럭시 S4'의 가격은 삼성전자에 근무하는 직원들의 임금, 원자재가격, 부품가격, 이자율, 환율 등의 비용조건에 의해서 결정되며, 즉 삼성전자의 '갤럭시 S4'의 가격은 매우 국한된 정보에 의해서 결정되며, 그에 따라 모든 정보가 그 제품의 가격에 반영되지 않으므로 스마트폰이 판매되는 시장은 '비효율적인 시장'이라고 한다.

분석이 제대로 이루어지고 있지 않은 우리나라에선 정보 분석을 열심히 하고 그에 따른 투기를 하는 사람들이 그렇지 않은 사람들에 비해서 상대적으로 유리하다고 볼 수 있다.

정보를 열심히 분석한다고 반드시 더 많이 돈을 번다는 보장은 절대로 없다. 왜냐하면 주식가격은 미래의 사건에 의해서 사실상 결정된다고 보아도 무방하며, 그리고 그 미래는 어느 누구도 정확히 예측할 수 없기 때문이다. 그렇지만 정보를 분석하지 않는 것은 마치 오픈 카지노에서 슬러트 머신에 베팅하는 것과 정확히 똑같다. 즉 운에 맡기는 것이다. 미국과 같이 큰 시장에선 기관들의 비중이 상당히 높기 때문에 허가받은 작전도 사실상 상당히 어렵고 불법적인 작전, 불법적인 내부거래 등은 거의 색출된다고 보아도 틀림이 없다. 그리고 이런 곳에선 기관들끼리 경쟁하므로 정보 분석이 성패를 가를 수 있으며, 그에 따라 당연히 개인들도 정보 분석을 하면 유리한 고지에 이를 수 있다기보다는 오히려 '손실을 최소화할 수 있다'고 생각한다. 어떻든 주식에 관한 지식을 많이 알고 정보 분석을 많이 한다면 작전에 휘말리지 않을 수 있고, 그 결과 자신의 성과도 그렇지 않은 경우에 비해 상당히 좋아질 수 있을 것이다.

효율적 시장이론의 세 형태

효율적 시장이론은 약한 형태, 준강 형태, 강한 형태 세 가지 이론이 있다.

1) 약한 형태의 효율적 시장이론

우선 '약한 형태의 효율적 시장이론'은 현재의 주식가격은 과거의 주식가격의 흐름, 수익률, 거래량 등과 같은 '과거의 시장정보'를 완전히 반영한다는 것이다. 과거의 정보는 미래의 수익률과는 아무런 관련을 갖지 않는다고 주장한다. 약한 형태의 효율적 시장이론에는 '불규칙보행가설'(random walk hypothesis)이라는 이론이 있다. 이 가설에 따르면 주식가격은 '사전 적으로' 아무런 규칙성 없이 움직이며(즉 random), 따라서 어떤 체계적인 예측도 불가능하다고 주장한다. 따라서 과거의 주식가격의 움직임을 분석함 으로써 규칙성을 찾으려는 시도는 반드시 실패한다고 주장한다.

예컨대 주식가격은 광야에서 만취한 사람의 보행처럼 불규칙적으로 움직 인다는 것이다. 주식가격의 움직임을 분석해보면 '사후적으로는' 어떤 규칙 성이 있는 것처럼 보이지만, 결론은 장래의 주식가격 변화를 예측하는 데에 는 아무런 도움이 될 수 없다고 본다. 이를테면 후술하는 기술적 분석 (technical analysis)은 평균적으로 별로 이득을 얻지 못한다고 주장한다.

그렇지만 술 취한 사람의 걸음걸이와 주식가격의 움직임에는 두 가지 공 통점이 있어서 불규칙보행가설은 우리에게 시사하는 바가 크다고 하겠다.

첫째의 공통점은 단기적인 예측 불가능성이다. 적당히 취한 것이 아니라 만취한 사람의 걸음걸이로부터 다음의 발자국이 어느 방향으로 갈 것인가를 예측할 수 없듯이 주식가격이 내일 혹은 모레 어느 방향으로 움직일 것인가 를 예측하는 것은 사실상 굉장히 어렵다는 것이다.

둘째의 공통점은 비록 단기적으로는 발자국의 방향이나 주식가격의 움직 임을 예측할 수 없으나 장기적으로는 예측이 가능하다는 것이다. 이를테면 만취한 사람은 필름이 끊길 정도여서 자신이 어떻게 집에 왔는지를 기억하 지 못하지만 어떻든 집에 와서 잔다는 것이다. 물론 어떤 만취한 사람은 길 가 혹은 도랑에서 잠자는 경우가 없지는 않지만! 이것은 주식과 관련해선 굉 장히 중요한 시사점을 안고 있는 내용이다. 만취한 사람이 도랑이나 길가에 서 잠을 잤다면 그 기업은 파산한 기업이거나 적자를 보이는 기업이라고 생 각하면 된다. 반면에 아무리 만취해도 집을 잘 찾아가는 사람은 우량기업에 해당하며, 그런 우량기업의 주식가격은 장기적으로 상승하는 추세를 보인다는 것이다. 핵심은 우리가 우량기업을 어떻게 선정하여 투자할 것인가가 관건이다. 우량기업을 선별하는 1차적인 방법은 다음 절의 기술적 분석에서 제시되고, 우량기업을 재확인하는 2차적인 방법은 제3장에서 그리고 최종적으로 실제 사례는 제4장에서 제시될 것이다.

실증적인 결과는 약형의 효율적 시장이론을 뒷받침하고 있다고 평가된다. 즉 과거의 주식가격의 움직임을 보고서 단기적으로는 미래의 주식가격을 정확히 예측하는 것은 불가능하다고 결론짓는다. 경제학에서 어떤 이론도 정확한 예측을 한 경우는 거의 없기 때문에 여기서의 결론도 너무나 당연한 내용이라고 할 수 있다.

심리철학자 애들러(Alfred Adler, 1870-1937)는 인간 자신의 발전에 있어서 열등감(feeling of inferiority)의 역할을 강조하면서 이런 열등감의 극복이 인류의 발전을 가능케 한다고 주장하는데, 금융전문가들은 바로 이런 열등감을 극복하기 위하여 온갖 종류의 기술적 분석을 발전시키고 있으며, 그에 따라 더 많은 수익을 창출하려고 노력한다. 기술적 분석과 관련된 이론 중 어느 것도 완벽한 이론은 없으며, 좋은 기술적 분석은 예측의 확률이 다른 것에 비해 약간 높다고 인정되지만, 정말 그런지는 아무도 모른다. 기술적 분석의 기초이론은 다음 절에서 검토될 것이다.

2) 준강 형태의 효율적 시장이론

'준강 형태의 효율적 시장이론'은 '모든 공개된 정보'(public information)는 이미 주식가격에 반영되어 있어서 미래의 주식가격의 예측에는 그런 모든 공개된 정보가 아무런 가치가 없다고 주장한다. 여기서 공개된 정보란 과거의 주식가격, 수익률, 거래량 등에 관한 정보, 이익과 배당에 관한 발표, 증자계획, 국내 경제성장률, 실업률, 소비와 투자, 국제수지, 금리, 환율의 움직임, 외국의 경제성장률과 실업률, 국내외 정권교체, 전쟁과 테러 등

경제와 정치에 관한 새로운 뉴스 등 모두를 망라한다. 이런 뉴스들은 누구나 알고 있으며, 이런 정보는 이미 주식가격에 반영되어 있어서 이런 분석으로부터 주식가격을 예측하고 돈을 더 많이 번다는 것은 불가능하다는 것이다.

이 이론에 따르면 공개된 공적 정보를 가진 경우의 투자는 그런 정보를 소유하지 못한 사람의 투자에 비해 별로 유리한 결과를 얻지 못한다고 주장한다. 그렇지만 대체적인 견해는 공개된 정보를 많이 가지고 있고 그 정보를 분석하고 잘 활용하는 주식투자자가 다소 유리한 것으로 평가하고 있다. 특히 우리나라같이 정보 분석을 등한히 하고 남의 견해에 따라 뇌동매매하며, 개미들의 비중이 높은 국가에서는 정보를 많이 보유하고 분석하는 투자자들이 그렇지 않은 사람들에 비해서 더 많은 돈을 벌 수 있다고 생각한다.

특히 알고리즘매매는 과거의 사건과 유사한 현재의 사건도 과거 사건처럼 주가에 비슷하게 영향을 미친다고 보고 프로그램으로 만들어서 자동적으로 매매하도록 만들고 있으며, 그 수익률은 그 프로그램을 어떻게 만드느냐에 달려 있다. 마찬가지로 일반 개미들의 경우에도 과거 및 현재 자료에 대한 수집과 분석은 그렇지 않은 경우에 비해서 분명히 그들의 주식투자의 수익률을 다소 높게 할 것이다.

3) 강한 형태의 효율적 시장이론

'강한 형태의 효율적 시장이론'은 공개된 정보나 비공개된 '내막정보'도 이미 주식가격에 반영되어 있기 때문에 주식가격을 예측하는 데 아무런 가치도 없다고 주장한다. 여기서 비공개된 정보란 공개되지 않은 회사의 투자계획, 신제품 개발, 새로운 판로의 개척, 새로운 M&A, 대주주의 보유 주식변동 등의 회사에 관련된 정보, 공개되지 않은 경제정책의 내용 등을 말한다. 이런 정보를 알고 있고 분석한다고 해도 그 정보는 이미 주식가격에 반영되어 있어서 그 정보를 이용해서 다른 사람보다 더 많은 돈을 벌 수 없다는 것이다.

그렇지만 대부분의 금융학자들은 공개되지 않은 내막정보를 소유한 투자자는 주식가격의 변화를 보다 빨리 예측할 수 있으며, 그에 따라 다른 사람들보다 더 나은 성과를 얻을 수 있을 것이라고 평가한다. 왜냐하면 내부정보는 아직 공개되지 않았기 때문에 주식가격에 반영되지 않았다고 보고 있으며, 그 결과 그 정보에 대한 분석은 주식가격의 예측에 분명히 도움을 줄 것이기 때문이다. 이런 내막정보를 이용한 주식거래를 '내부자거래'라고 하는데, 대부분의 나라에서는 이런 거래를 법으로 금지시키고 있다. 이를테면 우리나라에선 고위 공직자의 주식보유를 불허하고, 만약 보유하고 있다면 백지 신탁하도록 강제하고 있다. 이는 공직에서의 우월한 정보를 이용하여 부당한 이득을 취하는 것을 사전에 막자는 취지이다.

미국의 FBI는 헤지펀드 매니저, 혹은 주식투자자문사 등이 기업의 임직원들로부터 내부정보를 비밀히 획득해서 주식투자를 통해 막대한 이득을 얻는 행위를 철저히 수사하고 있다. 그리고 이런 부당한 이득은 당연히 몰수되며 막대한 벌금과 7년 내외의 징역형이 선고되고 있다. 미국은 주식시장의 공정한 경쟁을 확보하기 위하여 부당거래, 특히 내부자거래에 대해선 FBI가 테러, 마약 사범의 수사처럼 직접 철저하게 수사하고 있다.

예컨대 "미국 투자은행인 골드만삭스가 헤지펀드인 갤리언 그룹과 벌인 내부자 거래 혐의 조사 범위가 확대되는 가운데 한국계 펀드매니저가 이번 사건에 연루됐다고 월스트리트저널(WSJ)이 보도했다. 27일(현지시간) WSJ는 골드만삭스 임직원이 갤리언 그룹에 헬스케어(의료·보건산업) 관련 정보를 제공한 혐의로 미국 검찰과 미 증권거래위원회(SEC)가 골드만삭스의 고위 임원인 매튜 코렌버그를 조사하고 있다고 전했다. 갤리언 사건은 골드만삭스의 이사회 멤버가 골드만삭스의 내부 정보를 갤리언 헤지펀드에 유출한 사건이다. 이와 관련해 갤리언의 공동 설립자인 라자라트남은 지난해 10월 징역 11년 형을 선고받았다. 내부자 거래 사건으로는 미국 역사상 가장 무거운 형량이다."(조선일보, 2012.4.28.06:36) 우리나라에선 최근 박근혜 정부가 적극적으로 내부자거래와 작전세력을 수사하고 엄벌에 처하도록 법을 강화하려는 의지는 갖고 있으나, 우리나라 현실에선 온정주의적인 조치와 형평성 문제 등 여러 가지 이유로 인하여 발본색원이 힘들 것으로 보인다. 우리나라가 적어도 선진국이 되려면 주식시장에서도 내부자거래를 엄격하게 적발하고 그에 대한 처벌이 미국처럼 강화되어야 하겠다. 내부자거래를 통해서 이득을 보는 불공정한 행위가 다반사로 저질러지는 그런 국가는 원칙이 적용되고 또한 정의가 실천되는 국가라고 보기 어렵기 때문이다.

배울 점은?

첫째로, 강한 형태의 효율적 시장이론에서 우리는 다른 사람이 모르는 그리고 비밀스런 내막정보를 안다면 틀림없이 주식투자를 통해서 돈을 벌 수 있다. 경제학자들은 일반적으로 주식투자에 별로 관심을 갖지 않는다. 국가와 국민들을 위한다는 학문의 성격이 그렇게 만들었을 것이다. 그런데 경제학자 중에서 주식투자를 통해서 돈을 많이 번 사람으로 케인즈를 든다. 케인즈는 영국 재무성 고위관리였고 켐브리지 대학에서 교수가 된 이후에도 재무성 고문으로 활약한 것으로 알고 있다. 케인즈는 직관을 중시하였고 주식투자에도 직관(intuition)을 많이 활용했다고 한다. 그러나 정확하지는 않지만 아마 케인즈도 재무성의 고급정보를 이용해서 주식투자를 했을 것으로 짐작된다. 반면에 그가 학문적으로도 정작 많은 관심을 가졌던 외환투기에서는 많은 돈을 잃은 것으로 이야기된다. 외환투기는 엄청나게 많은 변수가 영향을 미치고 영국 재무성의 고급정보로도 미래를 예측할 수 없었기 때문에 그랬을 것이다. 어떻든 내막정보를 가지면 돈을 벌 수 있다는 것은 확실하지만, 현재는 범죄행위로 간주된다. 물론 우리나라에선 굉장히 관대하지만!

　둘째로, 준강 형태의 효율적 시장이론에서 우리는 모든 사람이 정보를 분석하지 않는다는 것을 알았으며, 그 결과 정보 분석으로부터 우리는 돈을 벌수 있는 기회를 포착할 수 있다. 즉 정보를 빨리 얻을 수 있는 투자자들이 돈을 더 많이 벌 수 있다. 그러나 불행하게도 개미들은 정보를 빨리 얻지도 못하고 빨리 분석하지도 못한다. 필자가 '손실 극소화'에 초점을 맞추라는 것도 바로 이것 때문이다. 기관투자자들을 포함해서 거의 모든 투자자에게 공평하게 기회가 주어지는 실적발표에 초점을 맞추어서 투자하기를 필자는 강력하게 권고한다. 이것은 다음 절에서 언급하는 기본적 분석에서 시도하는 것이고, 이 분석은 우량주식을 찾는 것이며, 필자가 명명하는 '명품주식'도 바로 이것이다.

　마지막으로 약한 형태의 효율적 시장이론, 특히 불규칙보행가설에서 얻을 수 있는 핵심적인 교훈은 아무리 취해도 집을 잘 찾아가는 사람과 같은 우량주식을 찾는다면, 그런 주식은 장기적으로 상승하는 주가추세를 보여준다는 것이다. 그런 주식 중에서 최고로 좋은 주식을 찾는다면 우리는 주식투자를 즐기게 될 것이다! 그런 명품주식을 찾아봅시다! 독자 여러분 절대 불가능하지 않습니다!

3. 효율적 시장이론에 대한 반론의 함축적 의미는?

　효율적 시장이론을 수용하면 금융이론가와 펀드매니저들은 할 일이 없어진다. 그들은 효율적 시장이론을 거부하면서 기술적 분석과 다른 분석들을 시도하며, 평균적인 시장수익률보다는 더 나은 성과를 얻으려고 노력한다. 여기서 주식투자의 초보자들이 유념해야 할 필요가 있는 기술적 분석과 기본적 분석의 기본적인 요체를 제시하고, 또한 금융이론에서 주목할 만하면서 실제 주식투자에서 유념할 만한 몇 가지 이슈들을 검토해 보았다.

기술적 분석과 시사점은?

1) 기술적 분석과 효율적 시장이론의 함축적 의미

'기술적 분석'(technical analysis)이란 차트분석을 통해 주식투자의 이득을 극대화하려는 시도이며, 주식가격의 반복적이면서 예측 가능한 양태를 탐구하는 분석기법이다. 이 분석의 기본 밑바탕에는 기업의 미래 경제적 성과에 관한 정보가 주가에 대단히 느리게 적응한다고 생각하며, 그리고 효율적 시장이론을 불신한다.

특히 기술적 분석과 관련해 유념해야 할 사항이 있다. 만약 유용한 기술적 규칙(혹은 가격패턴)이 발견된다면, 그것을 발견한 투자자는 이득을 얻을 수 있으나, 이 규칙이 알려질 경우 많은 투자자들이 이 규칙을 활용할 것이며, 궁극적으로 이 규칙은 스스로 파괴된다는 것이다. 즉 유용한 기술적 규칙, 즉 가격패턴은 자기 파괴적이라는 것이다. 따라서 알려진 기술적 분석은 아무런 가치도 없으며, 단지 그런 기술적 규칙이 알려지지 않고 자기만 알고 있을 때에만 그 규칙은 유용하다고 볼 수 있다.

그렇지만 모든 정보가 완전하게 주식가격에 반영된다고 보기 어려우며, 그에 따라 기술적 분석은 부분적으로 주식투자에 도움을 줄 수 있다. 특히 큰 손들은 여기서 설명하는 분석기법을 이용하여 상당한 이득을 취하고 있다. 그러나 우리가 기술적 분석 모두를 연구할 필요는 없지만, 여기서 제시되는 중요한 기초적인 이론은 우리의 주식투자, 특히 단기투자전략에 대단히 유용할 수 있다. 필자가 생각하는 단기투기전략으로 이용할 수 있는 세 가지 기술적 분석, 즉 다우이론, 이동평균 그리고 지지선과 저항선을 중심으로 설명하고, 주식가격 움직임에 관한 엘리엇파동의 함축적 의미도 검토해 보겠다.

2) 다우이론

오늘날 세련된 기술적 기법은 거의 모두가 다우이론의 변형이라고 해도 과언은 아닐 것이다. 다우이론은 세 가지 힘이 동시에 주식가격에 영향을 미친다고 주장한다. 첫째로, '주 추세'는 주가의 장기적인 움직임으로 몇 개월 혹은 몇 년에 걸쳐서 지속되는 주식가격의 움직임을 나타내며, 앞에서 언급했던 주식의 '내재가치'의 움직임의 대략적인 추정치로 간주할 수 있다. 둘째로, '중기 추세'는 기본적인 주 추세에서 벗어난 단기적인 편차를 보이는, 1주일 혹은 몇 달에 걸친 주가의 움직임을 나타낸다. 마지막으로 '소 추세'는 주식가격의 일별 변동을 나타낸다.

다우이론에 따르면 일별 움직임인 소 추세가 모여서 1주일 혹은 몇 달에 걸친 중기 추세를 형성하고 이런 중기 추세가 모여서 기본적인 주 추세가 형성된다고 본다. 다우이론과 관련하여 얻어지는 함축적 의미로는 기본적인 주 추세가 상승하는 주식은 그 주식의 '내재가치'가 상승하는 경향을 보이는 것으로 추정할 수 있으며, '일단 잠정적으로' 성장주식 혹은 우량주식에 속한다고 추정해 볼 수 있다. 앞에서 언급한 불규칙보행가설에서 아무리 취해도 집으로 귀가하는 사람에 비유될 수 있는 주식은 장기적으로 주식가격이 상승하는, 즉 주 추세가 상승하는 주식이라고 추정할 수 있다. 반면에 주 추세가 하강하는 주식은 내재가치가 감소하는 주식이라고 추정할 수 있을 것이며, 잘못하여 파산에 이르면 도랑이나 길가에서 잠자버리는 사람에 비유될 수 있는 주식이라고 추정할 수 있다.

따라서 중기 추세와 소 추세는 들쭉날쭉 할 수 있지만 주 추세가 상승하는 주식을 선택해서 투자하는 것이 바람직하다고 볼 수 있다. 다우이론에서 얻을 수 있는 함축적 의미는 장기투자를 하든 단기투자를 하든 일단 기본적으로 주 추세가 상승 추세를 보여주는 주식에 자금을 넣는 것이 바람직하다고 생각할 수 있다. 독자들은 〈그림 2-1〉에 있는 두 그림을 비교해 보면서

그림 2-1 **주 주세의 유형**

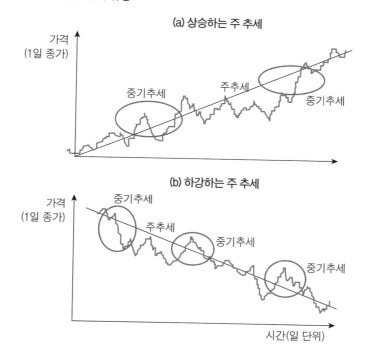

어디에 투자하는 것이 바람직한지를 스스로 자문해 보기 바란다. 아마도 대다수는 주 추세가 상승하는 주식에 투자할 것이다.

여기서 유념해야 할 것은, 첫째로, 주 추세가 상승하는 주식을 '잠정적으로' 성장 혹은 우량 주식으로 단정지었으나, 정말로 그런 주식인지를 재확인해야 한다는 것이다. 이를 재확인하는 대표적인 방법이 '기본적 분석' 이다. 재확인과 관련된 내용은 주식투자에서 가장 중요하기 때문에, 바로 다음 항에서 그 내용을 개략적으로 설명하고, 다음에 나오는 제3장과 제4장에서 구체적인 내용들을 설명할 것이다.

둘째로 유념해야 할 것은 주 추세가 상승하는 주식이라 하여도 영원히 그렇게 된다는 보장이 없다는 것이다. 특히 기업 실적이 내리막을 걷기 시작하는 경우엔 특별한 사정이 없는 한 주 추세가 하강하는 형태로 변경될 수 있다. 따라서 주 추세는 얼마든지 하강하는 추세로 바뀔 수도 있으며, 그 결과 주 추세가 하강하는 추세로 바뀌었다고 판단된다면 그 주식에서 재빨리 벗어나야 할 것이다.

그렇지만 주 추세가 하락하는 주식에 투자하려는 사람들도 있는데, 이들은 공매를 하려는 사람들이나 작전을 주도하는 사람들에게 대단히 바람직할 수 있다. 이들은 앞에서 썩은 고기만을 찾아다니는 하이에나와 같은 존재들이라고 말할 수 있을 것이다. 현재 시점에서 실적 악화로 어닝 쇼크를 보이는 기업들이 공매도 세력들이 눈여겨보고 있는 목표물이다. 이들 기업의 주식을 차입하여 공매한 후 유언비어를 퍼트리고 나중에 폭락한 주식을 사들여서 되갚으면 엄청난 이득을 챙길 수 있을 것이다. 더욱이 파산에 이르거나 상장 폐지되는 경우에는 매수가격이 그냥 거저이기 때문에 수익률이 수백에서 수천 %에 이를 것이다.

물론 이 다우이론은 개별 종목만이 아니라, 국내 인덱스 펀드에 투자하거나 해외 개별 종목이나 해외 인덱스 펀드에 투자하는 경우에도 적용된다. 이를테면 중국, 인도, 브라질의 뮤추얼 펀드에 투자할 것인가 아니면 미국, 일본, 영국, 독일의 뮤추얼 펀드에 투자할 것인가를 결정할 때에는 그 나라의 대표적인 종합주가지수가 전반적으로 상승 추세를 보이는 국가에 투자하는 것이 바람직하다. 이것은 그 나라가 계속적으로 성장하고 있다는 것을 보여 줄 뿐만 아니라 상장한 회사들이 꾸준한 성장세를 유지하고 있다는 것을 보여주는 증거이기 때문이다. 그리고 외국의 종합주가지수는 'The Wall Street Journal'의 홈페이지, 'http://markets.wsj.com/'의 'Market Data'에서 그래픽으로 확인해 볼 수 있을 것이다.

3) 이동평균

주식가격 혹은 주가지수의 '이동평균'은 일정기간, 예컨대 '최근 과거' 5일, 20일, 60일, 120일, 52주 등에 대한 평균 주식가격 혹은 평균 주가지수의 움직임을 그림으로 표현해 준 것이다. 다우이론과 후술하는 기본적 분석에 따라 종목을 선정했다면 어느 시점에서 그 종목을 매수하고 어느 시점에서 매도할지를 결정해야 할 때, 일반적으로 이동평균이 많이 활용된다.

우리가 '사후적으로' 매수시점과 매도시점을 결정하는 것은 아주 간단하다. 추세선에 따라 일정 범위에서 상승시점, 즉 최저점에 매수하고 하강시점, 즉 최고점에서 매도하면 확실한 이득을 챙길 수 있을 것이다. 그렇지만 문제는 '사전적으로' 상승시점을 확실하게 자신할 수 있느냐 그리고 하강시점을 확실하게 확신할 수 있느냐에 달려 있다. 자신은 최저점이라고 확신하지만 그 이후에도 계속 하락할 수 있으며, 그리고 자신은 최고점이라고 확신하지만 계속해서 상승할 수도 있다.

우리가 여기서 유념해야 할 점은 매수시점과 매도시점을 '사전적으로' 100% 맞추는 것은 신이나 할 수 있는 일이며, 우리 인간으로선 7~80% 정도만 맞추어도 확실하게 돈을 벌 수 있고 만족해야 한다는 것이다. 과도한 욕심을 버리고 약간의 손실을 감수하면서 나름대로 상당히 확신을 갖고 투자하는 방식이 이동평균에 의한 매매시점의 결정이다.

투자자의 취향에 따라 다를 수는 있겠지만, 보통 5일 이동평균과 20일 이동평균, 혹은 20일 이동평균과 60일 이동평균이 만나는 곳에서 매수 혹은 매도 시점을 결정한다. 〈그림 2-2〉는 5일 이동평균과 20일 이동평균이 만나는 곳에서 매매시점을 결정하고 있다. 5일 이동평균은 5일 동안의 주식가격의 평균이므로 1일 주식가격 변동에 민감하게 반응하지만, 20일 이동평균은 20일 동안의 주식가격의 평균이므로 1일 주식가격 변동에 느리게 반응한다. 바로 이점을 이용해 매매시점을 확신을 갖고 결정하는 기법이라고 할

그림 2-2 5일과 20일 이동평균 이용 투자 결정

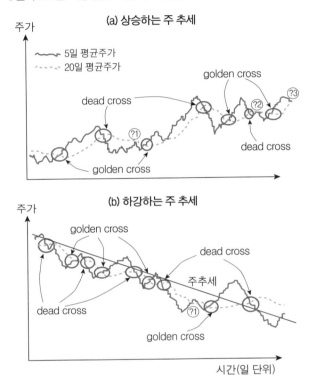

수 있다.

〈그림 2-2〉에서 볼 수 있는 것처럼 5일 이동평균이 상승 추세를 보이면서 20일 이동평균과 만나는 시점은 앞으로 주가(지수)가 확실한 상승 추세를 보일 수 있다고 추정할 수 있는 매수시점이며, '골든 크로스'(golden cross), 소위 '황금교차로'라고 불린다. 골든 크로스는 최저점보다는 오른쪽에 위치하면서 확실한 상승추세를 보이는 곳이다. 반면에 5일 이동평균이 하강곡선을 그리면서 20일 이동평균과 서로 교차하는 시점은 확신을 갖고 앞으로 주가(지수)가 하락 추세를 보일 것으로 추정되는 매도시점이며, '데

드 크로스'(dead cross), 소위 '죽음의 교차로'로 불린다. 데드 크로스는 최고점보다 우측에 위치해 있어서 확실하게 하락할 것으로 추정되는 곳이다.

'사후적으로' 검토하면 골든 크로스와 데드 크로스가 분명하게 확인될 수 있으며, 그리고 '사전적으로도' 5일 이동평균과 20일 이동평균의 격차가 클 때에는 주식의 보유 혹은 매도 상태를 계속 유지하면 된다. 그렇지만 매수 혹은 매도의 시점이 '사전적으로' 애매모호한 경우들이 현실적으로 많이 나타난다. 예컨대 〈그림 2-2(a)〉에서 '?1, ?2, ?3'이 여기에 해당한다. 우선 '?1'에선 매수를 결정할 수 있으며 그리고 판단 착오로 나타났기 때문에 다시 매도하면 된다. '?2'에서도 동일하게 매수 판단을 내릴 수 있으며 그리고 잠시 후에 다시 매도하면 된다. 여기서 판단의 실수와 관련해 하루 혹은 이틀 후 5일 이동평균과 20일 이동평균을 관찰한 후에 확실한 매수 혹은 매도를 결정해도 괜찮을 수 있다.

그렇다면 현재 시점으로 보이는 '?3'에서는 확실히 매도 판단을 해야 할 것으로 보인다. 그러나 만약 그 이후에 주가가 상승으로 바로 반전이 된다면 다시 매수를 결정해야 할 것이다. 지금까지 거론된 '?1, ?2, ?3'은 주가가 횡보를 보이는 경우에 왕왕 나타날 수 있는 사례들이다. 많은 경험이 필요할 것으로 사료된다.

그렇지만 다우이론에 따른 주 추세가 하강하는 경우에는 이동평균에 의해 매수 혹은 매도를 결정하는 것은 수익성이 매우 낮다는 것을 확인할 수 있다. 〈그림 2-2(b)〉에서 하강 추세를 보이는 경우에는 이동평균에 의한 매매시점의 결정은 아무런 이득도 발생하지 않음을 확인할 수 있다. 따라서 우리는 이동평균에 의한 매매시점 결정에 있어서도 주 추세가 상승하는 그런 주식을 선정해야 이득이 크다는 것을 알 수 있다.

여기서 언급되는 이동평균을 이용한 투자 결정은 당연히 국내 인덱스 펀드에도 적용 가능하다. 우리나라의 코스피, 코스피 200 등에 대해선 각 증권사가 이동평균을 서비스하고 있는 것으로 알고 있다. 이 서비스는 포탈 서비스 "다음"에서도 제공되고 있다. 해외 인덱스 펀드에도 그대로 적용할 수 있는데, 국내 증권사가 이동평균을 서비스하고 있다면 이동평균으로 매수와 매도를 결정하면 될 것이다.

4) 저항선 혹은 지지선

'저항선'은 주가가 더 이상 상승하기가 어렵다고 생각되는 주가수준을 의미하며, '지지선'은 주가가 더 이상 하락하기 어렵다고 판단되는 최저수준을 의미한다. 매매시점을 결정하는 또 다른 방식이 저항선과 지지선을 이용하는 것인데, 이 방법은 주식가격은 오르락 내리락을 반복한다고 생각하고 오를 때에도 그 상한선이 존재하고 내릴 때에도 하한선이 존재한다고 상정하여 투자하는 기법이다. 이 기법은 이동평균 자료를 얻기 어려운 경우, 예컨대 해외 인덱스펀드의 매매시점을 결정할 때, 그리고 이동평균을 보완하는 기법으로 활용할 때, 유용할 것으로 판단된다.

기관들은 주식가격이 저점에 도달했다고 생각하면 매수하고 고점에 이르렀다고 판단하면 매도하여 차익을 챙긴다. 특히 개별 주식선물이나 주식옵

그림 2-3 저항선과 지지선

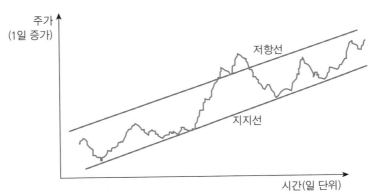

션을 병행하여 확실한 이익을 챙기기도 한다. 개별 주식에 영향을 미칠 수 있는 기관투자자들은 고점에 이르렀다고 판단하면 보유 주식을 매각하면서 동시에 선물까지도 매도하여 주식가격 하락에 따른 손실을 선물로 만회하면서 필요 이상의 선물을 매도하면 선물 매도로부터 훨씬 더 많은 이득을 챙기기도 한다. 만약 주식이 없으면 공매를 시도하면서 동시에 선물을 매도하면 동일한 효과를 얻을 수 있다.

이제 주식가격이 충분히 떨어져서 저점에 이르렀다고 판단하면, 주식가격에 영향을 미칠 수 있는 기관투자자들은 매수를 시작하고 동시에 선물을 매수하면 주식가격 상승에 따른 매입비용의 상승을 선물 매수의 이익으로 상쇄시키고, 필요 이상의 선물을 매수하면 선물 매수로부터 훨씬 더 많은 이득을 챙길 수 있다. 그리고 이전에 공매한 기관투자자들이 주식을 매수할 때에도 동일한 전략을 활용하면 동일한 효과를 얻을 수 있다.(옵션을 이용해서도 유사한 효과를 얻을 수 있으나 그 설명은 생략한다) 제1장 3절 '합법적인 작전의 극치: 선물과 옵션'에서 언급했던 작전을 초대형 기관투자자들이 바로 여기서 저항선과 지지선을 이용하여 실행할 수 있을 것이다.

물론 개미들도 '저항선과 지지선'을 단기투기전략으로 활용할 수 있다. 이 전략은 이동평균 방법과 병행하면서 활용한다면 훨씬 안전하면서도 확실한 전략을 수립할 수 있다. 이동평균에서 애매모호한 시점에서 저항선과 지지선을 감안하면서 매매시점을 결정한다면 보다 확신을 갖고 투자할 수 있을 것으로 생각된다. 물론 저항선과 지지선을 이용한 투자전략도 다우이론에 따른 주 추세가 상승하는 주식이 바람직한 투자대상이지, 주 추세가 하락하는 주식은 별로 재미를 보지 못할 것으로 생각된다.

저항선과 지지선은 증권사들이 서비스하는 분야가 아니다. 저항선과 지지선은 투자자가 나름대로 그래픽을 보면서 임의적으로 그림을 그려서 만들어내야 한다. 저항선과 지지선을 이용한 투자 결정은 개별 종목에만 국한된 것이 아니라 국내 인덱스 펀드에도 적용이 되며, 외국 증시에 투자하는 경우

에도 외국의 종합주가지수를 보면서 임의적으로 저항선과 지지선을 그리면
서 매수와 매도에 대한 결정을 내리면 좋은 성과를 얻을 것으로 사료된다.
아마 초보자들도 따라 하기가 굉장히 편한 투자기법이라고 생각한다.

5) 엘리엇파동이론

'엘리엇파동이론'은 1938년 Elliott에 의해 제안된 이론으로 주가지수는
상승파동과 하강파동이 반복적이면서 규칙적인 현상을 보인다고 하였다. 상
승파동은 전반적으로 3개의 파동으로 구성되며, 반면에 하강파동은 전반적
으로 2개의 파동으로 구성된다고 주장한다. 여기서는 아주 간략한 내용만
언급하겠다.

〈그림 2-4〉에서 볼 수 있는 것처럼 상승파동은 3개의 파동으로 구성되며
실제로는 지루하게 상승한다. 반면에 하강파동은 상승파동의 제3파동과 오
른쪽의 파동 둘로 구성되며, 굉장히 빠른 속도로 하강한다. 그리고 제1파동,
제2파동, 제3파동의 상승국면에서 각 파동은 다시 작은 3개의 파동으로 구
성되며, 그리고 하강국면에선 작은 2개의 파동으로 구성된다. 마찬가지로
하강파동의 하강국면 역시 다시 작은 2개의 파동으로 구성되고 상승국면에
서도 3개의 작은 파동으로 구성된다.

그림 2-4 엘리엇파동

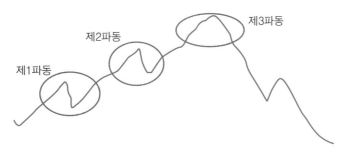

엘리엇파동이론은 개별 주식에 대해선 적용하기 곤란하고 주가지수에 대해선 어느 정도 사후적으로 그리고 '억지로' 맞추면 그럭저럭 해석이 가능한 이론이라고 볼 수 있다. 그러나 엘리엇파동이론에서 우리는 두 가지 시사점을 얻을 수 있다. 첫째로, 모든 주식가격 혹은 주가지수는 상승하면 반드시 하락한다는 것이며, 그리고 하락할 때에는 급격히 그리고 빠른 속도로 하강한다는 것이다. 따라서 매수는 천천히 해도 괜찮지만 매도는 빨리 해야 한다는 것이다. 만약 그 시기를 놓치면 팔 수 없게 되고, 그에 따라 '본의 아니게 장기투자를 하게 된다' 는 것이다. 우리나라 주식시장에서 개인들의 비중이 굉장히 높고 선물과 옵션시장이 너무나 거대해서 기관들과 외국인들이 장난하고 놀기에는 굉장히 좋은 여건을 갖추고 있어서 매수에 신중해야 하지만 매도에는 정말로 신속한 의사결정이 필요하다. 바로 이 점이 엘리엇파동이론에서 얻을 수 있는 중요한 시사점이라고 할 수 있다.

둘째로 하강파동이 조정수준으로 끝나고 다우이론의 주 추세가 상승으로 계속되는 경우에는 매도에 실패해도 다음에 기회가 다시 돌아온다. 즉 어느 정도 기다렸다가 상승국면에 이르고 저항선에 이르렀다고 판단되었을 때 팔면 된다. 여기서도 핵심은 주 추세가 꾸준히 상승추세를 보여주는 주식을 선정해야 한다는 것이다. 그렇지만 영원한 명품주식은 존재하지 않는다. 어느 날 실적 악화가 나타나는 경우, 소위 어닝 쇼크에는 썩은 고기만을 찾아다니는 하이에나들이 공매를 시작한다면 급격한 하강파동이 시작된다. 역시 이때에도 빨리 손절매하는 것이 신상에 이로울 것이다.

6) 시사점은?

다우이론, 이동평균 그리고 저항선과 지지선 세 가지 이론을 결합하여 주식의 매수와 매도에 대한 의사결정을 수행한다면, 사후적으로는 상당히 안정적인 그리고 높은 성과의 '단기' 투자를 할 수 있을 것으로 생각되지만,

사전적으로 대단히 애매모호한 시점들이 존재한다.

기술적 분석에서 얻을 수 있는 첫째 시사점은 개미들은 주 추세가 상승하는 우량주식을 선정하여야 한다는 것이다. 특히 하강곡선을 그리는 주식은 투자매력이 떨어지며, 그리고 큰 손들의 공매 대상이 된다는 것을 명심해야 할 것이다. 물론 그 희생타는 전부 개미들이다. 손실의 최소화 및 개미지옥에서의 탈피 등을 위해선 명품주식의 선택이 최우선 과제이다.

둘째로 '황금교차로'와 '죽음의 교차로'를 활용하는 투자는 변동성이 큰 주식, 즉 상하로 주가가 크게 변동하는 주식에서 이득을 얻을 수 있으며, 그런 투자를 시도할 때에는 특히 장중에는 컴퓨터 앞에서 벗어날 수 없을 정도로 주가 변동을 면밀히 검토하고 주시해야 한다. 일과중에 시간을 낼 수 없는 직장인들에겐 부적절한 전략이라고 생각하며, 아마 전업 투자자에게나 적절한 전략이며, 굉장히 스트레스를 많이 받을 수 있는 투자방식이라고 생각한다.

마지막으로 엘리엇파동과 관련해 얻을 수 있는 시사점은 주가가 하락할 때에는 상승할 때와는 비교도 안 될 정도로 빠른 속도로 폭락한다는 것이다. 즉 상승할 때에는 매수에 대한 판단을 신중하게 하더라도 크게 문제되지 않겠지만, 하락할 때에는 신속한 의사결정 혹은 결단이 필요하다는 것이다.

그렇지만 필자의 기본적인 생각은 스트레스를 많이 받을 수 있는 주식투자에서 그런 스트레스를 최소화하는 길은 우량주식, 즉 명품주식을 발견하는 것이라고 생각한다. 이미 언급하기도 했고 암시하기도 했던 것처럼 기본적 분석을 철저히 실행하여 우리나라에서 최고로 훌륭한 주식에 투자하는 것이 즐거운 투자의 요체라고 본다.

기본적 분석

기본적 분석은 기업의 과거 수익흐름 및 배당 전망, 미래 이자율에 대한 예상 등을 분석하여 기업의 내재가치를 추정하는 방법을 말한다. 시중에서 이야기되거나 혹은 증권전문가들이 말하는 가치주를 선별하는 것, 즉 가치투자를 언급하고 있다. "가치주"란 간단히 말해서 가치가 있는 주식 혹은 투자할 만한 가치를 갖는 주식, 환언하면 내재가치가 높은 주식을 말하며, 학자에 따라 증권전문가에 따라 그 평가기준이 매우 다양하다. 진정한 가치주를 선별할 수만 있다면 많은 돈을 버는 것은 대단히 쉬운 일이다. 문제는 가치주를 판별하는 진정한 방법이란 존재하지 않는다는 것이다. 이하에선 가치주라는 어려운 용어보다는 "좋은 주식", "우량주식", "명품주식"이라는 쉬운 용어를 사용하고자 한다.[21]

실제로 기본적 분석을 실행할 때에는 기업의 각종 재무제표를 분석하고 기업의 전략, 산업의 환경, 국가 경제의 현황 등도 아울러 분석하여 기업의 장래가치를 추정하는 것이다. 이런 추정에는 애널리스트들의 보고서가 중요한 참고자료가 되겠지만 기업의 견해를 많이 받아주는 편의(偏倚)도 내재되어 있으므로 해석상 조심해서 받아들여야 하겠다.

워런 버핏 같은 주식투자 전문가는 서류상으로 보여주는 자료만을 검토하고 분석할 것이 아니라 기업을 직접 방문하여 눈으로 직접 보고 현장을 느낄 것을 요구하기도 한다. 그의 기본 철학은 '주식에 투자한다' 보다는 '기업에 투자한다' 는 장기적인 전략을 함축하고 있다. 현장을 방문하여 기업의 장래가치를 완전하게 느낄 수 있다면 좋겠지만, 방문하지 않은 것보다는 나을 수 있으나 기업의 가치를 완전히 파악하기는 어려울 것이다. 그렇지만 장기투자를 목표로 하는 그의 입장에선 현장을 방문하고 기업 경영인들의 설명을 육성으로 청취하는 것이 기업의 내재가치를 파악하는 데 다소 용이하

---

21) 경제학자 혹은 다른 학자이든 대부분의 학자들은 자신의 이론을 평범한 용어로 전달하기보다는 일반인들이 이해하기 어려운 용어로 전달하려고 애쓴다. 대표적인 용어가 '화폐' 이다. 일상적으로 돈이라고 하지 화폐라고 절대하지 않는다. 이를테면 어떤 사람이 '은행으로부터 돈을 꿨다' 고 하지 '화폐를 꿨다' 고 하지는 않는다.

다고 보았던 것 같다. 그만큼 기업에 대한 분석은 어렵고 지난하다는 것을 단적으로 말해주고 있다. 물론 개미들이 자기의 직업을 팽개치고 현장을 직접 방문하기는 어려울 것이며 설사 방문한다고 해도 최고경영진의 설명을 청취하기도 어려울 것이다. 여기서 버핏이 시사하는 바는 기업을 완전히 파악하는 것도 어렵지만, 주식가격은 미래의 가치를 반영하기 때문에 그 미래의 가치를 파악하는 것이 정말로 어렵다는 것이다.

그런데 효율적 시장가설은 누구나 이용 가능한 과거자료로부터 얻어진 분석은 다른 분석가의 분석보다 결코 우월할 수 없으며, 그 결과 누구나 이용 가능한 그런 자료로부터 얻어지는 기본적 분석을 통해서 돈을 벌기는 어렵다는 함축적 의미를 갖고 있다. 환언하면 다른 분석가의 추정치보다 더 나은 기업을 발견하는 것은 대단히 어려운 임무라고 할 수 있을 것이다. 기술적 분석도 의미 없다고 말하고 마찬가지로 기본적 분석에 대해서도 동일하게 결코 우월한 성과를 얻을 수 없다고 주장한다.

만약 우리가 효율적 시장가설을 받아들이고 기본적 분석이 무의미하다고 인정한다면, 앞에서 언급했던 다우이론에서 주 추세가 상승하는 종목이 좋은 종목이라는 것을 확인할 방법이 없게 된다. 사실 기본적 분석은 다우이론에서 좋은 종목이라고 추정한 종목이 정말로 좋은 종목인지를 확인하는 한 방법이다. 앞에서 '좋은 종목으로 추정된 것'을 이제는 '좋은 종목이라고 확신하는 것'이 바로 기본적 분석이라고 할 수 있다. 그리고 애널리스트들이 좋은 종목이라고 주장하는 내용도 자신이 직접 기본적 분석을 함으로써 그 내용이 정말인지 아닌지를 확인할 수 있다.

기본적 분석을 전혀 하지 않고 남의 말을 듣거나 혹은 애널리스트의 분석만을 믿거나 혹은 유언비어를 듣거나 혹은 무작위로 선정해서 단기든 장기든 투자한다면, 장님의 코끼리 만지기와 다를 바가 하나도 없다. 이런 유형의 개미들이 사실상 불법적인 작전이나 합법적인 작전에 의해서 기관투자자들의 노리갯감이 될 가능성이 굉장히 크다고 하겠다. 불법적인 혹은 합법적인 작전세력은 좋은 주식 나쁜 주식을 안 가리고 수익의 가능성만 보고 작전을 실행한다. 이런 작전은 오히려 기본적 분석을 하는 사람들에겐 기회로 작용하고 평균적인 사람들보다 더 나은 성과를 얻게도 만들 것이다. 앞의 기술적 분석, 세 가지를 동원하여 우량종목을 선정하고 작전으로 고가가 되면 팔고 저가가 되면 매수하는 전략을 구사하면 당연히 작전에 말려들지 않으면서 자신의 수익률을 높일 수 있을 것이다. 물론 좋은 종목을 선정하는 경우에 한해서이지만!

기본적 분석은 우량종목을 확신하게 만드는 정말로 중요한 내용을 갖고 있기 때문에 다음에 나오는 제3장에서는 명품주식의 조건들을 설명하고, 제4장에서는 바로 그런 주식의 사례들을 제시할 것이다.

주식시장에 관한 핵심적인 세 가지 이슈

금융이론가와 전문투자자들 사이에서 많이 거론되는 내용들 중에서 개미들이 유념해야 할 필요가 있는 세 가지 핵심 이슈를 거론하고자 한다. 첫째는 일간지나 증권가에 자주 등장하는 엄청난 수익을 올린 투자자들에 관한 이야기, 즉 행운에 관한 이슈이며, 둘째는 주식가격이 어떤 계기로 인하여 지속적으로 상승할 수 있는가에 관한 이슈, 셋째는 실적 발표 후 주가흐름에 관한 이슈 등이다.

1) 행운의 문제

우리나라만이 아니라 외국의 일간지에서 엄청난 수익을 얻은 사람에 대한 기사가 종종 보이는데, 이 기사는 효율적 시장이론을 부정한다고 볼 수 있을까? 객관적으로 말하면 운이 좋은 사람일 뿐이라고 언급된다. 그렇지만 정작 본인은 "기술이 훌륭해서"라고 답변할 것이다. 어느 답변이 옳을까?

"기술이 훌륭해서"라고 답변한 사람은 훌륭한 기술이 유효하는 한 그 기술을 절대로 공개하지 않을 것이며, 그에 대한 진정한 평가는 불가능할 것이다.

그렇지만 정말로 운 좋은 사람은 얼마든지 있다. 동전 던지기를 50번 해서 50번 앞면이 나오는 경우는 거의 없다. 그러나 수천만 명이 동전 던지기를 한다면 50번 던져서 50번 앞면이 나오는 경우가 충분히 나올 수 있다.

이를테면 로또복권의 당첨자가 매번 나오고 있는데, 당첨될 확률은 벼락 맞을 확률보다는 훨씬 높다. 운 좋은 사람이 틀림없이 존재하는데, 이를 두고 "자신의 기술이 훌륭해서"라고 답변한다면 그 대답은 운이 받쳐주었기 때문에 나온 경우일 가능성이 매우 농후하다.

개미들에게 시사하는 바는 무엇일까? 그들의 행위를 그대로 따라 하면 엄청난 돈을 벌 수 있다고 생각할 것이고, 무모한 투기를 실행하게 된다. 이를테면 복권 당첨자가 수억 원을 횡재하는 것을 보고 나도 그럴 수 있다고 생각하고 복권을 사지만 거의 대부분 허탕을 치고 자신의 피 같은 돈만 날리고 만다. 주식투자에서도 망하는 회사의 주식을 사고 그 이후 구조조정으로 극적으로 회생하고 실적이 많이 개선되어 엄청난 수익률을 올린 운 좋은 사람들의 경험담을 듣고, 개미가 정말로 그렇게 했을 때에는 투자한 그 회사는 파산하고 한 푼도 건지지 못하는 경우가 다반사이다.

주식투자는 물론 운이 많이 작용하는 것은 사실이지만 개미들이 회생 가능성이 희박한 주식에 적지 않은 금액을 투하하면 거의 대부분 본전을 날리고 만다. 헤지펀드 같은 기관투자자들은 그런 주식을 매수하고 그 기업에 전문가들을 투입하여 직접 회생시키려 하고 많은 경우에 성공한다. 개미는 수동적으로 그런 회생을 기다려야만 하므로 헤지펀드와는 전혀 상반된 위치에 있다. 따라서 개미들은 운에 맡기기보다는 좋은 명품주식에 투자하려는 습관을 길들이도록 노력해야 할 것이다.

개미들 중에는 비록 공개된 정보라고 할지라도 정보분석을 철저히 하고,

그런 분석 끝에 얻어진 명품주식에 투자한다면 엄청난 대박을 터트리기는 어려울지 모르나 평균 이상의 높은 수익을 올리는 것은 얼마든지 가능하다고 본다. 본인의 꾸준한 노력의 결과 우리나라에서 최고수준의 실적을 실현시키고 있는 주식, 최고수준의 명품주식(구체적인 내용은 제4장에서 언급)을 발견했다면 소위 대박을 터트리는 것도 충분히 가능하다고 본다.

2) 모멘텀효과와 역행효과

금융이론가들이 효율적 시장이론을 검증하는 과정에서 얻어진 재미있는 이슈 중의 하나가 '모멘텀효과'(momentum effect)와 '역행효과'(reversal effect)이다.

금융이론가들이 6개월 정도의 단기에 걸친 개별 주식의 수익률을 분석하는 과정에서 상당수의 주식들에서 비정상적으로 높은 혹은 낮은 수익을 낳을 수 있는 가격의 추세를 발견할 수 있었다. 상당한 기간에 걸쳐서 주식가격이 상승하기 시작하면 꾸준히 상승하는 현상이 지속되었다. 혹은 주식가격이 하락하기 시작하면 꾸준히 하락하는 현상이 지속되었다. 소위 비정상적인 수익률이 꾸준히 증가하거나 혹은 감소하는 현상이 발견된 것이다.

물론 이런 현상이 모든 주식에서 발견된 것이 아니라 일부의 주식에서 발견되었는데, 이를 '모멘텀효과'라고 칭한다. 3개월에서 9개월에 걸쳐서 일부 주식에서 나타나는 모멘텀효과는 특정 주식의 최근 좋은 성과 혹은 나쁜 성과가 일정기간에 걸쳐서 주식가격에 영향을 미치는 현상이다. 이를 달리 해석해 본다면, 개별 주식의 미래의 성과(주식가격의 예측에 대단히 중요한 요소)는 대단히 예측 불가능하지만, 최근의 과거에 최상의 성과를 나타내는 주식들의 포트폴리오는 다른 주식들의 성과를 앞지르며, 그 결과 이득 획득의 기회가 충분히 존재한다는 것을 입증한다는 것이다.

모멘텀효과에 대한 또 다른 해석은 테마열풍 혹은 유행 가설(fads

hypothesis)이라고 불리는 현상으로도 해석이 가능할 수 있다. 앞에서 언급되었던 정치테마주, 신에너지정책, 인공위성의 우주발사, 신기술 관련 테마 등으로 새로운 뉴스가 주식시장에 과잉반응을 불러오는 경우 관련 주식가격이 단기적으로 누적적으로 상승하는 현상이 발생한다. 물론 여기에 불법적이거나 합법적인 작전이 실행된다면 더욱 그 현상을 부채질할 것이다.

그런데 이런 모멘텀효과는 장기에 걸쳐서 역전되는 현상이 발생한다. 이를 '역행효과'라고 한다. 모멘텀효과를 통해서 단기적으로 주식가격이 꾸준히 상승하거나 하락하는 현상을 보인 이후에는 반드시 지속적으로 꾸준히 하락하거나 혹은 꾸준히 상승하는 역전현상이 발생한다. 이것은 앞에서 발생한 과잉반응에 대한 반작용으로 나타나는 거의 필연적인 현상이라고 볼 수 있을 것이며, 주식가격이 내재가치를 중심으로 움직여야 한다는 주장을 입증하는 것이라고도 말할 수 있을 것이다.

두 가지 효과를 결합하여 결론적으로 언급한다면, 가까운 과거에 최선의 성과를 낳은 주식은 다음 기에는 나머지 주식보다 성과가 낮아지는 경향을 보이며, 반면에 가까운 과거에 최악의 성과를 낳는 주식은 다음 기에는 다른 주식들보다 더 나은 성과를 낳는 경향을 보인다는 것이다. 여기서 우리는 '최근 패자에 투자를 하고, 최근 승자를 기피해야 한다'는 결론을 얻을 수 있다. 물론 이때 패자로 지목된 주식은 좋은 주식이어야 하지 파산 직전의 주식을 의미하는 것은 결코 아니다. '패자에 투자하고 승자를 기피한다'는 전략은 순수하게 이론적인 결론일 뿐이다. 이 논제와 관련해선 두 가지 유의할 사항이 존재한다.

첫째로, '패자에 투자한다'는 것은 굉장한 위험을 부담하는 투자전략이다. 기관들은 기업에 대한 분석을 철저히 하고 기업에 대한 정보수집도 신속하고 정확하기 때문에 패자에 대한 투자도 수익성이 있다면 충분히 해볼 만하다. 그렇지만 개미들은 그런 정보력이 부족하기 때문에 오히려 기피해야할 투자전략이다. 개미들은 일시적인 승자가 아닌 진정한 승자, 제3장과 제

4장에서 설명될 명품주식에 해당하는 승자에 단기든 장기든 투자해야 적절한 전략이라고 생각한다.

둘째로, 일부 주식에서 나타나기도 하지만 대부분의 주식에서도 부분적으로는 나타나는 모멘텀효과와 역행효과는 이미 언급된 불법적인 작전과 합법적인 작전에 의해서도 얼마든지 발생할 수 있다는 것이다. 특히 기업의 수익성에 거의 아무런 변화도 없을 것 같지만 유언비어나 테마에 휩쓸려 나타나는 주식가격의 급격한 상승이나 하락 등은 작전이 개입될 여지가 굉장히 많다고 본다. 작전세력은 주식가격의 변동성이 클 때 이익을 많이 얻을 수 있으므로 이들은 이런 모멘텀효과와 역행효과를 만들어내려고 혈안이 되어 있다. 개미들이 이런 함정에 빠졌을 때 작전세력과 동일한 행동을 취하지 못하는 순간 엄청난 손실을 입게 된다. 개미들이 정말로 유의해야 할 무서운 '개미지옥'인 것이다.

개미지옥에 빠지지 않는 방법은 앞의 기술적 분석에서 언급했던 세 가지 기법을 활용하면 되지만, 그 중에서도 제일 중요한 것은 좋은 주식, 즉 명품주식을 투기대상으로 한다면 '실패를 겪을 가능성'을 엄청나게 줄여줄 것이며 즐거운 주식투자로 가는 지름길이라고 생각된다. 만약 좋지 못한 주식에 투기했다면, 빠져나올 기회를 놓칠 경우 정말로 무서운 '개미지옥'에 빠져서 영원히 헤어나지 못할 것이다. 경제학에서 '위험'(risk)이란 '돈 벌 가능성이 커지는 것'을 이야기하기도 하지만 정말로 중요한 위험은 '돈을 잃을 가능성이 커지는 것'을 말한다. '돈을 잃을 가능성을 낮추는 것' 바로 이것이 위험을 낮추는 것이며, 진정으로 '개미지옥'에 빠지지 않는 길이다.

3) 기업의 실적발표와 주식가격의 움직임

기업의 실적발표가 있기 전에 주식가격이 이미 오르기 시작하거나 혹은 하락하기 시작한다는 것은 앞에서 언급된 내부정보의 유출에서 발생한다.

그림 2-5 **실절 발표와 주가의 전형적인 움직임**

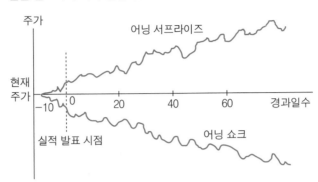

이것은 개미들 입장에선 불공정한 게임이란 것을 알면서도 불가항력적으로 받아들여야 하는 우리나라 개미들의 서글픈 운명이다.

좋은 실적이 발표되면 주식가격이 즉각적으로 적정수준으로 상승하고, 나쁜 실적이라면 주식가격이 즉각적으로 적정수준으로 하락해야 한다. 그러나 시장의 평균적인 기대보다 더 좋은 실적을 '어닝 서프라이즈'(earning surprise)라고 하며, 〈그림 2-5〉에서 보는 것처럼 이런 어닝 서프라이즈가 발표되면 주식가격이 꾸준히 상승하는 경향을 보인다. 반면에 시장의 평균적인 기대보다는 나쁜 실적을 '어닝 쇼크'(earning shock)라고 하며, 어닝 쇼크가 발표되면 주식가격이 꾸준히 하락하는 경향을 보인다. 이런 현상은 주식시장이 효율적이지 못하기 때문에 나타나는 현상이라고 볼 수 있으며, 특히 어닝 서프라이즈가 발생할 때 비정상적으로 높은 수익을 얻을 수 있는 기회가 등장한다.

기업의 실적발표와 관련해 개미들이 주목할 만한 두 가지 사항을 지적하고자 한다. 첫째로, 앞에서 언급했던 모멘텀효과와 유사하다는 것이다. 이런 정상적인 모멘텀효과는 다음 분기의 실적발표가 있을 때까지 지속될 가능성이 농후하다고 볼 수 있을 것이다. 만약 어닝 서프라이즈가 어닝 쇼크로 전환하면 주식가격이 지속적으로 상승하다가 반전되면서 지속적으로 하락하는 현상이 나올 수 있다는 것이다.

둘째로, 정말로 중요하다고 볼 수 있는 것은 실적발표 이후의 주식가격의 움직임이 예견된다는 것이다. 이것은 작전세력에겐 호재로 작용하는데, 특히 어닝 쇼크를 보여주는 주식에 대해선 풋옵션 매수와 공매 혹은 보유 주식의 매도를 결합하는 전략을 통해서 엄청난 수익을 확보할 수 있다. 소위 하이에나가 썩은 고기를 찾아다니는 형상이라고 할 수 있다. 이들 하이에나들은 썩지도 않은 고기를 마치 썩은 고기로 '매도'하면서 마구 헐값으로 '매도'하여 엄청난 차익을 챙길 기회를 포착하게 된다.

개미들이 여기서 얻을 수 있는 시사점은 어닝 쇼크가 발생하면 빨리 매도하는 것이 좋으며, 만약 시기를 놓쳐서 팔지 못한다면 오랫동안 장기 보유하는 전략을 취하는 것도 한 방법이라고 생각한다. 하이에나들이 썩은 고기로 취급하지만 결코 그런 기업이 아니었을 때 그 방법이 차선일 수 있다. 개미들까지 훌륭한 기업을 썩은 고기로 매도한다면 그 주식의 가격은 엄청나게 하락할 것이다. 이 경우 충분히 하락했다고 판단되었을 때 다시 사들인다면 상당한 이득이 가능하리라고 생각한다. 단 우량주식의 경우만!

4) 시사점

첫째로, 주식투자의 성과가 운에 많이 좌우되는 것은 사실이지만, 기업에 대한 철저한 분석을 통해서 명품주식을 발견하고 그 주식에 투자한다면 대박은 아닐지라도 상당한 수익의 실현이 가능할 것이다. 우리나라에서 최고 수준의 실적을 실현시키는 최고의 명품주식을 발견한다면 그 투자자는 대박을 터트릴 수도 있다.

둘째로 주식가격은 일정기간 꾸준히 상승하지만 나중에는 하락으로 반전한다는 것이다. 그러면 주식가격이 계속적으로 상승하려면, 즉 모멘텀효과가 꾸준히 지속되려면, 어닝 서프라이즈가 지속되어야 하거나 혹은 달리 말하면 모멘텀(상승추진력 혹은 계기)이 지속적으로 나타나야 할 것이다. 그런 모멘텀을 지속적으로 갖고 있는 기업이 정말로 존재할까? 필자는 적어도 어닝 서프라이즈 수준의 실적을 꾸준히 실현시키는 기업들이 반드시 존재한다고 생각한다. 그런 기업을 발견하는 투자자는 비록 개미일지라도 엄청난 수익을 얻을 수 있을 것이라고 생각한다.

제3장

즐거운
주식투자의 조건은?

앞에서 언급했던 '불규칙보행가설'에서 아무리 만취해도 집에 들어가는 사람에 비유되는 그런 종목, 그리고 역시 앞에서 언급했던 다우 이론에서 '주 추세'가 상승하는 종목이 바로 우량종목으로 추정되며, 단기투자든 장기투자든 투자할 만한 종목일 수 있다고 언급했다. 그렇지만 우리는 거금을 투자하므로 보다 확신을 갖고 우량종목을 선정해야 할 것이다. 필자는 그런 우량종목, 즉 어려운 용어로 가치주를 '명품주식'이라 명명했다. 명품주식을 확인하는 방법은 기본적 분석이다. 기본적 분석을 통해서 '주 추세'가 상승하는 종목이 정말로 좋은 종목인지를 다시 한 번 확인할 필요가 있다.

이를테면 2013년 3월 26일 1억 5,500만 달러에 미국 헤지펀드 매니저 스티브 코언에 의해 구입된, 입체파 화가 파블로 피카소(P. Piccaso)의 1932년 작품 '꿈'(Le R?ve)은 명화이고 그리고 영원한 명화이다. 우리가 이런 명화에 비유될 수 있는 주식을 찾을 수만 있다면 얼마나 행복할까? 그러나 좋은 주식, 즉 명품주식은 명화처럼 그렇게 결코 영원하지도 않으며, 어느 날 갑자기 파산하기도 한다. 우리는 특정 기업의 미래를 내다보면서, 즉 그 기업의 장래에 투자하고 있는 것이다. 우리가 기업의 미래를 정확히 예측할 수 있다면 정말 좋겠지만, 불행하게도 우리는 미래에 대해서 아무 것도 아는 것이 없다.

그렇지만 우리는 주식에 투자해야 한다면 어떤 기업을 선택할 것인가? 그 기업의 과거 실적을 살펴보면서 그 기업의 미래를 유추해 본다. 이를테면 상당기간에 걸쳐 말썽을 자주 피우는 사람은 앞으로도 그럴 가능성이 크며, 반면에 10여년에 걸쳐 착한 일만 한 사람은 앞으로도 그럴 가능성이 크다고 생각한다. 마찬가지로 어떤 기업의 과거 실적이 들쭉날쭉하다면 우리는 그 기업의 미래도 '아마' 들쭉날쭉할 것이라고 예견할 수 있으며, 반면에 10여년에 걸쳐 꾸준한 실적을 보이는 기업이라면 앞으로도 그렇게 할 가능성이 크다고 예견할 수 있을 것이다. 왜냐하면 그런 기업이라면 좋은 성과에 대한 잠재력이 풍부하다고 볼 수 있으며, 미래에도 그런 잠재력이 계속 발휘될 그런 가능성이 크다고 볼 수 있기 때문이다. 그렇지만 이것도 결코 진리는 아니다. 그렇기 때문에 우리는 명품주식에 대한 판단은 굉장히 신중해야 할 뿐만 아니라, 상황에 따라선 명품주식을 포기할 줄 아는 지혜와 용기도 굉장히 필요할 것이다. 아마 이 경우는 어닝 쇼크가 왔을 때 결정해야 할 것이다.

어떻든 주식가격은 실적에 의해서 뒷받침된다. 아무리 미래가 낙관적이라고 평가되는 주식도 실적이 신통하지 않으면 주가 상승이 중도에 멈추어버리고 그 다음에는 폭락할 수도 있다. 즐거운 주식투자는 꾸준한 실적을 보여주는 명품[1]주식을 우리가 발견했을 때 성취될 수 있다. 이런 주식은 적어도 1~2년에 걸쳐서 꾸준한 주가 상승을 시현시킬 것이다. 이런 주식을 갖고 있으면 어찌 즐겁지 않겠는가? 하루 지나면 주가가 조금씩 오르고, 오르다 지치면 다소 횡보하다가 다시 오른다. 그러니 주가가 하락해도 '아! 조정과정을 거치고 있구나!' 이렇게 중얼거린다. 매일매일 희희낙락이다!

1. 대차대조표와 손익계산서는 읽을 줄 알아야 한다!

즐거운 주식투자의 선결조건은 명품주식을 발견하는 것이며, 명품주식의 발견을 위해선 기업에서 발표하는 재무제표를 읽고 해석할 줄 알아야 한다. 여기서는 기업의 재무 상태와 영업 실적을 한 눈에 알아볼 수 있는 대표적인 대차대조표와 손익계산서를 간략하게 설명하고자 한다. 그 외에도 여러 가지 자료가 있으나 대차대조표와 손익계산서만으로도 우리는 '아주 훌륭한 기업'을 선정하는 데에 크게 어려움을 겪지는 않을 것으로 생각한다. 대학에서 '회계학원리'를 수강했던 독자들은 본 절을 생략하고 다음 절로 넘어

---

1) 명품이란 무엇일까? 필자가 생각하는 명품은 다음과 같은 5가지 조건을 갖추지 않았을까 하고 생각해 본다. ① 남들이 다 인정하고 세계적으로 알려진 제품 혹은 국내의 유명한 상품, ② 가격이 비싼 상품, ③ 비싸지만 품질이 믿을 만한 상품, ④ 산 후에 후회하지 않는 상품, 그리고 ⑤ 부자들이 많이 사는 상품. 아마도 독자들도 전적으로는 동감하지는 않겠지만 상당부분에 대해서 동의할 것으로 생각한다. 필자는 이런 명품에 해당하는 주식이 명품주식이라고 생각한다.

가면 좋겠다.

대차대조표란?

'대차대조표'는 어떤 특정시점에서 기업이 보유한 총자산과 그 내역을 보여주며, 그리고 이런 자산을 얻기 위한 자금의 출처, 즉 자기자본과 타인자본의 내역을 설명한다. 〈표 3-1〉에 예시된 삼성전자의 요약 연결대차대조표를 보면서 설명해 보자.

연결대차대조표는 본사와 종속 자회사의 대차대조표를 결합시킨 것이며, 특정시점에서 본사와 종속 자회사의 자산 상태와 자금 출처를 한 눈에 알아볼 수 있다. 우선 왼쪽에 있는 자산 항목에는 2013년 12월 31일 현재 삼성

표 3-1 삼성전자 연결대차대조표   2013년 12월 31일 기준

자산		부채 및 자본	
유동자산	110.76조 원	유동부채	51.31조 원
(현금, 현금성 자산)		비유동부채	12.74
(단기금융상품)			
(매출채권)		총부채	64.05
(미수금)			
(재고자산 등)		지배기업 소유주지분	144.44
비유동자산	103.31	자본금	0.89
(장기매도가능금융자산)		주식발행초과금	4.40
(관계회사 및 조인트벤처 투자)		이익잉여금	148.60
(유형자산)		기타자본항목	-9.45
(무형자산 등)		비지배지분	5.57
		총자본	150.01
총자산	214.07	자본과 부채 총계	214.07

자료 : http://dart.fss.or.kr/

전자와 종속 자회사가 보유하고 있는 자산의 내역이 나열되어 있다. 현금으로 전환하기가 용이한 유동자산은 110.76조 원이며, 현금, 현금성자산, 단기금융상품, 단기매도가능금융자산, 매출채권, 미수금, 재고자산 등으로 구성되어 있다. 반면에 단기에 현금으로 전환하기가 어렵지만 장기적으로는 어떤 형태로든 현금화가 가능한 비유동자산은 103.31조 원이며, 장기매도가능금융자산, 관계회사 및 조인트벤처 투자, 유형자산, 무형자산, 보증금 등으로 구성되어 있다. 유동자산과 비유동자산의 합계인 자산총계, 즉 '총자산'은 214.07조 원이다. 즉 삼성전자와 종속 자회사는 2013년 12월 31일 현재 214.07조 원의 자산을 보유하고 있다는 것을 의미한다.

연결대차대조표의 오른쪽은 214.07조 원의 자산을 획득하기 위한 자금의 출처를 보여주고 있다. 214.07조 원의 자산 중 64.05조 원은 남의 자본, 즉 부채 혹은 '타인자본'에 의해서 형성되었다는 것을 의미한다. 그중 단기에 갚아야 할 부채인 유동부채는 51.31조 원이며, 매입채무, 단기차입금, 미지급금, 미지급비용 등으로 구성되어 있다. 그리고 장기에 변제해야 할 부채인 비유동부채는 12.74조 원으로, (회)사채, 장기차입금, 장기미지급금 등으로 구성되어 있다.

214.07조 원의 자산 중 150.01조 원은 '자기자본'에 의해 형성되었다. 여기서 자기자본은 크게 지배기업 소유주지분과 비지배지분으로 구성된다. 지배기업 소유주지분 144.44조 원은 삼성전자에 출자된 자본 및 그 자본의 증식된 부분 그리고 삼성전자가 종속 자회사에 출자한 지분을 나타낸다. 그 구성을 보면 '자본금', 즉 주식발행을 통해서 형성된 자본금은 0.89조 원이며, 발행주식수(1억 7,950만 주)×액면가(5,000원)하면 0.89조 원이 된다. '주식발행초과금'은 주식을 발행할 때 액면가 이상으로 발행했을 때 초과된 불입금을 나타내며, 보통주와 우선주 주주들이 액면가 이상으로 불입한 금액을 전부 합산한 것이다. 마지막으로 148.6조 원의 '이익잉여금'은 삼성전자와 종속 자회사가 영업하는 과정에서 벌어들인 당기순이익 중 배당하지

않고 회사 내에 유보한 이익의 축적분을 나타낸다. 반면에 비지배지분 5.57
조 원은 종속 자회사의 자기자본 중에서 삼성전자의 지분이 아닌 다른 회사
혹은 개인의 지분을 전부 합산한 금액을 나타낸다.

지금까지 설명한 내용을 수식으로 요약하면 다음과 같다.

$$총자산 = 총부채 + 총자본$$
$$= 타인자본 + 자기자본$$
$$자기자본 = 지배기업\ 소유주지분 + 비지배지분$$
$$지배기업\ 소유주지분 = 자본금 + 주식발행초과금 + 이익잉여금$$
$$+ 기타$$
$$자본금 = 발행주식수(보통주 + 우선주) \times 액면가$$
$$주식발행초과금 = 발행주식수(보통주 + 우선주)$$
$$\times (평균주식발행가 - 액면가)$$
$$이익잉여금 = 당기순이익의\ 기업\ 내부\ 유보액$$

손익계산서란?

'손익계산서'는 일정기간 동안에 발생한 기업 활동의 성과를 체계적으로
기록한 표를 지칭한다. 〈표 3-2〉에 예시된 삼성전자의 연결손익계산서는
2013년 1년 동안 영업활동의 성과를 나타내고 있는데 이 예시를 보면서 그
내용을 설명해 보자.

손익계산서와 관련해서 주목할 만한 항목은 '매출액', '영업이익', '지배
기업 소유주에게 귀속되는 당기순이익'(본사 기준인 경우엔 '당기순이익'),
'기본주당이익' 등이다. 삼성전자와 종속 자회사의 총매출액은 228.69조
원이며, 여기서 매출원가 및 판매비와 관리비를 공제하면 영업활동의 결과
얻어지는 이익인 영업이익 36.78조 원이 도출된다. 영업이익에서 영업활동

표 3-2 **삼성전자 연결손익계산서**   2013.1.1~2013.12.31

매출액	228.69조 원
매출원가	137.69
매출총이익	90.99
판매비와관리비	54.21
영업이익(손실)	36.78
기타수익	2.42
기타비용	1.61
지분법이익	0.50
금융수익	8.01
금융비용	7.75
법인세비용차감전순이익(손실)	38.36
법인세비용	7.88
계속영업이익(손실)	30.47
당기순이익(손실)	30.47
당기순이익(손실)의 귀속	
지배기업소유주에 귀속되는 당기순이익(손실)	29.82
비지배지분에 귀속되는 당기순이익(손실)	0.65
주당이익	
기본주당이익(손실)	197,841원
희석주당이익(손실)	197,800원

자료 : http://dart.fss.or.kr/

과 관련 없는 기타 수익과 기타 비용, 금융수익과 금융비용, 지분법이익 등을 가감하고, 법인세 비용을 차감하면 당기순이익 30.47조 원이 도출된다. 당기순이익 전부가 삼성전자 주주에게 귀속되는 이익이 아니다. 왜냐하면 종속 자회사의 출자금 전부가 삼성전자의 자금이 아니라 일부 자금이 외부에서 유입되어 종속 자회사에 투자되었다면 그 지분에 해당하는 당기순이익은 외부출자자에게 귀속되는 이익이 되기 때문이다. 외부 출자자에게 귀속되는 이익을 차감하면, 지배기업 소유주에게 귀속되는 당기순이익 29.82조 원이 결정된다. 만약 본사 기준인 경우엔 당기순이익과 지배기업 소유주에

게 귀속되는 당기순이익은 동일할 것이다. 마지막으로 기본주당이익은 보통
주 1주에 귀속되는 당기순이익이며, 지배기업 소유주에게 귀속되는 당기순
이익에서 우선주에게 배당되는 이익을 공제하고 유통되는 보통주 숫자로 나
눈 값이다. '희석주당이익' 은 앞으로 보통주로 전환될 수 있는 전환사채, 신
주인수권부사채, 스톡옵션 등을 유통주식 숫자에 합산하여 계산한 값이다.
기본주당이익과 희석주당이익 간에 많은 차이가 난다면 그만큼 전환사채 등
을 많이 발행했다는 것을 의미한다.

이상의 설명을 수식으로 요약하면 다음과 같다.

영업이익 = 매출액 − 매출원가 − 판매비 및 관리비
지배기업 소유주에게 귀속되는 당기순이익
= 영업이익 + 기타수익 − 기타비용 + 지분법이익
+ 금융수익 − 금융비용 − 법인세 비용
− 비지배지분에 귀속되는 당기순이익
기본주당순이익(EPS : Earning Per Share)
= (지배기업 소유주에게 귀속되는 당기순이익
− 우선주에게 배당되는 당기순이익)
÷ (유통되는 보통주수)

2. 명품주식의 조건!!

바로 앞 절에서 언급했던 파블로 피카소의 1932년 작품 '꿈' 과 같은 명화
가 바로 명품주식이라고 생각한다. 이런 명화를 갖는다면 너무나 행복하고
즐거울 것이다. 즐거운 주식투자는 이런 명화와 같은 주식을 찾았을 때 성취
된다고 생각한다. 명화는 오직 하나이므로 영원히 명화일 수 있으나, 명품주

식은 아무리 명화의 조건을 갖추었다고 할지라도 영원히 명품주식일 수는 없다. 경제 상황에 따라 명품주식이 그렇지 않은 주식으로 추락할 수 있고, 그렇지 않았던 주식이 명품으로 등극할 수도 있는 것이다.

기본적 분석은 기업의 각종 재무제표를 분석하여 기업의 내재가치를 추정하는 방법인데, 재무제표 분석을 통해서 여러 가지 비율을 만들어낸다. 기업, 즉 주식을 평가하는 비율은 굉장히 많고 복잡하며, 특히 초보자가 접했을 때 어느 것이 중요하고 어느 것이 덜 중요한지를 파악하는 것은 상당히 어려운 과제이다. 파산의 위험이 높은 기업을 합병하거나 인수할 경우에는 여러 가지 비율을 많이 검토할수록 더 나은 결과를 얻을 수 있고 그 기업에 대한 평가도 더 정확할 수 있을 것이다. 이런 분석을 필요로 하는 사람들은 예컨대 사모펀드 혹은 헤지펀드의 펀드 매니저들이며, 이들은 매물로 등장한 기업이나 부실한 기업을 사들이고자 할 때, 기업의 가치를 정확히 평가하는 데 각종 비율들을 많이 활용한다.

우리는 그런 위험하거나 혹은 별로 훌륭하지 못한 주식을 매입할 것이냐를 결정하는 것이 아니고 우리나라에서 최우량 기업의 주식을 보유하고자 한다. 그런 투자를 시도하는 개미들의 경우에는 핵심적인 몇 가지 비율만 검토하고 그중에서 가장 좋은 비율을 나타내 주는 주식만 선정하면 만족할 수 있을 것이다.

기본적 분석을 통해서 개미들이 장기적으로 혹은 단기적으로 보유할 만한 주식, 즉 명품주식은 다음의 네 가지 조건을 갖추어야 한다고 생각한다. 첫째로 위험하지 않은 안전한 주식이어야 하고, 둘째로 높은 수익률을 꾸준히 보여야 주어야 하며, 셋째로 잠재적 기술력을 갖추었다고 판단할 수 있다면 더욱 좋을 것이며, 끝으로 주식가격이 낮은 수준이라면 더더욱 좋을 것이다. 이하에서 각각의 조건들을 검토해보자.

높은 안전성

안전성이 높은 주식을 안전한 주식이고 할 수 있으며, 그런 주식은 파산할 가능성이 극히 적은 기업을 의미한다. '안전성'을 파악하는 비율 역시 많지만, '안전성'을 판단하는 기본적이면서 대표적인 비율로서 '부채비율'만 참조하면 충분할 것으로 사료된다. 부채비율은 다음 수식으로 표현된다.

$$부채비율 = \frac{총부채}{총자본}$$

명품주식의 첫째 기준을 충족시키려면 부채비율이 100% 이하이면 좋겠다. 부채비율이 100% 이하라는 것은 회사 운영에 필요한 총자산을 형성하는 데 자기자본이 적어도 50% 이상이고, 타인자본이 50% 이하라는 것을 의미한다.

부채비율이 높아지는 것, 즉 자기자본보다는 남의 자본을 많이 끌어다 쓰는 것을 전문학술용어로 레버리지가 높아진다고 한다. 호경기 때에는 후술하는 자기자본이익률을 크게 높이지만, 즉 호경기 때 전체 자본(=자기자본+타인자본)의 수익률이 타인자본(즉 차입자본)의 이자율보다는 높기 때문에 자기자본에게 돌아가는 몫을 매우 크게 만들지만, 불경기 때에는 전체 자본의 수익률이 낮아지기 때문에 이자지급의 부담이 커지면서 자기자본이익률을 크게 낮추거나 손실률을 높이는 문제를 안고 있다. 더욱이 불경기 때에는 영업이익은 높으나 타인자본에 대한 이자지급 때문에 파산할 수도 있다는 의미가 된다.

1990년대 말까지 우리나라 대기업들도 이 비율이 2-300%인 경우가 보편적이었으며 1,000%가 넘는 대기업들도 많았다. 이 당시까지만 하여도 그렇게 심각한 불황이 없었고 이자율도 정부가 결정했었기 때문에 차입능력이 그 기업의 능력으로 평가되던 시기였다. 하지만 1990년대의 금리자유화로 인하여 1997년 IMF 위기 때 이자율이 20%대 이상으로 높아지면서 부채비율이 높은 많은 대기업들이 도산하거나 어려움을 겪었는데, IMF 위기를 겪은 이후에는 우리나라 많은 기업들의 이 비율이 크게 낮아졌다. 우량 대기업들의 경우 부채비율이 100% 이하인 기업들이 굉장히 많아졌다.

정보력이 뛰어나지 못한 개미들 입장에선 일단 부채비율이 100% 이하이면 안전한 주식이라고 볼 수 있다. 특히 부채가 많은 기업은 아무리 수익성이 좋더라도, 흑자 도산을 하는 경우가 종종 있다. 이런 파산 때 파산을 미리 예견하고 빠져나오지 못하는 개미들이 대부분 손해 보는 희생자들이다. 안전한 주식이라면 우선 파산할 가능성이 적을 것이다. 안전한 주식이 너무 많은 상황에서 굳이 안전하지 않은 주식을 보유할 필요는 없을 것이다. 심리적 불안감을 없애는 것은 자신의 건강을 위해서도 좋고, 투자에 따른 조바심도 제거하고, 수익률 향상에도 기여할 것이다. 이런 저런 이유로 명품주식의 첫째 조건은 안전한 주식이어야 한다.

높은 수익성

명품주식의 둘째 요건은 '수익성', 즉 수익률이 높아야 한다. 수익률로 표현되는 실적이 주식가격의 모든 것을 말한다고 볼 수 있을 정도로 대단히 중요한 지표이다. 물론 이때의 수익률은 현재 수익률보다는 미래의 수익률이 높아야 하지만, 미래 자료는 획득이 불가능하므로 현재의 수익률을 중시할 수밖에 없다. 수익성을 판단할 수 있는 여러 가지 수익률이 있을 수 있으나 대표적인 수익률로 '자기자본이익률'(ROE, Return on Equity)을 들 수 있으며, 여기서도 미래의 자기자본이익률이 높아야 한다는 것이다. 자기자본이익률은 다음의 수식으로 표현된다.

$$ROE = \frac{당기순이익^{2)}}{총자본}$$

당기순이익이 많다고 모두 좋은 것은 결코 아니다. 우리는 당기순이익의 질 (質)을 고려해야 한다. 당기순이익이 영업이익과 비슷하게 증가하지 않고 매우 높은 비율로 증가한다면, 그 이유를 면밀히 검토해야 한다. 예컨대, 중단 사업을 타기업이나 계열회사에 넘기면서 발생하는 일시적인 당기순이익이 증가하는 경우엔 계속적인 영업이익만을 고려해야 하며, 혹은 일시적으로 발생하는 보유 자산이나 보유 유가증권의 처분으로 나타나는 당기순이익의 증가는 제거시켜야 한다.

어떻든 자기자본이익률은 자기자본(즉 총자본)으로 얼마의 수익을 벌고 있는가를 나타내는 가장 대표적인 수익성 지표이다. 그 외에도 여러 가지 수익성 지표들이 있으나 자기자본이익률만 가지고도 우리는 최우량기업의 수익성을 짐작할 수 있다고 본다. 그렇지만 헤지펀드나 사모펀드 등의 펀드 매니저들은 파산 가능성이 높거나 매물로 나온 기업들의 수익성을 평가할 때에는 각종 수익성 지표를 활용하면서 그 기업의 이익창출능력을 정확히 평가해야만 기업의 가치를 제대로 평가할 수 있다고 본다.

자기자본이익률(ROE)이 적어도 2~5년에 걸쳐서 평균 20%를 상회하는 주식이 존재한다면 그 주식은 명품주식의 요건을 충족시킨다고 볼 수 있으며, 우리가 관심을 갖는 미래에도 그 정도의 수익률을 성취시킬 수 있는 "충분한 잠재력"이 존재한다고 평가할 수 있을 것이다. 시간이 경과함에 따라 이익잉여금의 축적으로 자기자본이 꾸준히 증가하기 때문에 연 평균 20%를 상회하는 자기자본이익률은 기업의 당기순이익이 매년 엄청나게 빠른 속도로 증가하여야 성취 가능한 수치이다. 우리나라에서 ROE가 20%를 상회하

---

2) 개별기업기준이며, 연결기준일 때는 '지배기업 소유주에게 귀속되는 당기순이익' 으로 대체해야 한다.

는 주식은 거의 찾아보기 어렵기 때문에, 대체적으로는 2~5년에 걸쳐서 평균 15% 이상의 ROE만 성취해도 충분히 명품주식에 포함시킬 수 있을 것이며, 그 주식은 앞으로도 이런 높은 수익률을 낳을 가능성이 크다고 볼 수 있다.

이미 언급했지만 수익성은 미래의 수익성을 고려해야 하지만, 우리가 현재 얻을 수 있는 자료는 과거 자료밖에 없기 때문에 과거의 좋은 성과가 미래로 그대로 연장된다고 추측하고 있다. 그렇지만 모든 주식이 결코 그렇지는 않을 것이며, 그에 따라 우리는 미래의 수익성을 나름대로 확신할 수 있게 만드는 다른 보완할 장치가 있어야 할 것이며, 아마도 이런 보완적인 지표가 기술 잠재력을 나타내는 연구개발비지출일 것이다.

높은 잠재적 기술력

기업이나 주식가격을 평가할 때, 앞에서 누누이 지적한 것처럼 미래의 당기순이익이 평기기준이 되어야 한다는 것이다. 그렇지만 우리는 미래의 당기순이익을 결코 예측할 수 없으며, 예측한다고 해도 거의 전부 엉터리로 판명될 것이다. 우리는 당기순이익을 정확히 예측할 수는 없겠지만 그 움직임을 예견할 수 있는 지표를 찾을 수는 있을 것이다.

오스트리아학파의 이단아 조셉 슘페터(J. Schumpeter, 1883~1950)는 '혁신'(innovation)이 경기변동을 유발할 뿐만 아니라 경제체제의 거대한 변혁, 즉 자본주의를 사회주의로 전환시킬 수 있다는 것을 설명한다. 그는 혁신을 '창조적 대파괴'(creative destruction)라고 부르며, 기업가정신 (entrepreneurship)이 바로 이런 혁신을 가능하게 하며, 그 혁신이 경제의 거대한 변혁을 가능케 한다고 보았다. 혁신은 신제품의 발명, 품질 개선, 공정 개선, 새로운 원자재의 발견, 새로운 경영기법의 발견 등 이윤을 증가시키는 모든 활동들을 의미하며, 이런 혁신은 창조적인 활동이면서 혁신하는 기업의 이윤을 증가시키지만, 그렇지 못하는 대다수의 기업들을 파산에 이르게 한다. 바로 이런 의미에서 혁신은 창조적 대파괴라고 지칭된다.

슘페터는 과거에 혁신이 개인 기업가의 활동 영역이었으나 이제는 집단적인 활동으로 변모하고 있다고 주장한다. 즉 개인의 연구실이나 기업가 개인의 창의적인 활동에서 혁신이 간헐적으로 발생했으나, 이제는 대단위 연구소에서 이런 혁신이 일상적으로 일어난다는 것이다. 이런 혁신을 할 수 있는 기업들은 앞으로도 계속 높은 자기자본이익률을 실현시킬 것이라고 예상할 수 있으며, 그렇지 못하는 기업들은 상대적으로 자기자본이익률이 낮거나 혹은 파산에 이를 수도 있을 것으로 예상할 수 있다.

핵심은 혁신을 할 수 있는 기업들을 찾는 것이 중요하다. 혁신할 수 있는 능력은 궁극적으로 기업의 연구개발비지출(R&D, Research & Development Expenditure) 규모로 유추 해석할 수 있을 것이다. 물론 R&D지출을 많이 한다고 반드시 혁신을 많이 한다고 단정할 수는 없지만, 혁신을 많이 할 잠재력을 갖추었다고 유추할 수는 있을 것이다. 단순히 R&D지출만을 고려하는 것이 아니라 최근 5년여에 걸친 자기자본이익률 추이를 고려하면, 지금까지의 혁신의 실적, 즉 기술력을 수익률에 의해서 확인할 수 있으며, 그 다음 미래의 기술 잠재력은 이런 R&D지출의 추이를 검토하면서 판단할 수 있을 것으로 생각한다.

미래의 기술 잠재력을 간단하게 평가하는 지표는 R&D지출액과 매출액의 비율로 다음 수식으로 표현할 수 있다.

$$\text{잠재적 기술력} = \frac{\text{R\&D지출액}}{\text{매출액}}$$

이 비율이 중요한 이유는 선진국의 요건 중의 하나가 인간자본이다.(부록: '우리나라가 선진국이 되기 위한 조건' 참조) 인간자본은 사람에게 체화된 단순한 손재주와 같은 기능, 언어로 표현되지 않은 노하우, 특허 등으로 보호 받을 수 있는 기술, 과학적 지식 등을 망라하는데, 이런 인간자본은 형성하는 데 오랜 시일을 필요로 할 뿐만 아니라 혁신을 성취하는 데 없어선 안 될 핵심요소이다. R&D지출이 많다는 것은 인간자본에 대한 투자가 많이 실행되고 있다는 것을 의미하며, 비록 인간자본에 대한 투자가 곧 바로 새로운 제품, 새로운 발견으로 귀결되지는 않겠지만 그럴 가능성이 커진다는 것을 의미한다. 특히 대기업들이 대규모 연구소를 운영함에 따라 기술혁신은 실제 일상적인 일로 나타나고 있기 때문에 R&D지출이 곧 기술혁신을 의미한다고 단언해도 무리는 아닐 것이다. 물론 R&D지출로 회계 처리한 것에는 R&D와는 무관한 지출이 있을 수는 있으나, 어떻든 R&D지출이 많다는 것은 그만큼 그 기업이 연구개발을 많이 한다는 것을 의미한다.

매출액에 대한 연구개발비지출의 비율에 대한 절대적인 기준은 존재하지 않지만, 하드웨어 제품을 생산하는 기업들은 통상적으로 5% 이상이면 굉장히 훌륭하면서도 바람직한 기업이라고 할 수 있다. 동일 업종의 기업들과 비교하여 잠재적 기술력이 가장 높으면서 동시에 자기자본이익률도 15% 이상인 주식을 선정하는 것이 바람직할 것으로 판단된다. 반면에 소프트웨어 상품을 생산·판매하는 게임, IT업체들의 경우 대부분의 비용이 R&D지출인 경우가 많기 때문에 절대적인 비율만으로 판단하는 것은 결코 옳지는 않다는 점도 유의할 필요가 있다.

낮은 가격?

안전하면서도 수익성이 높은 주식이 낮은 가격을 갖는다면 금상첨화라고 할 수 있을 것이다. 이때 낮은 가격이란 수익성에 비해서 낮은 가격을 의미하는 것이지 단순히 주식의 절대가격이 낮다는 것을 의미하지는 않는다. 우리가 통속적인 명품을 이야기할 때 동일한 품질의 명품이 할인으로 인해 가격이 낮아진 경우를 의미한다고 생각하면 정확할 것이다.

개미들은 100원, 200원, 1000원 하는 주식들이 싸다고 많이들 구입한다. '싼 게 비지떡이다' 라는 말이 있듯이 정말로 실적이 형편없는 싸구려 주식일 수 있다. 어떻든 이 주식들이 정말 싼 것이냐를 판정할 때에는 가격의 절대값만을 보고 판단하는 것이 아니라 수익성과 비교해서 판단해야 한다. 수익성을 감안하면서 수익에 비해 주식가격이 어느 정도 높은지를 평가하는 대표적인 지표가 '주가수익비율'(PER, Price-Earning Ratio)이며, 다음의 식으로 표현된다.

$$PER = \frac{주식가격}{1주당 \ 당기순이익}$$

PER은 주식가격이 이익의 몇 배가 되고 있는가를 나타내며, 절대적으로 어느 값이 적정인가를 알기는 어렵다. 물론 원칙적으로는 1주당 당기순이익(EPS, Earning Per Share)도 미래의 예상당기순이익이어야 하지만 편의상 1년 전 혹은 1분기 전 1주당 실제 당기순이익을 이용한다. 이것은 현재의 1주당 당기순이익이 미래에도 그대로 실현된다고 가정할 때 주식가격이 이익의 몇 배가 되고 있는지를 평가하는 것이다.

유사한 업종의 주식들이라면, PER가 낮은 주식이 저평가된 주식이라고 볼 수 있다. 그렇지만 PER만 가지고 주식가격의 높고 낮음을 평가해선 절대 안 된다. 앞에서 언급했듯이 PER은 미래의 예상이익으로 평가해야 보다 정확하게 평가하는 것이 되므로, 성장잠재력이 높은 기업은 PER가 높아도 주식가격은 낮은 것으로 평가할 수도 있다.

따라서 주식가격의 높고 낮음을 평가할 때에는 PER뿐만 아니라 1주당 당기순이익(EPS)의 증가속도, 자기자본이익률(ROE) 등을 동시에 고려하여야 한다. PER이 높아도 ROE가 높으면, 주식가격은 별로 높게 평가되었다고 볼 수 없다.

즐거운 주식투자와 즐거운 투자로 가는 지름길은?

기본적으로 안전성을 갖춘 주식 중에서 수익성이 높은 주식이 명품주식이고 그런 주식을 발견하고 그 주식을 매수했을 때 즐거운 투자가 시작된다. 즐거운 투자란 주식투자에서 즐거움을 느낄 수 있을 때를 지칭한다고 볼 수 있다. 주가가 언제나 상승하면 당연히 즐거울 것이지만, 그런 주식은 존재하지 않는다. 따라서 비록 주가가 떨어진다고 해도 조정과정이라고 치부할 수 있고 나중에는 다시 오른다고 확신할 수 있으며, 그리고 정말로 나중에는 올라가는 종목에 투자한 때를 말한다. 이런 투자를 하게 되면 투자자는 주식과 관련해선 절대로 스트레스를 받지 않는다고 할 수 있다.

앞에서도 누누이 언급했지만 영원한 명품주식은 존재하지 않는다. 굉장한 악재가 터지거나 혹은 영업실적이 하향곡선을 그린다면, 이 주식을 계속 보유한다면 주가가 하락할 때는 폭락하지는 않을까 하고 근심 걱정을 하게 된다. 이런 투자는 결코 즐거운 투자가 아니며, 즐거운 투자를 위해선 그 주식을 과감하게 매도해 버린다.

그런데 그런 주식을 어떻게 발견할 수 있는가? 그리고 실제로 어떤 주식이 그런 주식이라고 평가할 수 있는가? 즐거운 투자로 가는 지름길은 그리 만만치 않다. 우리는 어떻든 항상 3개월마다 우리나라에 상장된 엄청난 숫자의 2천여 종목을 전부 뒤져봐야 한다. 명품주식의 조건을 완화하면 분석해야 할 주식들이 많아지며, 그 결과 대박을 터트릴 수 있는 주식들을 찾을 수도 있다. 그 대신 즐거운 투자로 가는 길은 좀 더 멀어지고 길어진다. 반면에 명품주식의 조건을 강화하면 분석할 종목도 그만큼 적어지고, 그에 따라 즐거운 투자로 가는 길은 더 짧아지게 되며, 그리고 우리나라에서 최고의 수익률을 실현하고 있는 명품주식을 더 빨리 찾을 수 있으며, 대박은 아니지만 상당히 안정적인 수익을 창출할 수 있을 것으로 기대된다. 이제 그런 종목을 실제 선정하는 절차로 넘어가보자.

제4장

즐거운 투자로 가는 지름길: 개미들의 생존전략!!

허가받은 도박장과 같은 주식시장, 특히 사기도박과 같은 갖은 협잡이 판치는 주식시장에 개미들이 발을 디디지 않는다면 그것만큼 좋은 것은 없을 것이라고 생각한다. 그러나 다른 대체투자수단, 이를테면 은행이나 보험 등의 금융상품의 수익률이 별로 신통치 않은 상황에서 투자의 다양화 차원에서 주식에 일단 발을 들여놓았다면, 개미들 입장에선 많은 돈을 번다는 것은 정말로 힘든 일이고 잘못하면 개미지옥에 빠져서 꼼짝 못하고 망하는 것이 다반사이다. 사실 이것이 현실이지만, 개미들은 자신은 그들과 다르다고 생각하면서 무작정 뛰어든다.

제1장에서 언급된 허가받은 도박장이면서도 큰 손에게 절대적으로 유리한 그런 투전판에서 개미들의 생존전략은 손실을 최소화하면서 적정한 이익을 추구하는 전략이어야 한다. 그 핵심은 명품주식, 교과서에선 가치주라고 할 수 있는 주식을 보유하는 것이다. 그렇지만 앞에서도 언급했듯이 미술품인 경우 명화는 오직 하나의 작품만이 존재하기 때문에 영원히 명화일 수 있으나, 명품주식은 그림과 달리 영원한 명품은 존재하지 않는다는 점을 명심해야 할 것이다.

본 장에서는 즐거운 투자를 위해선 명품주식을 발견하는 것이 가장 중요하므로, 먼저 명품주식을 발견하는 데 필요한 정보 출처를 알아보고, 그 다음에 정보 출처에서 얻은 정보로부터 분석차트를 작성한다. 이 분석차트를 기반으로 실제 사례로서 명품주식을 선정하고 그것에 대한 투자와 관련하여 투자전략, 소위 개미들의 생존전략을 몇 단계로 나누어서 제시하고자 한다. 물론 이것은 필자가 중요하다고 생각하는 전략이며, 물론 진리도 아니다. 진리에 근접하는 투자전략은 결코 존재하지 않는다. 소액 투자자들은 나름대로 자신의 전략을 수립해서 명품주식 투자에 임해야 할 것이다.

1. 정보 출처

기업의 실적을 확인하기 위해선 몇 가지 방안들이 제시될 수 있다.

첫째로 개별 기업의 홈페이지를 방문하여 확인하는 방법이 있으나, 우리나라 유가증권시장과 코스닥에 상장된 기업만도 2천여 기업이므로 이런 식의 자료 확인은 대단히 비능률적이다. 그리고 여기서 얻어지는 자료는 시간이 많이 경과한 연후에 탑재시키는 경우도 다반사이므로 이 방법은 결코 좋은 방법이라고 볼 수 없다.

둘째로, 포탈 사이트인 '다음'과 '네이버'가 최근 분기별 실적들을 포함하여 기업의 실적을 요약한 표를 무료로 서비스하고 있다. 그 외에 유료 사이트에서도 실적을 보다 상세하게 요약하고, 다양한 비율들을 제시하기도 한다. 포탈 사이트이든 유료 사이트이든 자료의 제시가 시간적으로 다소 늦다고 본다. 어닝 서프라이즈와 같이 주식가격이 상승하는 경우에는 어느 정도 유용할 수 있으나, 어닝 쇼크와 같이 주식 매도에 관한 신속한 결정을 해야 할 때에는 별로 도움이 되지 않는다. 그 사실을 알았을 때에는 이미 주가는 엄청나게 폭락한 이후일 수 있다.

셋째로, 각 증권사가 고객들에게 서비스 차원에서 신속한 정보를 제공한다. 특히 어닝 쇼크와 같은 긴급을 요하는 정보를 여러 미디어에서 발췌하여 제공하지만, 역시 이 정보도 2차적인 정보로 한 발 늦은 정보라고 할 수 있다.

마지막으로, 개미들이 기관투자자와 거의 비슷한 수준에서 신속하게 얻을 수 있는 정말로 신선한 정보는 금융감독원 홈페이지의 '전자공시시스템'(http://dart.fss.or.kr/)에서 얻을 수 있다. 기업들이 정보를 공시하기 전에 비밀스럽게 그리고 불법적으로 그 정보를 흘리지 않는 한 '전자공시시스템'에서 공시되는 정보가 가장 빠른 1차적인 정보이다. 포탈 사이트나 유료 사이트 혹은 각종 미디어 혹은 증권사에서 얻어지는 정보는 전부 '전자공시시스템'의 공시이거나 혹은 그 공시를 2차로 가공한 정보이다. 따라서 특히 어닝 쇼크와 같이 긴급을 요하는 정보는 바로 여기서 획득되어야 한다.

〈그림 4-1〉은 금융감독원의 전자공시시스템이며, ①로 표시된 '공시서류

그림 4-1 **금융감독원 전자공시시스템**

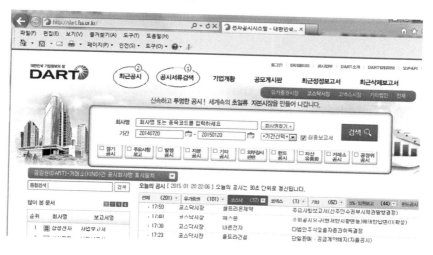

검색'은 유가증권시장이나 코스닥에 상장된 개별 기업의 모든 공시서류를 확인할 수 있으며, 기간과 여러 조건을 부여하면 그에 맞는 각종 자료들을 확인할 수 있다. ②로 표시된 '최근공시'는 10초 단위로 개별 기업이 공시하는 각종 서류를 실시간 단위로 확인할 수 있다. 어닝 서프라이즈나 어닝쇼크를 가장 빨리 확인할 수 있는 곳도 바로 여기 '최근공시'이다.

기관투자자들은 해당 기업을 직접 방문하거나 혹은 그 기업이 기관투자자들에게 친절하게 기업의 경영방침이나 투자 계획들을 설명하기 때문에, 기업에 대한 정보 획득에서 개미들이 매우 불리한 위치에 있는 것은 확실하지만, 그런 불리한 위치에서도 기업이 발표하는 실적에 관한 정보는 '전자공시시스템'을 통해 발표되므로 기관투자자나 개미들이나 마찬가지의 위치에 있다고 볼 수 있다. 따라서 우리 개미들은 부지런히 전자공시시스템을 방문하면서 그곳에서 얻어지는 정보를 잘 활용해야 하겠다.

우리가 가장 많은 관심을 가져야 하는 것은 기업의 실적이며, 어떤 주식이 명품주식인지를 확인하기 위해선 기업의 실적을 일목요연하게 비교하기 위하여 종목 분석차트를 만들 필요가 있다. 그러면 과거 2~3년 전부터 최근까지의 실적, 예컨대 삼성전자의 실적을 확인하기 위한 정보 출처를 찾아가 보자. 이 정보는 누구나 알고 있고 기업정보 유료 사이트에서도 확인이 가능할 것이다. 그러나 우리가 직접 손으로 기본 정보를 확인하고 작성해 봄으로써 기업에 대한 정보를 더욱 피부로 확인할 수 있을 것이다.

이제 삼성전자의 과거 실적에 관한 기초자료들을 확인하기 위해선 〈그림 4-1〉에 있는 '공시서류검색'을 클릭한다. 〈그림 4-2〉에 있는 번호 순서대로 클릭하거나 조건을 기입한다. 우선 '회사명' ②에 '삼성전자'라고 기입하고, '기간' ③에 '2년' 혹은 '전체' 등의 조건을 선택하고, '정기공시' ④를 클릭하고 연간 및 분기별 자료들이 있는 '사업보고서', '분기보고서', '반기

그림 4-2 **삼성전자 공시서류검색**

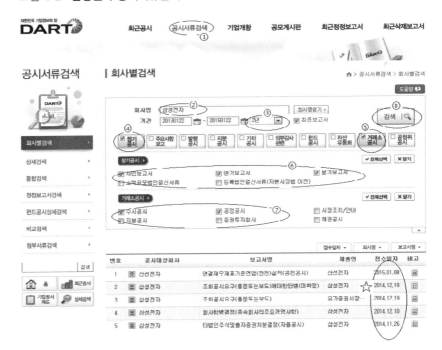

보고서'를 클릭한다. 그 다음으로 '거래소공시' ⑤를 클릭하고 '수시공시', '공정공시'를 클릭한 다음 마지막으로 '검색' ⑧을 클릭한다.

〈그림 4-2〉의 아래 부분에 날짜별로 공시서류를 확인할 수 있다. 공간적인 제약으로 인하여 모두 보여주지는 못했으나, '사업보고서', '분기보고서', '반기보고서'는 물론 우리에게 어닝 서프라이즈 혹은 어닝 쇼크의 정보를 신속하게 제공하는 '연결재무제표기준영업(잠정)실적(공정공시)' 혹은 본사 혹은 개별기업의 경우엔 '영업(잠정)실적(공정공시)'과 같은 분기별 자료, 그리고 연간 손익구조를 신속하게 확인할 수 있고 또한 4분기 실적을 계산할 수 있게 하는 '매출액또는손익구조30%(대규모법인은15%)이상변경' 등의 자료를 얻을 수 있다. 만약 '연결재무제표기준영업(잠정)실적(공정공시)' 혹은 '영업(잠정)실적(공정공시)'과 같은 분기별 자료를 공시하지 않는 기업들은 사업보고서, 분기보고서, 반기보고서 등을 통해서 분기별 실적을 확인할 수 있다.

만약 앞에서 제시된 조건들을 제시하지 않으면 삼성전자가 공시하는 모든 자료가 탑재된다. 여기서 특히 독자들이 주의 깊게 확인해야 할 것은 '접수일자'(〈그림 4-2〉 참조)로 표기된 공시날짜이다. 이 공시날짜는 1년 후에도 거의 비슷한 날짜인 경우가 대부분이다. 앞으로 특정한 공시가 언제 발표될 것인지를 예측을 하려면 1년 전의 공시일자를 확인하고 4~5일, 어떤 경우엔 15일 정도 전부터 수시로 확인해야 한다.

삼성전자의 2013년의 실적과 그 이전의 실적을 확인하기 위해 '사업보고서'를 클릭해 보자. 〈그림 4-3〉과 같은 팝업 창이 뜬다. 사업보고서의 왼쪽 '문서목차'에서 반드시 읽어보아야 할 내용들로는 우선 '배당에 관한 사항 등'은 삼성전자의 3년간 배당실적이 나온다. 배당에 관심이 있는 독자들은 반드시 확인해야 하며, 그리고 여기엔 1주당 액면가도 나온다. 후술하는 '1주당 당기순이익'(EPS)을 재빨리 계산하고자 할 때 필요한 정보이다.

그림 4-3 **삼성전자의 사업보고서**

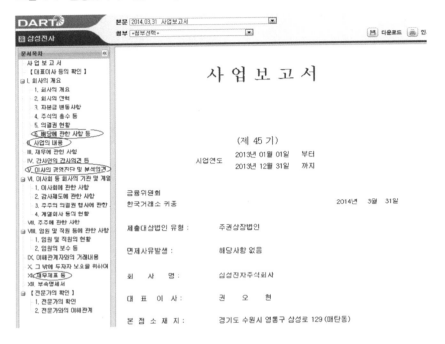

다음으로 '사업의 내용'에서 우리가 주목해야 할 내용들로는 '사업의 개요'를 반드시 읽어보아야 한다. 그리고 삼성전자의 '매출 구성'을 반드시 확인해 봐야 하고 그 구성이 어떻게 변동해 왔는가도 검토해봐야 할 것이며, 또한 수출의 비중도 주목해볼 만하다. 그리고 '사업의 내용' 끝에 이르면 연구개발비에 관한 내용이 있으므로 매출에 대한 비중과 연구개발비의 추세도 반드시 확인하고 넘어가야 할 것이다. '이사의 경영진단 및 분석의견'도 회사의 미래에 대한 전망이므로 읽어볼 가치가 있다. 마지막으로 '재무제표 등'에선 연결대차대조표, 연결손익계산서, (본사의) 대차대조표, 손익계산서 등을 찾아볼 수 있으며, 이들 자료로부터 중요한 몇 가지 비율들을 작성할 수 있다.

그림 4-4 **최근공시**

〈그림 4-1〉로 다시 돌아가서 '최근공시'를 클릭해 보자. 그러면 〈그림 4-4〉와 같은 화면이 뜬다. 현재의 화면은 2015년 1월 22일 유가증권시장의 공시이며, 만약 코스닥시장의 공시를 보기 원하면 코스닥시장을 클릭하면 코스닥시장의 공시가 뜬다. 〈그림 4-4〉에선 '케이티앤지'가 '연결재무제표 기준영업(잠정)실적(공정공시)'을 10시 27분에 공시했다. 최근공시에서 두 가지를 주목할 필요가 있다. 첫째는 공시 날짜이다. 일반적으로 각 기업은 공시 날짜를 고정화하려는 경향을 보이며, 케이티앤지도 올해의 4분기 실적을 내년 1월 22일에 발표할 것이라고 유추할 수 있다. 따라서 케이티앤지의 실적에 관심을 갖는 독자들은 적어도 4~5일 전 혹은 많게는 15일 전부터 수시로 확인해 보아야 한다. 그리고 분기실적도 4월, 7월 및 10월의 매 22일 전후에 발표하는 경향이 짙다. 이 경향은 영업실적만이 아니라 사업보고서, 반기보고서도 마찬가지이다.

둘째로 공시 시간이다. 케이티앤지는 유가증권시장이 열린 이후에 공시하고 있으며, 1년 후에도 그리고 다음의 분기실적들도 아마 10시 전후 혹은 장중에 공시할 가능성이 매우 높다고 보겠다. 장이 마감한 후 혹은 장이 시작되기 전 공시하는 기업들은 일반으로 다음에도 그렇게 할 가능성이 높다고 생각한다. 따라서 장중에 공시하는 기업에 투자한 독자들은 긴장의 끈을 절대 놓아선 안 될 것이다!!!

2. 종목 분석차트 작성

우리는 각종 정보로부터 기업의 실적에 관한 간략한 분석차트를 만들 수 있다. 여기선 엑셀을 이용하여 삼성전자에 관한 분석차트를 작성해 보았다. 엑셀에 익숙하지 못한 독자들은 부록 Ⅲ에서 '더하기', '빼기', '곱하기', '나누기'를 숙지하여 자신의 투자수익률을 계산하여 보기 바란다. 완전한 문외한의 입장에서 작성했으므로 엑셀을 접해 보지 못한 독자들도 충분히 따라 할 수 있다고 생각한다.

〈그림 4-5〉는 삼성전자의 사업보고서, 분기보고서를 기초로 하여 핵심 비율들을 작성해 보았다. 우선 종목 항에 있는 연도별 비율은 사업보고서와 분기보고서의 '사업의 내용'에서 매출 비율에 관한 정보를 표현한 것이다. 우리는 여기서 반도체와 디지털 및 LCD 부문 매출이 축소되고 정보통신부문(휴대폰, 네트워크시스템, 컴퓨터, 디지털카메라 등)의 매출이 커지고 있으나 2014년에는 정보통신부문이 위축되고, 디지털가전과 반도체 부문의 매출이 증가했음을 알 수 있다. EPS(단위: 원), 부채, 총자본, 매출, 영업이익, 순익(단위: 조 원)은 사업보고서와 분기보고서에 있는 '재무제표 등'에서 얻을 수 있는 정보이고, 배당률, 배당액(단위: 원)은 '배당에 관한 사항 등'에서 얻은 정보이며, 그리고 연구비(단위: 조 원)는 '사업의 내용'에서 얻은 정

그림 4-5 **삼성전자의 실적 분석자료**

종목	EPS	가격	PER	부채	총자본	매출	영업이익	순익	ROE	배당률	배당액	연구비	연구비/매출
삼성전자													
(디지 37%: 정통 20%, 반도 24%, LCD 19%)(10)	88,972			27.31	79.86	112.24	12.37	13.26	0.1660	0.54%	5000		
(디지 35%: 정통 33%, 반도 22%, LCD 17%)(11)	66,995			29.14	88.45	120.81	9.75	10.04	0.1135	0.52%	5500		
(디지 24%: 정통 54%, 반도 17%, LCD 16%)(12)	115,576			27.37	105.88	141.20	18.51	17.39	0.1642	0.54%	8000		
(디지 22%: 정통 60%, 반도 16%, LCD 13%)(13)	118,946	1,500,000	12.610	32.45	122.37	158.37	21.80	17.92	0.1464	1.00%	14300		
(디지 23%, 정통 55%, 반도 18%, LCD 12%)(14/3/4)	73,894	1,500,000	20.299	53.62	131.10	104.17	12.80	11.14	0.08497 3028222731				
0(11)(연결)	89,229			54.48	101.31	165.00	15.64	13.38	0.1320	우선주			
0(12)(연결)	154,020			59.59	121.48	201.10	29.04	23.18	0.1908	1.00%	8050	10.29	0.062339%
0(13)(연결)	197,841	1,500,000	7.5818	64.05	150.01	228.69	36.78	29.82	0.1987	1.40%	14350	14.78	0.0646289?
0(14)(연결)(3/4)	118,000	1,500,000	12.711	68.27	163.46	153.47	19.73	17.79	0.10883965496146			11.41	0.0743598?
0(13)(1/4)(연결)						52.86	8.77	6.97					
0(13)(2/4)(연결)						57.46	9.53	7.57					
0(13)(3/4)(연결)						59.08	10.16	8.04					
0(13)(4/4)(연결)						59.27	8.31	7.21					
0(14)(1/4)(연결)						53.67	8.48	7.48					
0(14)(2/4)(연결)						52.35	7.18	6.17					
0(14)(3/4)(연결)						47.44	4.06	4.13					

보이다. 그리고 분기별 매출액, 영업이익 및 당기순이익은 '사업보고서', '분기 보고서' 및 '반기 보고서'에서 얻을 수 있으나, 간편하게 '거래소 공시'에 있는 '공정공시'의 '연결재무제표기준영업(잠정)실적'에서 얻을 수도 있다. 연결기준이라고 적시되지 않은 것은 본사기준이다.

이제 4가지 비율을 검토해보고자 한다. 〈그림 4-5〉에서 먼저 ①로 표기된 PER를 계산해보자. PER를 계산하기 위해선 EPS를 알아야 한다. EPS(Earning per Share), 즉 1주당 당기순이익은 분기보고서, 반기보고서 및 사업보고서에 나와 있다. 만약 '거래소공시'의 '수시공시' 혹은 '공정공시'를 통해서 발표되는 '연결재무제표기준영업(잠정)실적(공정공시)' 혹은 '영업(잠정)실적(공정공시)' 혹은 '매출액또는손익구조30%(대규모법인은 15%)이상변경'을 통해서 '분기누적 당기순이익' 혹은 '연간 당기순이익'을 통해서 EPS를 좀 더 신속하게 알기를 원한다면, 다음 공식에 의해서 정확하지는 않지만 대체적인 EPS를 얻을 수 있다.(정확하지 않은 이유는 우선주에 대한 배당을 당기순이익에서 공제해야 하기 때문이다)

$$1주당\ 당기순이익(EPS) = 당기순이익/발행주식수$$
$$= 당기순이익/(자본금/1주당액면가)$$
$$= (당기순이익/자본금) \times 1주당액면가$$

이제 PER를 계산해보자. PER는 다음 식으로 표현된다.

$$PER = 주식가격/1주당\ 당기순이익$$
$$= 주식가격/EPS$$

예컨대 2013년 연결기준의 PER를 계산하고자 한다면, 부록 Ⅲ에서 숙지한 '나누기'를 이용하여, 'D10'칸을 클릭하고 '함수 마법사' 'fx'를 활용하여 (C10) ÷ (B10)을 계산하면 'PER' 값 '7.58…'이 자동적으로 계산된다. '7.58…'이 나온 'D10'칸을 클릭하고, 복사하여 'D11', 'D6' 그리고 'D7'에 붙여넣기를 하면 PER의 계산이 자동적으로 끝난다. 가격이 변할 때 변한 가격을 새로 삽입하면 PER값이 자동적으로 계산된다.

다음으로 〈그림 4-5〉에서 ②에 있는 부채와 총자본으로 '부채비율'을 계산해야 하지만, 부채가 총자본보다 작으면 부채비율이 100% 이하가 되며, 그에 따라 안전한 주식으로 판정할 수 있을 것이다. 우리는 삼성전자의 경우 E열과 F열을 비교하여 E열의 크기가 F열보다 작거나 비슷하면 안전한 주식으로 간주하면 될 것 같다. 최근 삼성전자의 부채비율은 본사기준인 경우 대략 25% 정도이고, 연결기준인 경우에도 50% 미만이므로, 높은 안전성을 보여주고 있다.

그 다음으로 가장 중요한 수익성을 나타내는 대표적 지표 ③으로 표기된 '자기자본이익률'(ROE)은 당기순이익을 나타내는 I열을 총자본을 나타내는 F열로 나누면 구할 수 있다. 예컨대 2010년의 ROE를 계산하기 위해, 우선 'J3'칸을 클릭하고 '함수 마법사' 'fx'를 활용하여 앞에서처럼 '나누기'

에 따라 (I3) ÷ (F3)를 계산하면 '0.166…'이 계산된다. '0.166…'이 나온 'J3' 칸을 클릭하고 복사하여, 'J4', …, 'J11'에 붙여넣기를 하면 ROE의 계산이 자동적으로 끝난다. 여기서 원래는 붙여넣기를 8번 해야 하지만, 붙여넣기를 3번 정도하고, 위에서 4칸을 복사하여, 즉 'J3', …, 'J6'를 복사하여 아래의 4칸에 붙여넣기를 하면 수고가 조금은 덜어질 수 있는데, 약간만 숙달하면 금방 알 수 있는 기법이다. 처음에는 원칙대로 하는 것이 좋을 듯 싶다.

마지막으로 〈그림 4-5〉에서 ④로 표기된 매출에 대한 연구개발비지출 비중은 M열을 G열로 나누면 되고 한 개의 비율을 구하면 복사하여 붙여넣기 하면 끝난다.

삼성전자의 종목분석 차트를 완성했다면, 다른 종목의 분석 차트를 작성하는 것은 쉬워진다. 삼성전자의 분석 차트를 복사해서 다른 종목의 기초자료를 써넣으면 다른 종목의 분석 차트도 자동적으로 완성된다. 그렇지만 다음의 작업에 앞서서 일단 삼성전자의 분석차트를 저장해 두는 것이 좋다. 혹여 실수하여 처음부터 다시 작성하는 번거로움을 덜기 위한 것이다. 사실 작업을 조금 하고선 '저장하기'를 자주 하는 버릇은 상당히 유익한 습관이다.

〈그림 4-6〉에서 2행부터 18행까지 블록을 지정하고 복사하여 하나를 더 만들면 된다. 우선 삼성전자의 분석 차트 전체를 블록 지정하기 위하여 우선 '2'자가 써진 행을 마우스 왼쪽으로 클릭하고, 그 클릭한 상태에서 '18'이 써진 곳까지 커서를 아래로 끌어준 다음(①로 표기된 부분), 손을 마우스에서 떼면 2행부터 18행까지 음영이 되면서 블록이 지정된다. 그 다음 블록이 지정된 영역, 즉 음영된 영역에 커서를 위치시키고 마우스 오른쪽을 클릭하면 팝업창이 뜨며, 이때 '복사' ②를 클릭한다.

〈그림 4-7〉에서 만약 삼성전자 위에 다른 종목을 작성하기를 원한다면, '2'자에 커서를 위치시키고 마우스 왼쪽을 클릭하고 손가락을 놓으면 2행이 블록 지정이 되면서 음영으로 바뀐다. 음영으로 변한 영역에 커서를 위치

그림 4-6 **블록 지정과 복사하기**

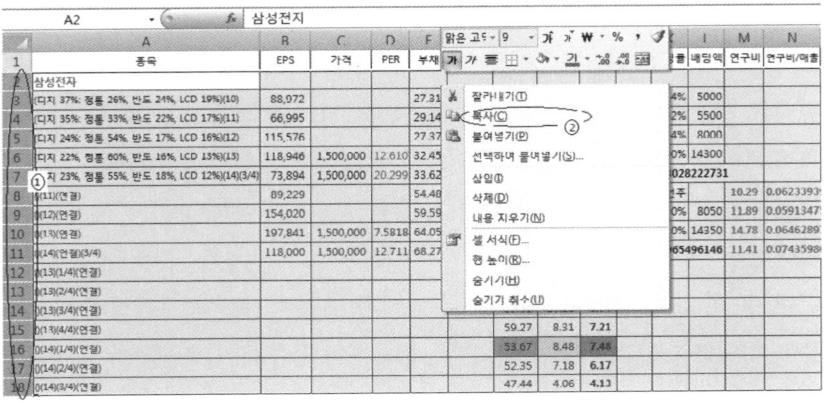

그림 4-7 **복사한 셀 삽입**

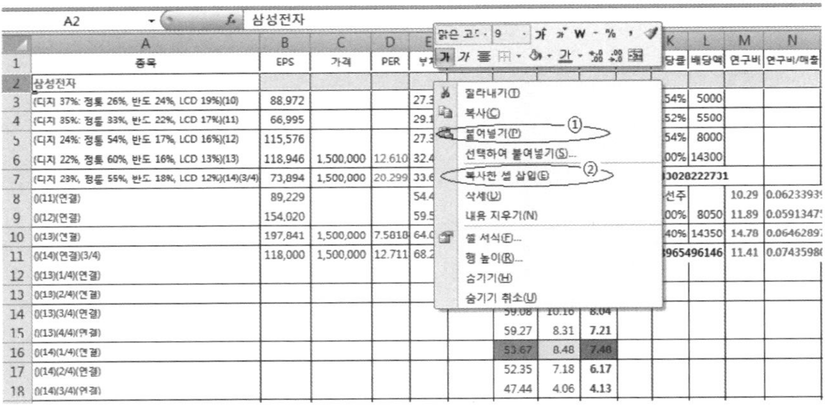

시키고 마우스 오른쪽을 클릭하면, 팝업창이 뜨며, 그리고 이때 ②로 표기된 '복사한 셀 삽입'을 마우스 왼쪽으로 클릭하면 복사한 것이 삽입된다. 여기서 주의할 점은 만약 '붙여넣기'를 클릭하면, 삽입되는 것이 아니라 2행부터 18행까지의 자료가 없어지고 복사한 자료로 바뀐다는 것이다. 이것은 실제로 연습해 보면 알 수 있을 것이다. (만약 삼성전자 아래에 복사하기를 원하면 '19'에 커서를 위치시키고 '복사한 셀 삽입'을 클릭하면 되겠다)

'복사한 셀 삽입'을 클릭하면, 〈그림 4-8〉에서 처럼 원래의 자료를 아래로 밀어내면서 복사한 자료가 삽입된다. 삽입된 자료는 음영 처리된 영역이다. 이제 음영 처리된 곳에 다른 종목, 이를테면 현대자동차의 기초 자료를 삽입하면 현대자동차의 각종 비율들이 자동적으로 만들어질 것이다.

사실 기초 자료를 써 넣는 것이 굉장히 힘들고 지겨운 작업이다. 우리나라에 상장된 2천 이상의 종목들의 분석차트를 작성하기는 쉽지 않으며, 더욱이 분기별로 계속 업데이트 하는 것은 더욱 힘든 일이다. 따라서 3~4월경 우리나라에 상장된 기업 전체의 연간 실적이 경제신문이나 일간지에 발표될 때 대규모 흑자를 보이는 기업들만 골라서 작성하는 것도 한 가지 방편이라고 생각한다. 다른 한편으론 포탈 사이트 '다음'에서 시가총액상위 기업들 중에서 선택해서 작성해도 될 것 같다. 어떻든 적지 않은 금액을 투자

그림 4-8 새로이 삽입된 셀

	A	B	C	D	E	F	G	H	I	J	K	L	M	N
1	종목	EPS	가격	PCR	부채	총자본	매출	경영이익	순익	ROE	배당률	배당액	연구비	연구비/매출
2	삼성전자													
3	(디지 37%; 정통 26%, 반도 24%, LCD 19%)(10)	88,972			27.31	79.86	112.24	12.37	**13.26**	0.1660	0.54%	5000		
4	(디지 35%; 정통 33%, 반도 22%, LCD 17%)(11)	66,995			29.14	88.45	120.81	9.75	**10.04**	0.1135	0.52%	5500		
5	(디지 24%; 정통 54%, 반도 17%, LCD 16%)(12)	115,576			27.37	105.88	141.20	18.51	**17.39**	0.1642	0.54%	8000		
6	(디지 22%; 정통 60%, 반도 16%, LCD 13%)(13)	118,946	1,500,000	12.610	32.45	122.37	158.37	21.80	**17.92**	0.1464	1.00%	14300		
7	(디지 23%, 정통 55%, 반도 18%, LCD 12%)(14)(3/4)	73,894	1,500,000	20.299	33.62	131.10	104.17	12.80	**11.14**	0.0849733028222731				
8	0(11)(연결)	89,229			54.48	101.31	165.00	15.64	**13.38**	0.1320	우선주		10.29	0.0623393⁹
9	0(12)(연결)	154,020			59.59	121.48	201.10	29.04	**23.18**	0.1908	1.00%	8050	11.89	0.0591347⁵
10	0(13)(연결)	197,841	1,500,000	7.5818	64.05	150.01	228.69	36.78	**29.82**	0.1987	1.40%	14350	14.78	0.0646289⁷
11	0(14)(연결)(3/4)	118,000	1,500,000	12.711	68.27	163.46	153.47	19.73	**17.79**	0.108833965496146			11.41	0.0743598⁰
12	0(13)(1/4)(연결)						52.86	8.77	**6.97**					
13	0(13)(2/4)(연결)						57.46	9.53	**7.57**					
14	0(13)(3/4)(연결)						59.08	10.16	**8.04**					
15	0(13)(4/4)(연결)						59.27	8.31	**7.21**					
16	0(14)(1/4)(연결)						53.67	8.48	**7.48**					
17	0(14)(2/4)(연결)						52.35	7.18	**6.17**					
18	0(14)(3/4)(연결)						47.44	4.06	**4.13**					
19	삼성전자													
20	(디지 37%; 정통 26%, 반도 24%, LCD 19%)(10)	88,972			27.31	79.86	112.24	12.37	**13.26**	0.1660	0.54%	5000		
21	(디지 35%; 정통 33%, 반도 22%, LCD 17%)(11)	66,995			29.14	88.45	120.81	9.75	**10.04**	0.1135	0.52%	5500		
22	(디지 24%; 정통 54%, 반도 17%, LCD 16%)(12)	115,576			27.37	105.88	141.20	18.51	**17.39**	0.1642	0.54%	8000		
23	(디지 22%; 정통 60%, 반도 16%, LCD 13%)(13)	118,946	1,500,000	12.610	32.45	122.37	158.37	21.80	**17.92**	0.1464	1.00%	14300		
24	(디지 23%, 정통 55%, 반도 18%, LCD 12%)(14)(3/4)	73,894	1,500,000	20.299	33.62	131.10	104.17	12.80	**11.14**	0.0849733028222731				
25	0(11)(연결)	89,229			54.48	101.31	165.00	15.64	**13.38**	0.1320	우선주		10.29	0.0623393⁹
26	0(12)(연결)	154,020			59.59	121.48	201.10	29.04	**23.18**	0.1908		8050	11.89	0.0591347⁵

했다면, 적어도 자기가 투자한 종목에 대해선 당연히 이런 분석차트를 작성해야 한다고 보며, 또한 현재 보유 종목보다 더 나은 종목을 발견하면 그 종목에 대한 분석차트를 작성하고 그 종목으로 옮겨갈 것인지를 결정하는 데에 정말 도움이 될 것이다. 다음 절 이하에서는 실전과 관련해 종목 선정에서 노력을 적게 들이면서 좋은 종목, 명품주식을 고르는 방법을 찾아보고자 한다. 다음의 두 절은 투자 성향에 따라 종목을 선정하는 절차를 약간 달리하였다. 이 절차를 따른다면 분석차트도 자신의 취향에 맞는 종목으로만 구성될 것이며, 엄청난 노력의 절약이 가능하리라 본다.

3. 즐거운 투자종목 선정은?

손실최소화와 즐거운 주식투자

자신의 성향이 위험기피적이며, 모험을 싫어하고 안정적이라고 판단된다면, 본 절에서 제시하는 절차를 따라서 자신의 판단에 따라 최종적인 종목을 선정한다면, 아마도 주식투자 자체가 나중에는 즐거워질 수 있을 것이라고 생각한다. 단기투자를 하든 장기투자를 하든 개미들의 경우에 명품주식에 투자하는 것이 적어도 '손실을 막는 데에 필수불가결하다'고 생각한다. 객관적으로 어느 종목이 최고의 명품주식이라고 판단하기는 곤란하다. 개미들이 명품주식을 찾으려고 노력하고 그렇다고 판단되는 종목에 투자한다면, 적어도 손실의 최소화가 가능하며, 더욱이 내공이 깊어지고 주식을 보는 안목이 높아지면 최상의 명품주식을 발견할 수 있으며 그에 따라 엄청난 대박을 터트릴 수도 있을 것이다.

반면에 다른 사람들이 부실기업에 투자하여 대박을 터트린 것을 듣고서 자신도 그럴 수 있다고 생각하여 분석도 하지 않고 남의 말이나 듣고서 비슷한 전략을 채택했다가 망하는 경우가 부지기수이다. 부실기업에 투자할 경우 부실기업이 회생하고 엄청난 주가상승이 나타나면 막대한 수익이 발생할 수 있으나 그 가능성은 대단히 희박하며, 반면에 그 부실기업은 일반적으로 미래에도 그런 상태를 유지하고 그에 따라 상당한 주가하락으로 더욱 더 커다란 손실을 볼 수 있다. 아마도 기업에 대한 전문적인 분석가들을 고용하는 헤지펀드나 사모펀드 등은 부실기업의 회생 가능성을 상당히 잘 파악할 수 있으며, 그에 따라 부실기업을 인수하여 정상괘도로 진입시킨 이후에 엄청난 수익을 올릴 수 있다. 소액투자자들은 그런 분석능력을 전혀 보유하고 있지 않기 때문에 부실기업이나 수익성이 낮은 기업에 대한 투자를 통해서 엄청난 이득을 얻기는 굉장히 힘들다고 하겠다.

즐거운 투자의 요건

우리 개미들의 투자가 즐거운 투자가 되기 위해선 앞 장에서 이미 언급한 명품주식의 조건을 갖춘 종목이면 충분할 것이다. 이 조건들 중에서 '부채비율 100% 이하', '5년간 자기자본이익률 평균 15% 내외' 그리고 '동종업종에서 높은 R&D지출 비중'을 보이는 주식들을 찾으면 되겠다. PER값에 대해선 객관적인 기준이 존재하지 않기 때문에 앞의 세 가지 정도만 충족시키면 충분하다고 본다.

세 가지 요건에 대한 기업 분석을 제대로 할 수 없는 사람들, 본업에 바쁜 직장인들이라면 포탈 사이트 '다음'의 '증권'에서 '시가총액상위' 30~50위 안에 있는 유가증권과 코스닥시장에 상장된 기업들 중에서 제일 낮다고 판단되는 기업들을 선정하면 좋을 듯싶다. 포탈 사이트 다음과 네이버에선 종목별로 부채비율과 자기자본이익률(ROE)에 대한 최근의 정보를 제공해주고 있다.

필자가 이렇게 언급하면서 걱정스러운 것은 적정한 수익에 대한 보장을 장담할 수 없다는 것이다. 그렇지만 이렇게 말할 수밖에 없는 것은 다른 사람들의 추천에 의해서 전혀 모르는 주식을 매수하는 것보다는 훨씬 낫다는 것이고, 적어도 본전이 다 날아가는 일은 없을 것이기 때문이다. 유가증권시장과 코스닥 '시가총액상위' 50위 안에 드는 기업들은 사실상 우리나라를 대표하는 기업들이어서 망할 가능성은 상당히 낮다고 본다. 적어도 개미지옥에 빠져서 허우적거리는 일은 없을 것이다.

즐거운 투자종목의 선정 절차

우리나라에서 상장된 주식 중에서 최고의 명품주식을 발견한다면 우리는 정말로 즐거운 투자를 하고 있다고 장담할 수 있을 것이다. 방대한 정보를 열심히 분석할 수 있는 투자자라면, 제일 먼저 수익성에 초점을 맞추어야 할 것이다. 당기순이익이 꾸준히 증가할 수 있는 기업을 찾아서 투자하면 확실히 다른 사람들보다 높은 수익률을 실현시킬 수 있다. 당기순이익이 꾸준히 증가할 것으로 예상되는 기업은 사실상 내재가치가 꾸준히 상승한다고 볼 수 있는 기업이다.

필자는 여기서 굉장히 보수적인 전략을 채택하겠다. "적어도 다음 1분기 혹은 2분기 동안 그리고 길게는 1년 동안 내재가치가 꾸준히 그리고 폭발적으로 상승한다"고 정말로 장담할 수 있는 기업을 찾아보는 방법을 강구해 보자.

가장 일목요연하게 실적을 보여주는 것은 분기별로 발표되는 '연결재무제표기준영업(잠정)실적(공정공시)' 또는 '영업(잠정)실적(공정공시)' 그리고 '매출액또는손익구조30%(대규모법인은15%)이상변경'이며, 이런 '수시공시'나 '공정공시'가 가장 신속한 정보이지만, 반면에 이런 공시를 발표하지 않는 기업들은 '분기보고서', '반기보고서' 및 '사업보고서'를 통해서 확인하면 되겠다. 이미 언급했지만, 이런 정보는 금융감독원 '전자공시시스템'의 '최근공시'에서 실시간 단위로 확인할 수 있고, 개별 기업 단위로도 확인이 가능하다. 신속한 분기별 및 연간 실적은 1월, 4월, 7월, 10월의 매 1일부터 두 달에 걸쳐 발표되며 2월, 5월, 8월, 11월의 매 말일 근처에 집중적으로 발표된다. 투자자들은 실적 발표시기가 도래하면 실시간 단위로 계속 확인해야 한다. 물론 당연하지만 발표되는 모든 기업들의 정보를 일일이 확인해야 한다.

1) 당분기 매출액이 전년 동분기 매출액보다 증가해야 한다.[1]

이를테면 3분기 실적이 발표되는 10월 초에는 실적 발표가 적게 나타나지만, 말일에 갈수록 많아지며 11월 중순에는 더욱 많아지고 11월 말에는 분기보고서가 집중적으로 발표된다. 이제 실적이 발표되었을 때 어떤 내용들을 검토해야 할 것인가? 우리는 이제 발표된 영업실적을 보면서, 우선 분기별로 전년 동분기 매출액에 비해서 당분기 매출액이 증가하지 않는 기업 혹은 그 증가가 미미한 기업들은 일단 배제시킨다. 즉 분기별 실적을 검토할 때 중요한 것은 올해 특정 분기의 매출액을 1년 전 동분기 매출액과 비교해서 매출액 증가가 이를테면 10% 이상이 되는 기업들을 우선 고려 대상으로 삼는다. 여기서 우리는 "매출이 1년 전에 비해서 대폭적으로(이를테면 10% 이상) 증가하는 기업들"을 선택한다.

2) 당분기 영업이익이 전년 동분기보다 대폭적으로 증가해야 한다.

그 다음으로 1년 전에 비해서 매출액이 적어도 10% 이상씩 증가하는 기업들 중에서 올해 분기 영업이익이 1년 전 동분기에 비해서 약간만 증가하

---

1) 이하의 네 가지 절차는 '영업실적' 등의 '수시공시'와 '공정공시'를 발표하지 않는 기업들, 즉 영업실적을 분기보고서, 반기보고서, 사업보고서로만 발표하는 기업들을 대상으로 한다. 공시를 발표하는 기업들은 세 가지 절차와 넷째 절차를 동시에 진행시킬 수 있다.

거나 감소하는 기업들은 배제시킨다. 우리는 앞에서 선정된 기업들 중에서 "영업이익이 1년 전에 비해 적어도 이를테면 50% 이상 증가하는 기업들"을 선정한다.

3) 당분기 당기순이익이 전년 동분기보다 대폭적으로 증가해야 한다.

그리고 앞에서 선정된 기업들 중에서 '당기순이익'(연결기준으론 '지배기업 소유주지분 순이익')이 1년 전에 비해서 50% 이하로 증가하거나 혹은 감소한 기업들을 배제시킨다. 그러면 우리는 "당기순이익이 1년 전과 비교해서 50% 이상 증가하는 기업들"을 골라낼 수 있다.

4) 당분기 실적이 직전 분기의 실적보다 개선되어야 한다.

세 가지 조건을 충족시키는 기업들, 즉 "매출이 1년 전에 비해서 대폭적으로(이를테면 10% 이상) 증가하고, 그리고 영업이익이 1년 전에 비해 적어도 50% 이상 증가하며, 또한 당기순이익이 1년 전과 비교해서 50% 이상 증가하는 기업들"을 분석 대상 후보로 선정하게 된다. 그렇지만 여기서 대상 선정이 끝나지 않는다.

이런 기업들 중에서 직전 분기 매출액에 비해 당분기 매출액이 감소하는 기업들은 배제시킨다. 이런 기업들은 계절적인 요인에 의해 감소할 수 있으나 더 좋은 기업을 찾기 위해서 그렇게 하는 것이다. 일반적으로 주가는 투자자들의 심리에 의해서 크게 영향을 받는데, 보통 투자자들은 매출이 분기별로 지속적으로 증가하는 기업들을 특별히 선호한다.

또한 당분기의 영업이익과 당기순이익이 직전 분기보다 감소하는 기업들은 배제시킨다. 매출과 마찬가지로 계절적인 요인에 의해 감소하는 경우도 있으나 이 경우엔 1년 전에 비해서 감소 폭이 축소되지 않는 주식들은 배제시킨다. 따라서 당분기의 영업이익과 당기순이익이 직전 분기에 비해 증가하는 기업들만 선별한다. 계절적인 요인으로 인해 감소하는 경우엔 그 감소 폭이 많이 축소되는 주식만 분석 대상에 포함시킨다.

우리는 네 가지 단계를 거쳐서 "매출이 1년 전에 비해서 대폭적으로(이를 테면 10% 이상) 증가하고 또한 직전 분기에 비해서도 증가하고, 그리고 영업이익이 1년 전에 비해 적어도 50% 이상 증가하고 또한 직전 분기에 비해서도 증가하며, 그리고 당기순이익이 1년 전과 비교해서 50% 이상 증가하고 또한 직전 분기에 비해서도 증가하는 기업들"을 명품주식의 후보로 선정하게 된다.

5) 매출 구성 등도 분석해봐야 한다.

그러나 여기서 분석이 끝나선 안 된다고 본다. 우리의 진정한 관심사는 이런 놀랄 만한 실적이 지속될 것인지, 보다 정확하게는 당기순이익이 꾸준히 증가할 수 있는지를 예견하는 데 우리의 지적 노력을 집중시켜야 할 것이다. 당기순이익은 어디까지나 매출에 의해서 뒷받침된다고 볼 수 있다.[2] 따라서 우리는 '사업보고서', '분기보고서' 혹은 '반기보고서' 등을 통해서 매출의 구성을 반드시 파악해야 하고, 매출의 구성이 분기별로 어떻게 변모하는지를 검토해 보고, 매출 증가의 요인을 분석해 봐야 한다.

대상기업의 매출시장이 과점체제이거나 그 기업이 상당한 독점적 지위를 갖고 있는지는 미래의 수익성에 대한 판단에서 중요한 역할을 수행한다.(이 내용은 각 보고서의 '사업 내용'을 검토하면 알 수 있다) 새로운 제품이 개발되거나 혹은 M&A를 통해서 새로운 제품이 도입되어 그것의 매출 구성 비율이 증가하고 있고 또한 매출액 자체도 빠른 속도로 증가하는지 여부 역

---

2) 보유 부동산 처분에 따른 이익, 회사분할로 인해 일부사업을 양도함으로써 얻어지는 이익, 유가증권의 처분으로부터 얻어지는 이익 등도 당기순이익을 증가시킬 수 있으나, 이런 이익은 일시적인 이익이므로 이런 이익을 당기순이익에서 차감하여 ROE값을 측정해야 한다.

시 '어닝 서프라이즈'의 지속성, 보다 정확히는 당기순이익의 지속적인 증가에 지대한 영향을 미친다. 또한 제품가격의 분기별 추이, 수출 비중도 면밀히 검토해야 한다. 또한 제품가격의 상승 추세는 시장 장악력이 커지고 있다는 것을 의미하며, 수출의 비중 증가는 국제적인 경쟁력을 함축적으로 표현하므로, 이들 각각은 '어닝 서프라이즈'의 지속에 낙관적인 분위를 제공한다. 그 외에도 각 보고서의 '사업 내용'에 나와 있는 것 그리고 첨부서류들을 차분히 점검할 필요가 있다. 이런 분석의 결과를 통해서 최종적으로 투자대상 종목이 가려지게 된다.

그렇지만 마지막으로 검토해야 할 것은 투자대상 종목이 사람들이 좋아할만한 매력적인 종목인가를 생각해 봐야 한다. 주식가격은 그 실적에 의해서도 결정되지만, 투자자들의 심리도 지대한 영향을 미친다. 아무리 실적이 좋더라도 사람들이 그 주식에 대해서 매력을 못 느끼면 '어닝 서프라이즈' 기간 주가가 별로 상승하지 못하는 결과를 낳기도 한다. 따라서 특정 주식이 평범한 수익을 올린다고 가정할 경우에 사람들이 그 주식을 좋아할 것인지를 판단해 보아야 한다. 물론 이것은 그 기업이 소속된 산업계의 전반적인 분위기를 반영하는 것이기는 하지만, 이것을 무시해선 절대 안 된다. 이런 심리적인 성향에 대한 이해는 경제신문을 계속 읽거나 혹은 일간지의 경제면을 정독하는 과정에서 어느 정도 습득이 가능하리라고 본다.

즐거운 투자종목의 최종적인 선정

한 분기에 2천여 종목을 검토할 때 첫째 조건을 충족시키지 못하는 기업들을 배제시키고, 첫째 조건을 충족시켜도 둘째 조건을 충족시키지 못하는 기업들을 다시 배제시키고, 셋째 조건을 충족시키지 못하는 기업들을 또다시 배제시키며, 그리고 최종적으로 넷째 조건을 충족시키지 못하는 기업들을 배제시킨다면, 최종적으로 네 가지 조건을 충족시키는 기업들만 남게 된다. 이런 방식을 추종한다면 비록 2천여 종목을 분석하고는 있지만 실제로 상세한 분석은 극소수, 이를테면 30개 내외 종목에 한정하게 되어서 우리의 노력을 엄청나게 절약시킬 수 있다.

이런 기업들은 통상적인 언어로 '어닝 서프라이즈' [3]를 지속적으로 실현시키는 기업들, 즉 당기순이익을 대폭적으로 그리고 지속적으로 증대시키는 기업들이라고 볼 수 있다. 필자의 욕심으로는 특히 당기순이익이 1년 전에 비해 100% 이상 증가하는 기업들을 찾으려고 노력한다. 이런 식으로 범위를 더욱 축소시키면 10개 기업 이내로 축소될 것이다. 실제로 그런 기업들, 정말로 엄청난 '어닝 서프라이즈'를 실현시킨 극소수의 기업들이 정말로 존재한다. 이런 정도에서 종목 선정을 끝내도 좋으며, 이 정도의 분석으로도 시장의 평균수익률보다는 훨씬 높은 수익을 올릴 확률을 갖추었다고 생각한다.

이들 기업에 대해서 과거 2~3년 정도의 실적을 중심으로 분기별 실적을 포함하는 분석차트를 만들면, 매출구성, 부채비율, 자기자본이익률, 기술력 등을 추가로 확인하면서 여러 주식들을 비교·분석할 수 있으며, 이중에서 최고로 좋다고 평가한 한 종목을 투자대상으로 삼으면 될 것이다.

특히 보수적인 투자자에 적합하다고 평가되는 실제 주식으로서 A회사, B회사 및 C회사를 선정해 보았다. [4] 아래 표에서 부채, 총자본, 매출, 영업이익, 당기순이익 및 연구비의 단위는 억 원이며, EPS, 가격 및 배당액의 단위는 원이다. 분기별 실적 뒷부분 괄호 안에 있는 숫자는 실적 발표 일자와 시

---

3) 어닝 서프라이즈는 '예상을 뛰어넘는 실적'을 사실상 의미하지만, 여기선 '예상되는 놀랄 만한 실적'도 포함한다.

4) 회사의 실명을 명시할 수 있지만, 그럴 경우 필자가 특정한 종목을 추천하는 것이 된다. 저술하는 시점에선 이 종목들이 추천할 만한 종목, 즉 명품주식일 수 있으나, 독자들이 이 책을 읽을 시기에는 그렇지 않은 종목으로 바뀔 수도 있다. 특정 종목을 추천하는 것을 두려워하는 것은 정말로 중요한 이탈시점을 제시할 수 없기 때문이다. 환언하면 명화와 같은 영원한 명품주식은 존재하지 않기 때문이다.

간을 표시한다. 그리고 앞 부분의 연간 실적은 개별 재무제표 기준의 실적이며, 뒷 부분의 연간 실적은 연결재무제표기준의 실적을 나타낸다(단, 단위는 EPS, 가격 및 배당은 원, 나머지는 억 원).

〈그림 4-9〉에서 A회사는 바이오 회사인데, 연결기준으로 부채비율은 50%도 안 되고 있을 정도로 매우 안전하며(단 2014년 3/4분기에 부채가 크게 증가했는데, 이는 로얄티를 미리 수취하여 장기선수금으로 처리하였으므로, 나중에 분할하여 용역 매출로 처리할 예정임), 그리고 자기자본이익률 역시 대부분 20%를 상회하고 있는 훌륭한 기업이다. 또한 매출액에 대한 R&D지출 비율이 10% 이상을 보여주는 데서 이런 실적의 원인을 부분적으로 찾아볼 수 있을 것이다. 특히 2014년의 실적에서 두드러진 특징은 연결기준의 매출, 영업이익 및 당기순이익이 매분기마다 전년 동기에 비해서 100% 이상 증가하고 있으며, 더욱이 전분기에 비해서도 지속적으로 증가하는 양상을 보여주고 있다. 그 결과 2014년 3분기까지의 실적에 대한 PER가 연결기준으로 주가 40만원을 가정할 때 51배라는 굉장히 높은 수준이다. 이런 높은 배수는 미래에 대한 낙관적인 전망을 반영하고 있는 것이다. 어떻든 독자들은 이런 유형의 기업들을 찾아보기 바란다. 사실 이런 기업들이 그렇

그림 4-9 **A기업의 실적 분석자료**

종목	EPS	가격	PER	부채	총자본	매출	영업이익	순익	ROE	배당률	배당액	연구비	연구비/매출
A회사													
()(10)(수출 63%)	1,935			97	368	210	106	106	0.2880	1.04%	300	52	0.2476190₄
()(11)(수출 60%)(수출 132, 내수84)	1,354			118	410	217	79	73	0.1780	1.22%	300	61	0.2811059₉
()(12)(수출 52.4%)(수출 190, 내수 172)	2,842			153	551	362	170	154	0.2794	0.64%	500	63	0.1740331₄
()(13)(수출 46%)(수출 183, 내수 207)	2,251	400,000	177.69	178	586	341	139	122	0.2081	0.60%	1000		
()(14)(수출 27%)(수출 167, 내수 173)(3/4)	6,710	400,000	59.612	828	789	566	420	361	0.457541191₃		2000		
()(13)(연결)	2,633	400,000	151.91	187	606	391	167	141	0.232673267326733			55	0.1406649₆
()(14)(연결)(장기선수금으로부채증가)	7,713	400,000	51.860	869	815	758	499	436	0.534969325153374				0
()(13)(1/4)						88	31	24					
()(13)(2/4)						118	54	41					
()(13)(3/4)(11.15)						100	40	35					
()(13)(4/4)(2.12)						85	42	41					
(제품 92(69%), 용역 매출 등 40(30%): 수출 42, 내수 50)(14)(1/4)(5.15 18:04)						133	75	65					
(제품 120(75%), 용역 매출 등 40(25%): 수출 95, 내수 117)(14)(2/4)(8.14, 11:28)						160	94	86					
(제품 128(39%), 용역 매출 등 193(60%): 수출 167, 내수 173)(14)(3/4)(11.14 10:25)						321	264	218					
()(14)(4/4)(2.9 17:23)						144	66	67					

게 많지는 않지만, 많이 있다는 것이다.[5]

다음으로 게임회사인 B기업을 살펴보자. 〈그림 4-10〉에서 우선 부채비율은 20%도 채 안 되고 있을 정도로 안전한 주식이라고 볼 수 있고, 또한 자기자본이익률도 최근 3년간 15%를 상회하고 있다. 2014년의 경우 A회사에 비견할 정도로 매출액 신장률, 영업이익과 당기순이익 증가율이 뛰어나다고 평가된다. 전년도 동기에 비해서도 증가율이 높을 뿐만 아니라 직전 분기에 비해서도 가히 기록적인 신장률이다. 당분간은 이런 추세가 지속될 것으로 판단되지만, 게임산업의 특성상 지속적인 관심이 필요하다고 보겠다. 또한 기술개발에 대한 투자 역시 5% 수준을 유지하고 있어서 기술력도 어느 정도 인정받을 만하다고 생각된다. 그리고 당기순이익의 증가율을 감안할 때 PER값이 연결기준 연간 실적으로 25배는 그리 높은 주가라고 보기는 어렵

그림 4-10 B회사의 실적 분석자료

종목	EPS	가격	PER	부채	총자본	매출	영업이익	순익	ROE	배당율	배당액	연구비	연구비/매출
B회사													
()(11)	432			55	715	311	39	51	0.0713	0.00%			
(모바일게임 95%, 온라인게임 4%)(12)	2,112			81	929	593	160	205	0.2206	0.00%			
(모바일게임 95%, 온라인게임 4%)(13)	2,042	200,000	97.943	95	1100	561	81	198	0.18	0.00%			
()(14)(3/4)	5,619	200,000	35.593	245	1911	1311	644	551	0.288330716902145				
()(10)(연결)(수출 28)	436			42	620	309	26	41	0.0661290322580648			29	0.09385113
()(11)(연결)(수출 48%)	432			52	700	362	29	41	0.0585714285714280			33	0.09116022
()(12)(연결)(수출 66%)(수출 512억, 내수 256억)	2,115			92	911	769	160	204	0.223929747530187			39	0.05071521
()(13)(연결)(수출 79%)(수출 647억, 내수 166억)	2,013	200,000	99.354	103	1079	813	77	195	0.180722891566265			108	0.13284132
()(14)(연결)	7,853	200,000	25.467	391	2105	2346	1012	792	0.37624703087886				
()(13)(1/4)(연결)						248	51	85					
()(13)(2/4)(연결)						203	20	32					
()(13)(3/4)(연결)(11.13)						161	1	13					
()(13)(4/4)(연결)(2.12)						200	4	63					
()(14)(1/4)(연결)(5.13)(수출 55%)(수출 116억, 내수 94억)						210	19	11					
()(14)(2/4)(연결)(8.6 8:37)(수출 56%)(수출 365억, 내수 275억)						430	172	140					
()(14)(3/4)(연결)(11.5 8:37)(수출 70%)(수출 1057억, 내수 450억)						868	459	409					
()(14)(4/4)(연결)(2.10 8:38)						837	360	231					

5) 필자는 2014년 7월 초까지 대략 4년여에 걸쳐 묻어두기 투자를 하여 −5%의 실적이 된 것을 알고 모든 종목을 정리했다. 그리고 현재의 절차에 따라 명품주식을 찾던 중에 A회사를 발견하여 거의 대부분의 자금을 투입하여 2분기에 걸쳐서 즐거운 투자를 하다가 4분기 실적이 신통하지 않아서 실적 발표 다음날 전부 처분하여 이 종목을 다시 보유할지 혹은 다른 종목을 매수할지를 탐색중에 있다.

다고 생각한다.

　마지막으로 〈그림 4-11〉에서 C회사는 통신장비 제조사이며, 연결기준으로 2013년까지는 안전성에서 부채비율이 높기 때문에 문제가 있었으나, 2014년에 부채가 감소했고 그리고 증자와 당기순이익이 쌓여서 총자본이 급격히 증가하여 부채비율이 100% 이하로 낮아졌다. 자기자본이익률은 40%를 상회했으나 올해에 총자본의 급격한 증가로 인하여 20% 수준으로 낮아질 것으로 예상되고 있으나 어떻든 굉장히 높은 자기자본이익률을 실현시키고 있다. 이런 자기자본이익률은 최근 10%를 상회하는 R&D지출에서 그 이유를 찾아볼 수 있을 것 같다. 그런데 2014년 PER는 주가가 25,000원을 유지하는 경우에 10배 이하로 하락할 것으로 예상된다. 아마도 테마주도 아니고 인기 있는 주식도 아니어서 그런 것이 아닌가 생각되는데, 이런 수익이 장기간 지속된다면 장기적인 투자 대상으로 추천해 볼만하다고 보겠다.

　앞의 세 기업은 필자가 발견한 것으로 최선이라고 보긴 어렵지만, 투자할 만한 가치가 있는 주식들이라고 생각하며, 독자들도 비슷하거나 그 주식들보다 훌륭한 기업들을 직접 찾아보기 바란다.

그림 4-11　C회사의 실적 분석자료

종목	EPS	가격	PER	부채	총자본	매출	영업이익	순익	ROE	배당률	배당액	연구비	연구비/매출
C회사(11)	716			323	45	474	36	30	0.6666	?	75		
()(12)	1,202			304	101	665	63	50	0.4950	?	100	31	0.0466165
()(13)	1,583	25,000	15.792	392	167	604	74	69	0.4131	?	150	73	0.1208609
()(14)(3/4)	2,026	25,000	12.339	241	469	579	98	101	0.215351812366738			70	0.1208981
()(11)(연결)	726			323	47	478	37	30	0.638297872340426				
()(12)(연결)	1,215			304	102	666	64	51	0.5				
()(13)(연결)	1,716	25,000	14.568	393	174	604	84	75	0.431034482758621				
()(14)(연결)(3/4)	2,087	25,000	11.978	236	478	575	106	104	0.217573221757322				
()(13)(1/4)(연결)						126	4	5					
()(13)(2/4)(연결)						122	15	15					
()(13)(3/4)(연결)						157	30	22					
()(13)(4/4)(연결)						199	35	33					
()(14)(1/4)(연결)(5.27)						199	38	37					
()(14)(2/4)(연결)(8.18)						193	40	37					
()(14)(3/4)(연결)(11.13)						182	26	30					
()(14)(4/4)(연결)													

4. 모험적인 투자종목 선정은?

'패자에의 투자'와 모험적인 투자

필자는 보수적으로 접근하기 때문에 앞에서 언급된 것만으로도 충분하다고 보지만, 모험적인 투자자들은 제2장에서 언급했던 '모멘텀효과와 역행효과'에서 얻어지는 교훈, 즉 '패자에 투자한다'는 전략을 채택할 수도 있다. 이런 투자는 이미 앞에서 언급한 것처럼 대단히 위험하며, 철저한 분석 없이는 감행하지 말아야 할 전략이다. 그렇지만 대박을 터트릴 수 있는 가능성을 많이 갖고 있기 때문에 주식에 대한 분석을 많이 하는 주식전문가들이 좋아하는 종목이다.

앞 절에서 언급된 즐거운 투자종목 선정과는 약간 상이한 절차를 거치면서 선정되어야 한다. 분석차트를 작성하여야 하는 종목도 상당히 많이 늘어날 것이다. 대상 종목의 특성을 살펴보면, ① 현재까지는 적자를 보이고 있지만 적자 규모가 축소되고 있어서 장차 흑자를 실현시킬 것으로 기대되거나, ② 직전 분기까지는 적자를 보였으나 당분기에 흑자로 돌아선 주식들, ③ 흑자를 보이고 있으나 흑자 규모가 축소되다가 증가세로 돌아선 주식들이 그 대상이라고 본다. 이들 주식은, 과거의 적자로 인하여 그리고 흑자 규모의 축소로 인하여, 주식가격이 급격하게 하락하여 굉장히 저평가된 주식들이다. 적자 규모가 점진적으로 축소되고 흑자로 전환됨에 따라 혹은 흑자 규모가 증가세로 돌아섬에 따라, 주식가격은 당연히 상승하며, 그에 따라 상당한 이익을 챙길 수 있을 것이다.

① 유형의 주식은 대단히 모험적이며, 보다 철저한 분석을 요구하는 기업이며, 정말로 흑자로 돌아서고 흑자의 규모가 커지면 엄청난 대박을 터트릴 수 있는 주식이다. 이런 유형의 주식에 대한 분석차트는 아래 유형에 비해서

더 많은 노력을 집중해야 한다. 특히 매출 구조의 변화를 면밀히 검토하면서 신제품이나 기술력에 대한 분석도 병행해야 하며, 더욱이 부채비율과 부채 구조에 대한 분석도 병행해야 한다.

② 유형의 주식은 명시적으로 어닝 서프라이즈로 확인되는 주식이며, 실적 발표와 더불어 매수하면 일주일 내에 상당한 수익을 얻을 수 있는 주식이다. 실적 발표 이후 1분기 동안 계속 보유하여 대박에 가까운 수익을 얻을 수 있는지 여부는 ① 유형의 주식에서 분석했던 내용들을 동일하게 검토하고 그런 실적의 지속과 명품주식으로의 전환 가능성에 따라 결정된다고 본다.

③ 유형의 주식은 ①과 ② 유형의 주식에 비해서 상당히 안정적인 주식으로 평가될 수 있으나 명품주식이 아닌 한 철저한 분석이 요구된다. 철저하게 분석하지 않은 상태에서 이런 유형의 주식에 대한 투자는 낭패로 이어질 수 있고 본의 아니게 장기투자로 가거나 잘못하면 개미지옥에 빠져서 헤어나지 못하는 참혹한 결과를 낳을 수도 있다.

모험적인 투자종목 선정 절차

1) 당분기 매출이 직전 분기의 매출보다 증가해야 한다.

이제 종목 선정 절차를 검토해 보자. 매출과 관련해선 앞에서 이미 언급한 절차를 따라서 진행하되 전년 동기의 매출은 그리 중요하지 않기 때문에 바로 전기의 매출과 당기의 매출을 비교하면서 여러 분기에 걸쳐서 매출이 증가해야 한다. 우선은 직전 분기에 비해서 매출이 증가하지 않은 주식들은 배제하고, 일단 매출이 증가하는 기업들만을 일단 그 대상으로 선정한다. 매출이 감소하는 경우엔 영업이익이나 당기순이익이 당연히 감소하거나 적자 폭이 더 커지기 때문이다. 물론 매출은 감소하나 영업이익과 당기순이익이 증가하거나 적자 폭이 감소하는 기업들이 있을 수 있으나, 별로 바람직한 기업들이 아니라고 본다. 어떻든 매출이 증가하지 않으면 실적이 개선될 가능성은 낮아진다고 생각하는 것이 좋다.

2) 당분기 영업이익과 당기순이익이 직전 분기보다 50% 이상 증가해야 한다.

영업이익과 당기순이익이 앞에서 언급된 즐거운 투자종목의 경우와는 달리, 보다 모험적인 투자자는 적자를 보이고 있으면서도 적자 규모가 분기별로 대폭적으로 감소하기 시작하는 기업을 선정한다. 보다 보수적인 투자자는 전분기 적자에서 당분기에 흑자로 전환된 기업만을 대상으로 할 수도 있다. 그리고 그보다 더 보수적인 투자자는 흑자 규모가 축소되다가 증가세로 돌아선 기업들만을 대상으로 할 수도 있다. 중요한 것은 '앞으로 이익이나 손실이 어떻게 변동할 것인가' 이기 때문에 앞으로 적자가 대폭적으로 감소하거나 흑자가 대폭적으로 증가할 여지가 있는지 여부는 매출의 구성과 금액의 추이를 면밀히 검토하고, 각 보고서의 '사업 내용'을 세밀히 파악하면 어느 정도 판단이 가능할 것이라고 본다.

여기서 유념해야 할 것은 적자가 새로 시작되고 주가가 폭락하고 있는 주식에 투자하는 것은 너무나 모험적이며, 그 이후의 지속적인 주가 하락으로 투자자금이 장기간 묶이게 될 가능성이 커진다. 이런 주식보다는 비록 적자가 지금 지속된다고 하더라도 구조조정이 이루어지고 있는 회사에 투자하는 것이 보다 나을 수 있으며, 그것보다도 더 확실한 이익을 위해선 적자가 대폭적으로 축소되거나 흑자로 전환되고 흑자가 대폭적으로 증가하는 주식에 투자하는 것이 바람직하다고 본다. 기본적으로 이런 유형의 투자는 극히 단기적으로 자금을 운용해야 하며, 어떤 악재가 터지면 손절매하면서 바로 나와 버리는 용기가 필요하다고 본다.

모험적인 투자자에게 적합하다고 판단되는 주식으로 D회사, E회사 및 F

회사를 예시해 보았다. 〈그림 4-12〉에서 D회사는 제지회사였지만 최근 화장품회사를 합병하여 그 실적이 2014년에 나타나기 시작한 회사이다. 2013년 후반기부터 매출이 증가하기 시작했으며, 그에 따라 영업이익도 증가하기 시작했고, 2014년 1/4분기에 당기순이익이 흑자로 전환했다(단, 단위는 EPS, 가격 및 배당은 원, 나머지는 억 원). 따라서 2014년 1/4분기 실적 발표 바로 이후인 5월 23일에 매수한다면 많은 이익을 얻을 수 있었다. 2014년 2/4분기도 어닝 서프라이즈에 해당하므로 실적 발표가 있었던 8월 27일 10시 12분 이후 바로 매수에 들어간 경우에도 높은 수익을 얻을 수 있었을 것이지만, 3/4분기 실적은 실망스럽기 때문에 빠져나오는 것이 바람직하다고 본다. 그렇지만 중국 특수로 인하여 낙관적인 전망을 하는 경우엔 다른 선택이 가능할 수도 있다고 본다. 어떻든 D회사는 장기적으로 보유하도록 추천하기엔 부담이 되는 주식이라고 생각되지만, 현재의 추세가 지속된다면 자기자본이익률이 높고 앞으로도 높을 가능성이 크기 때문에 장기보유에 적절한 주식일 수도 있다. 사실 장기 보유 추천 종목을 선정하는 것은 정말로 어려운 과제라고 본다.

그림 4-12 D회사의 실적 분석자료

종목	EPS	가격	PER	부채	총자본	매출	영업이익	순익	ROE	배당률	배당액	연구비	연구비/매출
D회사													
()(10)	(28)			48	319	394	5	-4	-0.012	0.00%			
()(11)	894			203	489	451	3	148	0.3026	0.00%			
()(12)	(157)			262	464	539	7	-27	-0.058	0.00%			
()(13)	(265)			281	454	634	5	-45	-0.099	0.00%			0.4	0.00063091
()(14)(3/4)	590	40,000	67.796	261	557	758	131	101	0.181328545780969				
()(12)(연결)	(282)			296	448	589	8	-48	-0.107142857142857				
()(13)(연결)(금융자산처분손실 65억발생)	(199)			286	462	730	22	-34	-0.0735930735930736				
()(14)(연결)	1,039	40,000	38.498	304	686	1189	229	186	0.271137026239067				
()(13)(1/4)(연결)						188	7	2					
()(13)(2/4)(연결)						158	0	-1					
()(13)(3/4)(연결)(11.27)						183	5	5					
()(13)(4/4)(연결)(2.18)						201	10	-41					
()(14)(1/4)(연결)(5.22)						225	15	8					
()(14)(2/4)(연결)(8.27, 10:12)						293	66	47					
()(14)(3/4)(연결)(11.26 10:53)						309	69	51					
()(14)(4/4)(연결)(2.4, 13:52)						362	79	67					

다음으로 〈그림 4-13〉에서 E회사는 대형주로서 2013년에 간신히 적자를 면하였지만, 2013년 4분기에 적자를 기록했다.(부채와 매출의 단위는 조원) 우선 부채비율이 거의 200%에 육박하고 있어서 안전성에서 별로 바람직한 주식은 아니라고 보지만, 대형주이고 그룹주이기 때문에 파산의 위험성은 낮다고 본다. 그리고 2014년 3/4분기까지 분기별 매출액은 전년에 비해서 크게 증가하지 않은 것으로 나타나고 있으나, 영업이익이 크게 증가하여 1/4분기부터 흑자로 전환되었고 2/4분기에도 어닝 서프라이즈를 실현했다고 평가할 수 있다. 특히 R&D지출에서 매출액의 6% 이상을 지출하고 있어서 장기적인 차원에서도 미래의 기술력 역시 높게 평가될 수 있을 것으로 생각된다.

그림 4-13 **E회사의 실적 분석자료**

종목	EPS	가격	PER	부채	총자본	매출	영업이익	순익	ROE	배당률	배당액	연구비	연구비/매출
E회사													
0(10)	10,792			2.53	14726	3.71	1045	2044	0.1388	0.26%	350		
0(11)	(8,153)			2.95	12957	4.31	-389	-1643	-0.1268	0.00%			
0(12)	(2,034)			3.43	12382	5.07	-2	-410	-0.0331	0.00%			
0(13)	(2,481)	120,000	-48.361	3.03	12206	5.50	290	-500	-0.0409	0.00%			
0(14)(3/4)	1,939	120,000	61.887	2.70	15357	4.14	1672	458	0.0298235332421697				
0(10)(연결)	10,325			2.66	14699	4.10	1564	1958	0.133206340567386				
0(11)(연결)	(7,211)			3.08	13248	4.55	-668	-1453	-0.10967693236715				
0(12)(연결)	(1,237)			3.61	12683	5.31	773	-249	-0.0196325790428132	0.337			0.0634651
0(13)(연결)	771	120,000	155.64	3.26	13169	6.21	1361	155	0.0117700660642418	0.382			0.0615136
0(14)(연결)(3/4)	5,002	120,000	23.990	2.92	16970	4.65	2559	1183	0.0697112551561579	0.303			0.0651612
0(13)(1/4)(연결)						1.55	158	-65					
0(13)(2/4)(연결)						1.52	356	68					
0(13)(3/4)(연결)(10.24)						1.59	557	277					
0(13)(4/4)(연결)						1.54	288	-125					
0(14)(1/4)(4.29)						1.45	630	164					
0(14)(2/4)(7.24)						1.54	899	435					
0(14)(3/4)(10.29 11:46)						1.64	1029	583					
0(14)(4/4)													

마지막으로 〈그림 4-14〉에서 F회사는 게임회사로서 매출액에 대한 R&D 지출 비율이 높은 회사이고 또한 부채비율 역시 20%에도 미치지 못하는 매

그림 4-14 **F회사의 실적 분석자료**

종목	EPS	가격	PER	부채	총자본	매출	영업이익	순익	ROE	배당율	배당액	연구비	연구비/매출
F회사													
0(10)(수출 37%)	(569)			356	863	392	36	-135	-0.156	0.00%		43	0.10969387
0(11)(수출 55%)	381			413	1108	435	13	105	0.0947	0.00%		36	0.08275862
0(12)(수출 65%)	(26)			278	1268	413	18	-7	-0.005	0.00%		52	0.12590799
0(13)(수출 73%)	393	30,000	76.335	187	1414	448	49	122	0.0862	0.00%		70	0.15625
0(14)(3/4)(수출 70%)	242	30,000	123.96	194	1484	412	89	75	0.05053908355795193	0.00%		48	0.11650485
0(10)(연결)	(521)			382	863	411	34	-123	-0.14252607184241				
0(11)(연결)	202			501	1060	611	94	56	0.0528301886792453				
0(12)(연결)	78			333	1256	572	85	22	0.017515923566879				
0(13)(연결)	59	30,000	508.47	278	1297	720	27	18	0.0138781804163454				
0(14)(연결)(3/4)	262	30,000	114.50	182	1373	547	100	82	0.0597232337946103				
0(13)(1/4)(연결)						180	16	20					
0(13)(2/4)(연결)						162	-20	-18					
0(13)(3/4)(연결)						199	37	27					
0(13)(4/4)(연결)						179	-6	-11					
0(14)(1/4)(연결)(5.14)						177	3	4					
0(14)(2/4)(연결)(8.14)						128	-11	-31					
0(14)(3/4)(연결)(11.14)						240	108	109					
0(14)(4/4)(연결)													

우 안정적인 회사로 평가될 수 있지만 자기자본이익률은 연결기준으로 매우 낮은 수준이다. 그리고 최근 분기별로 매출액이 들쭉날쭉하고 있고 영업이익도 비슷한 추세를 보이면서 흑자와 적자를 번갈아 보여주면서 전체적으로 흑자를 견지하고 있고, 당기순이익 역시 영업이익과 같이 흑자와 적자를 번갈아 보여주면서 흑자를 간신히 유지하는 상황이다. 결론적으로 본다면 장기적으로 보유하기엔 부적절하다고 평가할 수 있는 주식이다. 그렇지만 2014년 3/4분기에는 매출액이 기존과는 매우 상이하게 거의 100% 가까이 증가하였고, 그 결과 영업이익과 당기순이익이 폭발적으로 증가했다. 대표적인 어닝 서프라이즈의 사례라고 생각한다.

5. 즐거운 투자의 매수시점 결정은?

주식투자에서 매수 및 매도시점의 결정은 많은 이익의 실현을 위해선 누구나 다 알고 있듯이 엄청나게 중요하다. 기본적 분석을 하지 않고 오로지 과거 주식가격의 움직임만 보고 매매시점을 판단하는 차트분석의 문제점을 지적한 연후에, 즐거운 투자는 언제 매수를 결정해야 하는지를 설명하고자 한다. 그리고 모험적인 투자의 경우는 절을 달리하여 설명하고자 한다.

차트분석의 문제점

제2장의 차트분석의 핵심을 요약하면 단기투자를 하는 개미들은 저항선과 지지선을 활용하면서 '주 추세'가 상승하는 주식을 황금교차로에서 매수하고 죽음의 교차로에서 매도하는 전략을 채택하는 것이 바람직하다고 결론지었다. 기본적 분석을 하지 않는 경우 필자는 네 가지 문제점을 지적하고자 한다. 물론 이 문제점이 차트분석의 장점을 완전히 상쇄시키는 것은 결코 아니다.

첫째로, 변동성이 작은 주식은 매매차익을 극히 작게 만들기 때문에 변동성이 큰 주식을 발견해야 한다. 환언하면 큰 변동성은 주식가격이 상하로 크게 움직이는 것을 의미하므로, 이동평균선을 이용한 매매는 기본적으로 주가의 상하의 움직임이 큰 주식이면서 장기적으로 상승하는 주 추세 혹은 횡보하는 주식에서 많은 이득을 얻을 수 있다. 비록 그런 주식이라고 해도 갑자기 변동성이 작아지면 얻어지는 이익이 매우 작아질 수 있다.

둘째로, 사후적으로 이동평균선은 대단히 훌륭한 매매기법이면서 많은 이득을 가능케 할 수 있지만, 비록 사후적으로도 앞의 설명에서 보았듯이 애매모호한 경우가 많았다. 더욱이 사전적으로는 매수 혹은 매도의 결정이 대단히 애매모호한 경우가 많다. 이미 언급했듯이 그 결정이 70% 정도만 맞는다고 하면 성공적이고 그에 따라 많은 이득이 가능하다. 70% 정도의 성공률은 대단한 내공을 쌓은 경우에 한정하며, 특히 초보자들에겐 매도시점을 놓쳐서 본의 아니게 장기투자를 하거나 개미지옥에 빠지는 경우가 다반사일 수 있다.

셋째로, 엄청난 시간이 소요될 수 있다. 변동성이 큰 주식을 사고팔기 때문에 주식시장이 개장하면 매매 타이밍을 잃지 않기 위하여 투자종목의 주가를 계속 주시해야 하며 그에 따라 컴퓨터 앞에서 벗어날 수 없다. 바쁜 직장인이라면 더더욱 이것은 불가능하고, 전업투자자나 가능하다고 생각한다.

마지막으로, 수수료가 많이 나갈 수 있다. 상승하는 주 추세일 때 변동성이 매우 크다면 자주 사고팔지는 않겠지만, 변동성이 작아지면 많이 사고팔아야 하며 그에 따라 매매수수료 및 거래세가 큰 부담으로 작용할 것이다. 조금씩 이익을 보고 있는데, 매매수수료와 거래세가 이런 이득을 거의 잠식할 가능성도 커진다.

즐거운 투자종목의 발견과 예상되는 어닝 서프라이즈

즐거운 투자종목은 전자공시시스템에서 '최근공시'를 통해서 발견할 수도 있지만, 상장된 기업들 전체를 분석하는 과정에서 발견될 수 있고, 많은 분석가들이 우량주식으로 선정한 것을 보고서 찾을 수도 있다. 혹은 증권사의 추천종목을 분석하는 과정에서 찾을 수도 있고, 일간지나 경제지의 신문 기사를 읽는 과정에서 발견할 수도 있다.

즐거운 투자종목은 적어도 1년 이상에 걸쳐서 엄청나게 좋은 실적을 보여주고, 또한 자기자본이익률도 15% 혹은 20% 이상을 유지한다. 따라서 분기 실적을 발표할 때에도 엄청난 수익 자체가 예상되는, 소위 어닝 서프라이즈가 예상되는 경우가 태반이다. 물론 이럴 때는 엄격한 의미에서 결코 어닝 서프라이즈라고 말할 수는 없다. 그렇지만 경이적인 실적인 것만큼은 확실하다.

진정한 의미에서 어닝 서프라이즈라면 일반적인 예상을 웃도는 실적, 그야말로 깜짝 실적을 말한다. 즐거운 투자종목은 예상을 웃도는 실적일 수도 있지만 일반적으로 어느 정도는 예견되는 실적이라고 볼 수 있다. 이런 경우엔 언제 매수할 것인가 라는 문제가 발생할 수 있다.

즐거운 투자의 매수시점?

즐거운 투자종목을 발견했느냐, 그리고 얼마만큼 좋은 종목인가에 따라 매수시점은 달라질 수 있다고 본다. 우리나라에서 발견할 수 있는 최고수준의 주식이라고 판단된다면 발견하는 즉시 매수하는 것이 바람직하다고 본다. 앞의 3절에서 제시된 A회사 혹은 B회사가 여기에 해당하지 않나 생각한다.

우리나라에서 최고의 실적을 실현시킨 기업의 주가흐름은 〈그림 4-15〉에서처럼 아마 두 가지 유형으로 분류할 수 있을 것이다. ①의 주가흐름은 우리나라에서 최고의 영업실적을 기록했고 그에 따라 주가가 거의 꾸준하게 상승하는 경향을 보여주는 것을 예시했다.

그림 4-15 예상되는 실적 발표와 주가 움직임

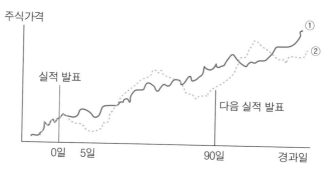

물론 아무리 좋은 주식이라고 해도 주가가 계속 상승할 수만은 없다. 부분적으로 하락하는 구간이 반드시 도래하지만, 그 하락 폭이 크지 않아서 거의 상승하는 경향만 있는 것처럼 보인다. 어떻든 바로 그런 하락하는 구간에서 매수한다면 매수에 따른 부담이 다소 적어질 수 있다. 그런 하락을 기다리다 보면 아주 많이 상승한 후에 약간 하락하는 경우 그 이전에 사두었다면 그 하락의 경우에도 양의 수익이 가능할 수도 있다.

그리고 비록 종가로는 상승하는 경우에도 장중에는 하락하는 경우가 반드시 존재하며, 바로 이런 하락 시점이 매수 시점이라고 볼 수도 있다. 지속적으로 상승하는 주식의 매수시점은 정말로 결정하기가 난감하다고 본다. 그래서 용감한 이는 발견하는 순간 그냥 사버리는 전략을 채택하기도 하는데, 이런 전략이 무모한 것처럼 보여도 바람직하다고 생각한다. 약간의 손실은 먼 미래에는 아무것도 아닐 수 있기 때문이다.

이를테면 당분기의 영업이익과 당기순이익이 전년도 동분기의 영업이익과 당기순이익보다 100%씩 증가하였고, 직전 분기에 비해서도 증가하였고, 그리고 이런 추세가 여러 분기에 걸쳐서 그리고 1년여 이상을 지속한다고 가정해 보자. 과도한 상승에 따른 차익실현을 위한 주가 하락이 부분적으로 나타나긴 하지만, 상승할 수 있는 추진력(소위 모멘텀)은 아직도 존재하므로 전반적으로 계속 상승하는 추세를 보일 것이다. 결코 깜짝 실적이 아님에도 불구하고 주가는 뛸 수밖에 없다. 주가는 어떻든 실적으로 말하기 때문이다. 이런 상황에선 그런 종목을 일단 발견했을 때 매수하는 수밖에 없다고 본다.

일반적으로 증권회사의 투자상담사 혹은 애널리스트들은 너무 주가가 뛰어서 추천하기를 꺼리는 것이 일반적이라고 생각한다. 그리고 개미들도 너무 올랐다고 매수하기를 주저한다. 그런데 불행하게도 이런 주식들은 더욱더 상승하고 만다. 일주일이 지나고 한 달이 지난 후에는 더욱 상승하기 때문에 더욱더 매수하기가 어려워진다. 따라서 최고의 주식으로 판단했을 때는 주저 없이 사는 것이 최선의 방책이라고 생각한다. 그리고 매수한 이후에도 주가는 계속 뛰기 때문에 즐거움이 계속 유지된다. 용감한 자만이 좋은 주식을 살 수 있고 수익도 얻고 즐거움도 느낄 수 있다고 본다.

 그렇지만 최고의 주식이라고 해도 주가가 지속적으로 상승하는 것은 결코 아니며, 상황에 따라선 과도한 상승으로 인하여 주가가 크게 조정을 받으면서 하락하는 경우가 왕왕 발생할 수 있다. 이런 경우에 해당될 수 있는 주가 흐름이 ②의 경우라고 볼 수 있다. ①의 주가 흐름에 비해 변동성이 크게 나타나고 있으며, 일반적으로 이 흐름은 그 주식에 대한 대중들의 신뢰성이 다소 낮은 경우에 해당한다고 볼 수 있다. 특히 다음 분기엔 실적이 악화할 것이라고 예견하는 경우에 그런 흐름이 부분적으로 나타난다. 이런 주식에 대해선 그런 주가 하락이 매수의 절호의 기회라고 생각한다. 이런 주식에 대해선 그런 하락까지의 기다림이 필요할 수 있다.

 어떻든 아무리 좋은 주식이라도 일률적인 매수시점은 존재하지 않는다고 보며, 주식투자자들의 경험과 자신의 예측에 따라 매수시기를 결정해야 할 것이다. 그만큼 다양한 주식과 다양한 환경들이 매우 다양한 결과를 낳고 있는 것이다. 따라서 주식과 관련해선 절대 자만이 따라선 안 된다고 생각한다.

6. 실적 발표와 모험적인 투자의 매수시점 결정은?

 명품주식이 아닐 경우, 기업의 실적을 미리 예상하고, 이를테면 어닝 서프라이즈를 예상하고 특정한 주식을 매수하는 것은 개미들의 한정된 정보량과 한정된 지적 능력으로 인하여 실패할 가능성이 대단히 높다고 본다. 이런 단정은 너무나 당연하기 때문에 개미들 입장에서 보다 확실한 이득을 취할 수 있는 방법은 실적 발표를 확인하고 그 이후에 매수 여부를 결정하는 것이다.

어닝 서프라이즈와 주가흐름

제2장에서 우리는 어닝 서프라이즈가 실현되었을 때, 어닝 서프라이즈가 주가에 바로 반영되지 못하고 상당한 기간에 걸쳐서 주가에 반영되는 것을 알게 되었다. 물론 주식에 따라 다르긴 해도 전반적으로 깜짝 실적은 주가에 즉각 반영되기도 하지만, 대부분의 경우 천천히 그리고 상당히 오랜 기간에 걸쳐서 반영된다.

여기서 우리가 얻을 수 있는 교훈은 두 가지일 것이다. 첫째로 깜짝 실적인지 아닌지를 확인하는 것이 중요하다. 어닝 서프라이즈도 아닌데 어닝 서프라이즈로 착각하고 매수한다면 불을 보듯이 손실은 확실하다. 따라서 기존의 추세와는 상이한 엄청난 실적이라야 한다는 것이며, 약간의 실적 개선 정도로는 어닝 서프라이즈라고 할 수 없다. 특히 개미들과 같이 정보력이 미약하고 분석능력이 모자라는 소액투자자들은 자신의 능력을 인정하고 어닝 서프라이즈에 대해서 굉장히 보수적인 입장을 견지해야 한다. 즉 엄청난 실적의 개선이 아니라면 어닝 서프라이즈로 보지 않는 것이다.

둘째로 어닝 서프라이즈를 빨리 확인하고 빨리 그 주식을 매수하는 것이다. 어닝 서프라이즈의 발표와 더불어 주가는 급격하게 상승하기 시작한다. 빨리 매수할수록 그만큼 이득을 얻을 수 있는 기회는 많아지고 그에 따라 수익률도 급상승한다. 이미 본 장의 앞부분에서 언급했지만, 전자공시시스템의 '최근공시'를 매일매일 확인하고 분석하면서, 깜짝 실적 여부를 판단해야 하겠다.

모험적인 투자종목과 즐거운 투자종목

그런데 필자가 여기서 다루는 종목들을 모험적인 투자종목이라고 명명한 것은 이들 주식의 자본이익률(ROE)이 보편적으로 10% 이하가 태반이며,

또한 적자를 시현하는 주식들도 많이 있으며, 더욱이 부채비율도 2~300% 이상으로 높을 수도 있기 때문이다. 한마디로 투자하기에는 불안한 종목이고 즐거운 종목에 편입시키기 곤란한 종목들이다.

그렇지만 이런 어닝 서프라이즈 수준의 실적이 1년 혹은 2년 정도 지속되면 이 주식도 자기자본이익률이 15% 이상으로 올라갈 수 있으며, 당기순이익의 지속적인 증가로 인하여 부채비율도 100% 이하로 급격히 낮아질 수 있다. 물론 그런 실적이 1~2년 지속된다는 보장은 전혀 기대할 수 없으나, 그럴 수 있는 주식을 찾았다면 소위 '대박'을 터트렸다고 볼 수 있을 것이나 대부분은 1분기 혹은 2분기에 걸친 실적에서 끝날 수 있다. 그런 의미에서 모험적이라는 것이다.

기업의 실적발표와 매수시점 결정

주가는 다른 조건들이 일정하다고 가정하면 어떻든 기업의 실적에 의해 전적으로 결정된다고 보아도 과언은 아니다. 물론 원래는 미래의 실적에 의해서 결정되어야 하지만, 어느 누구도 그것을 예측할 수 없기 때문에 현재의 실적이 곧 주가에 반영된다.

일반적으로 '어닝 서프라이즈'를 실현한 주식가격은 많은 경우에 정보 누설 때문에 기업의 실적발표 이전부터 점진적으로 상승하고, 발표 직후에는 급격히 상승하고 그 이후에는 점진적으로 상승하거나 다소간 조정을 거친다. 우리가 이런 '어닝 서프라이즈'를 실현시킬 수 있는 주식을 사전에 보유하고 있고 그 실적이 '어닝 서프라이즈'로 드러난다면 그에 따른 이익은 확실히 얻을 수 있다. 개미들이 이런 주식을 보유할 가능성은 매우 낮으며, 그런 주식을 가졌다면 운이 좋아서 그랬을 것이다. 그러면 이런 종목은 대체적으로 어떤 수익곡선을 그릴 것인가?

예상하지 못한 깜짝 실적은 실적이 발표되기 전까지 주가흐름은 수평에서 오르락내리락 반복하는 상태를 보이다가 '어닝 서프라이즈'가 나타나면 급격한 상승세를 타기 시작하며, 통상 5일에서 10일 동안 급격한 상승세가 지속된다. 일반적으로 정말로 깜짝 실적이라고 평가될 수 있는 기업들은 '적자'에서 '흑자'로 전환되는 기업, 혹은 평범한 실적을 보이다가 갑작스런 매출 증가와 더불어 당기순이익이 급격하게 증가하는 기업들에 해당한다고 볼 수 있다. 대부분 별로 주목받지 못하던 기업들에게 나타난다. 〈그림 4-16〉에서 보여주는 것처럼 이런 기업들의 주가 상승률은 실적에 따라 다를 수 있으나 열흘 이내에 15~100%에 이를 수 있으며, 이런 기업의 발견은 백사장에서 바늘 찾기, 아니면 다이아몬드 찾기라고 할 수 있다.

〈그림 4-16〉이 시사하는 아주 중요한 내용은 실적발표 이후에 빨리 들어갈수록 이득이 커진다는 것이다. 즉 들어가는 타이밍이 중요하다. 실적 발표에 대한 정보를 가장 빨리 입수하는 방법은 실적발표 시기가 도래하면 실적발표 내용들을 금융감독원의 '전자공시시스템'에서 직접 확인하는 것뿐이다. 그 이외의 정보는 그 이후에 가공되어서 발표되기 때문에 그 정보에 의존하는 것은 이득을 얻을 수 있는 기회를 어떻든 다소 연기시키고 축소시킬 것이다.

그림 4-16 **예상치 못한 깜짝 실적과 주가 움직임**

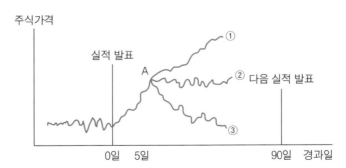

이미 앞에서 언급한 것처럼, 1분기 실적은 4월 초부터 시작하여 5월 말까지, 2분기 실적은 7월 초부터 8월 말까지, 3분기 실적은 10월 초부터 11월 말까지 보통 발표되고 있으며, 반면에 4분기 실적은 1월 초부터 2월까지 친절한 기업들의 경우 '연결재무제표기준영업(잠정)실적(공정공시)'을 공표하지만, 대부분의 기업들의 경우엔 '매출액또는손익구조30%(대규모법인은 15%)이상변동', '감사보고서제출', '정기주주총회결과' 등을 참조하여 4분기 실적을 추정해야 한다.(이 내용은 12월 말 결산기준이다) 어떻든 빨리 확인하고 빨리 판단하여 빨리 매수하는 것이 핵심 관건이다. 실적 발표는 장이 시작되기 전에도 발표되고 장중에도 그리고 장이 끝난 후에도 발표되므로, 신속한 정보를 원하는 투자자들은 일단 실적이 발표되기 시작하면 아침 7시부터 저녁 6시까지 컴퓨터에서 벗어나면 안 된다.

역시 앞에서 언급되었지만 가장 신속하게 실적에 관한 정보에 접근하는 방법은 '전자공시시스템'에서 위쪽 좌측에 있는 '최근공시'를 클릭하면 된다. '최근공시'를 클릭하면 오늘의 공시만이 아니라 과거의 공시까지 전부확인할 수 있다. 우리에게 가장 관심이 큰 자료는 '영업(잠정)실적(공정공시)' 혹은 '연결재무제표기준영업(잠정)실적(공정공시)'과 '분기보고서' 혹은 '반기보고서' 등이다. 전자공시시스템의 '최근공시'는 매우 중요하기 때문에 앞에서 이미 보여주었으나, 여기서 다시 한 번 더 〈그림 4-17〉로 독자들에게 환기시켜 보았다.

그런데 5월, 8월 및 11월의 매 14일과 30일 혹은 31일에는 실적이 집중적으로 발표되기도 한다. 이 정보 모두를 일일이 확인하고 분석하는 데에는 엄청난 시간이 필요하다. 실적에 관한 정보에 접근하여서 깜짝 실적을 확인하는 방법은 앞의 3절과 4절에서 '즐거운 투자종목 선정 절차'와 '모험적인 투자종목 선정 절차'를 다시 한 번 확인해 보기 바란다. 이 부분이 제일 중요한 절차라고 필자는 판단한다.

이제 '어닝 서프라이즈'를 실현한 종목을 발견하고 투자하기로 결정했다

그림 4-17   전자공식시스템의 최근공시

면 바로 '시장가'로 매수하고 들어가면 된다. 특히 굉장한 '어닝 서프라이즈'를 실현한 주가는 빠른 속도로 상승하므로 들어가는 시점이 늦어질수록 그만큼 얻을 수 있는 이익의 규모는 작아진다.

7. 즐거운 투자의 이탈 시기는?

매수와 관련해선 즐거운 투자의 경우 빨리 들어가는 것이 중요했으며, 모험적인 투자의 경우엔 어닝 서프라이즈 실적 발표와 동시에 실행에 옮겨야 한다고 언급했다. 그렇지만 언제 빠져나오느냐는 투자의 수익을 결정하는 중대한 결정이다. 즐거운 투자의 경우 어닝 쇼크일 때 나와야 하는 것은 당연하지만, 여기서 핵심은 아마도 어닝 쇼크를 어떻게 볼 것인가이다.

깜짝 실적이 어느 정도 예상될 때

어닝 쇼크에 들어가기 전에 즐거운 투자에서 어닝 서프라이즈가 어느 정도 예상될 때 주가의 움직임을 예측해 보자. 〈그림 4-18〉은 즐거운 투자종목의 주가가 실적 발표 이전부터 지속적으로 상승하는 모습을 보여주고 있다. 지금까지 우리는 이 주식을 보유하고 있었다. 명품주식이기에 당연히 보유하고 있었고 그에 따라 상당한 수익을 올리고 있었다. 이런 명품주식이 진정한 의미의 어닝 서프라이즈를 실현한다는 것은 대단히 어렵다. 왜냐하면 매출, 영업이익 및 당기순이익이, 각각의 기를 각각의 전년 동기와 비교할 때, 전전기, 전기 및 당기에 가속적으로 증가하여야, 환언하면 이를테면 각각의 전년 동기와 비교하여 전전기에는 각각 50%씩 증가했다면, 전기에는 각각 70%씩 그리고 당기에는 각각 100%씩 증가하여야 하기 때문이다. 이런 현상이 나타날 가능성은 대단히 희박하지만, 이런 주식을 발견했다면 정말 대박이라고 할 것이다.

명품주식이 과거의 '어닝 서프라이즈' 수준의 실적을 실현할 것인가에 대해서 그렇지 않을 것이라는 비관적인 견해보다는 낙관적인 견해가 지배적일 때, 〈그림 4-18〉에서 보여주는 것처럼 주가는 실적 발표 때까지 계속 상승

그림 **4-18** **예상되는 깜짝 실적과 주가 움직임**

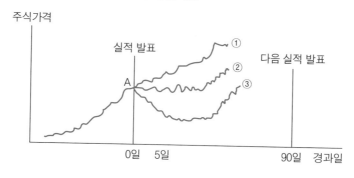

하는 움직임을 보여줄 것이다. 깜짝 실적이 예상되고 그런 분위기가 지배적인 주식의 주가 움직임은 깜짝 실적(이것은 엄격한 의미에선 어닝 서프라이즈가 아니다)이 발표되는 시점 이후 대표적인 세 가지 경로를 보일 것이다. 깜짝 실적을 예상했으므로 주가가 지속적으로 상승했고, 그에 따라 그 예상에 따른 실적은 이미 주가에 반영되었다고 볼 수 있다. 따라서 세 가지 경로는 실적 발표 이후 다음 실적에 대한 대중심리가 어떠한가에 따라 상이하게 나타난다고 볼 수 있다.

〈그림 4-18〉에서 실적 발표 이후 첫째 경로 ①은 '어닝 서프라이즈'를 보인 이후에도 계속 상승세를 유지하고 있다. 우선 이런 주식은 대중들이 정말로 좋아하는 매력적인 주식이며, 더불어서 진정한 의미의 '어닝 서프라이즈'가 나타난 경우일 것이다. 바로 앞에서 언급한 것처럼 매출, 영업이익 및 당기순이익이, 각각의 전년 동기와 비교하여, 전전기, 전기 및 당기에 가속적으로 증가하는 경우에 해당한다. 즉 매출, 영업이익 및 당기순이익이 폭발적으로 증가하는 경우에 이런 주가 움직임이 얼마든지 나타날 수 있다. 이런 주식을 필자는 적어도 단기간 동안은 진정한 명품주식이라고 생각한다. 이런 명품주식을 독자들은 찾아보기 바란다. 열심히 분석해 보면 아마 이런 주식을 혹여 찾을 수도 있을 것이라고 생각한다.

실적 발표 이후 둘째 경로 ②는 대체적으로 전기의 '어닝 서프라이즈'와 유사한 실적을 보인 경우에 나타난다고 생각한다. 이를테면 전기의 당기순이익이 전년 동기에 비해서 70% 증가했을 경우 당기의 당기순이익이 전년 동기에 비해 대략 70% 증가한 경우에 해당한다. 일반적으로 A점에 이르렀을 때 그 예상에 따른 실적이 이미 반영되었다고 대중들이 생각한다면 더 이상의 상승은 별로 나타나지 않을 것이다. 그렇지만 이런 경우에도 어느 정도의 시간이 경과하면 다시 상승하기 시작하는 경향을 보인다. 대중들이 앞으로도 그런 깜짝 실적에 해당되는 실적이 지속되리라고 기대할 것이고, 이런 기대심리가 주가를 견인하기 때문이다.

마지막으로 셋째 경로 ③은 실적 발표가 있은 후 즉각 혹은 약간의 시간이 경과한 후 하락하는 경우에 해당한다. 이 경우는 모멘텀효과에 의해서 주가가 과도하게 상승하면 그 이후에 나타나는 역전효과가 발생한 것으로 해석될 수 있다. 그렇지만 과거 어닝 서프라이즈에 해당하는 실적이라면, 시간이 경과함에 따라 주가는 최고수준을 회복하고 추가적으로 더 상승할 것이라고 생각한다. 실적이 곧 주가를 받쳐주기 때문이다.

결론적으로 예상되는 깜짝 실적의 경우엔 세 가지 유형의 주가 움직임을 예상해 볼 수 있는데, 어느 경우를 보인다고 할지라도 우리는 명품주식을 계속 보유하면 될 것이다. 하락하는 경우에도 조만간 원래 수준을 회복할 것이기 때문에 걱정할 필요가 전혀 없는 즐거운 투자를 만끽하기만 하면 되겠다.

어닝 쇼크를 어떻게 볼 것인가?

명품주식에서 어닝 쇼크가 발생한다면 당연히 우리는 그 주식을 매도해야 할 것이다. 어떤 경우이든 어닝 쇼크는 시간 경과에 따라 주가를 계속적으로 하락시키기 때문이다. 물론 예외적으로 일시적인 쇼크라고 대중이 예상한다면 주가하락이 일시적일 수도 있다.

여기서 핵심은 어닝 쇼크이며, 우리는 어떤 실적을 어닝 쇼크로 판단할 것인가 라는 문제에 봉착한다. 어닝 쇼크는 대체적으로 예상치 못한 실적 악화를 의미한다고 볼 수 있다. 그러면 '예상치 못한 실적 악화'는 명품주식에선 어떤 실적을 의미할까? 정말로 어려운 이야기이다.

첫째로 어닝 쇼크라고 언급할 수 있는 것은 매출이 감소하고 영업이익 및 당기순이익이 적자로 반전하는 실적을 보였을 때이다. 이것은 누구나가 인정하는 어닝 쇼크이다. 물론 이런 실적이 발표되었다면, 그 정보를 얻는 순간 우리는 보유주식을 시장가로 매도해야 한다. 실행이 늦어질수록 우리의 손실은 더욱 커질 것이다.

개미들은 일반적으로 기존의 관념에 사로잡혀서, 즉 '명품주식이니까 언젠간 다시 주가가 상승할 것이야'라는 생각 혹은 '주식은 장기 보유해야 하는 것이야' 혹은 '기술력이 탄탄하니까 금방 실적을 회복할 것이야' 혹은 '손해 보면서 어떻게 팔아'라는 등의 생각으로 매도를 못하는 경향이 있다. 머뭇거리는 동안 주가는 계속 하락하여 더욱 더 매도하지 못하는 상황으로 빠져든다.

앞에서 누누이 언급했지만 어닝 쇼크를 보인 주식에 대해선 기관투자자들이 썩은 고기만을 찾아다니는 하이에나처럼 엄청난 물량을 공매해 버리며 그 결과 가만히 놔두었다면 회생할 수 있는 기업이 파산해 버리는 경우도 있다고 하였다. 자본주의 약육강식의 대표적인 사례라고 할 수 있는 일이 어닝 쇼크 때 발생할 수 있고 이때 또 다른 희생자들은 손해 보면서 매도하지 못하는 불쌍한 개미일 수 있다는 것이다.

독자들이 만약 그 주식이 정말로 훌륭한 주식이라고 생각한다면 어닝 쇼크에서 일단 매도하고, 계속 관찰하면서 주시하다가 다음 분기 실적 발표에서 과거의 실적을 회복했을 때 다시 매수하면 된다. 주가가 떨어졌다고 앞으로 실적이 개선될 것이란 예상으로 어설프게 그 주식을 매수하는 것은 굉장한 모험을 감행하는 것이다.

둘째로 어닝 쇼크라고 언급할 수 있는 것은 매출이 감소하고 영업이익과 당기순이익이 감소했다고 실적 발표를 할 때이다. 첫째의 경우에 비해서 다소 완화된 어닝 쇼크라고 볼 수 있으나, 확실한 어닝 쇼크이며, 이런 정보에 접하면 독자들은 그 순간에 보유 명품주식을 시장가로 매도해야 한다. 앞의 경우와 마찬가지로 기관투자자들이 집중적으로 공매할 가능성이 높다고 본다.

적자로 반전되는 경우에 비해서 주가 하락의 속도가 다소 완만하기는 하지만 어떻든 꾸준히 하락한다고 보아야 할 것이다. 특히 과거의 예상치 못한 혹은 예상되는 지속적인 깜짝 실적으로 인하여 주가가 모멘텀을 받아서 엄청나게 상승해 왔으며(모멘텀효과), 이런 과도한 주가 상승이 어닝 쇼크에 의해서 급반전하게 된다.

독자들이 이런 주식을 보유하고 있다면 빨리 빠져나올수록 손실은 적어질 것이다. 늦게 나올수록 손실의 크기는 커지고, 더더욱 매도를 실행하지 못하게 될 것이다. 독자들이 이 주식이 명품주식이라고 생각하면 일단 빠져나온 후에 관찰하다가 실적이 다시 개선되는 순간 매수에 나서는 것이 바람직하다고 본다.

셋째로 어닝 쇼크라고 보기엔 대단히 애매모호하며 그렇다고 아니라고 하기도 곤란한 경우는 매출, 영업이익 및 당기순이익의 증가율이 둔화될 때이다. 이를테면 전년 동기와 비교하여 전분기의 실제 매출, 영업이익 및 당기순이익의 증가가 각각 10%, 50%, 50%였고, 당분기에는 각각 5%, 30%, 30%로 낮아질 때이다. 소위 실적의 증가속도가 둔화된 것이다.

필자는 이런 실적 발표도 어닝 쇼크라고 판단한다. 물론 다른 사람들은 그렇지 않다고 판단할 수도 있다. 그러나 필자가 그렇게 생각하는 것은 당분기에 실적을 발표하기 전까지 명품주식으로 알려져 있었고, 그에 따라 과도한 주가 상승이 계속되어 왔다. 소위 모멘텀효과가 주가를 과대평가상태로 만들었다고 본다. 모멘텀효과가 지속되기 위해선 모멘텀이 계속 작용해야 하는데 그 모멘텀이 약화된 것이다. 모멘텀이 약화되었다면 당연히 주가는 하락해야 할 것이다. 물론 앞의 두 경우와는 달리 폭락하지는 않겠지만, 상당한 주가조정이 나타날 것이리라고 생각한다.

그러면 우리가 보유한 주식을 처분해야 할까? 필자는 일단 매도해야 한다고 본다. 이 주식에 대한 미련이 남아있다고 한다면, 주가가 조정을 받고 횡보를 보이기 시작할 때 매수하는 것이 바람직할 수 있다. 보다 보수적인 개미들은 다음 분기의 실적 발표를 지켜본 다음에 매수하는 것도 바람직할 수 있다. 실적의 증가세가 둔화된다면, 다음 분기엔 더욱 악화될 수도 있기 때문이다. 필자는 이런 경우가 정말 애매모호하고 의사결정에 굉장한 어려움이 뒤따르는 사례라고 생각한다.

8. 모험적인 투자의 이탈 시기는?

즐거운 투자종목은 다음 실적 발표 때까지 기다렸다가 실적에 따라 보유 유지 혹은 이탈을 결정했지만, 모험적인 투자는 다음 실적 발표 때까지 기다리는 것이 아니라 그 이전에 주식 보유 유지 혹은 이탈을 결정해야 하므로 상당한 판단력이 요구된다. 과도한 상승이 이루어지고 최고점에 이르렀다고 판단되는 시점에서 빠져나올 수도 있고, 혹은 최고점을 지나서 그 이후에 나타나는 조정과정에서 이탈할 수도 있다. 혹은 다음의 실적발표까지 기다릴 수도 있다. 어느 방식을 채택할 것인가? 이 선택은 주가가 최고점을 지나서 어떤 경로를 택하리라고 예상하는가에 달려 있다고 본다.

〈그림 4-19〉는 6절에 있었던 그림이다. 어닝 서프라이즈가 실현되었을 때 5~10일 이후엔 대략 A점에 도달한다. 주가가 일단 최고점 A에 이른 후 대표적인 세 가지 경로를 상정해 보았다. 주가의 움직임은 그냥 그래프인 그림이 결코 아니다. 그 그림 속에는 대중들의 심리가 숨어있다. 그 대중심리

그림 4-19 **예상치 못한 깜짝 실적과 주가 움직임**

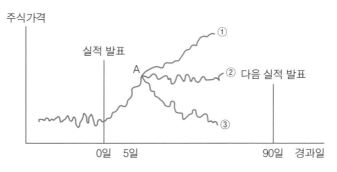

를 잘 분석할 수 있는 사람들이 주식의 대가라고 할 수 있다. 물론 그런 완벽한 사람은 존재하지 않지만.

필자는 세 가지 경로에 대해서 완벽하지는 않지만 대중 심리를 해석해 보았다. 첫째 경로 ①은 다음 실적 발표 때까지 지속적으로 상승하는 경우에 해당한다. 이 경로는 이 기업의 실적이 엄청나게 좋게 나타나고 개미나 기관 그리고 외국인들이 앞으로도 그렇게 될 것이라고 확신을 하는 경우에 해당한다. 아마도 엄청난 기술 발전에서 근원하는 혁신적인 제품이나 신물질의 발견 혹은 엄청난 신시장의 발견 등이라면 가능한 경우일 것이다. 단 한번의 '어닝 서프라이즈'로는 이런 경로가 나타날 가능성은 극히 낮다고 본다. 이런 경로를 보일 기업을 발견한다는 것은 엄청난 대박을 터트리는 것이다. 이런 경우를 간접적으로 확인하는 방법은 외국인들의 매수세가 지속적으로 유지되고 있고, 기관들의 매수세도 꾸준히 유지되고 있는지를 확인하는 것이다.

둘째 경로 ②는 최고점에 도달 후에 횡보하는 경우에 해당한다. 이 기업의 미래 실적에 대한 예상에 대해서 앞으로도 '어닝 서프라이즈'가 지속된다는 낙관적인 견해와 그렇지 않을 것이라는 비관적인 견해가 백중세를 보이는 경우이다. 대중심리에 어필할 수 있는 기업, 즉 일반인들이 좋아할 만한 기업들이 이런 경로를 택할 것으로 사료된다. 실적이 신통하지 못할 때에도 대중들에게 매력적인 주식이었으므로, '어닝 서프라이즈' 이후에도 이런 낙관적인 생각이 많이 남아있게 된다.

첫째와 둘째의 경로를 보였던 주식이 다음 분기에 어닝 서프라이즈에 해당하는 실적을 다시 한 번 실현시킨다면 대중들이 이 주식에 대한 신뢰가 쌓이게 되고 그에 따라 지속적인 주가 상승이 나타나게 된다. 따라서 독자들은 어닝 서프라이즈를 한 번 기록한 주식들은 항상 주시하면서 실적 발표를 기다려야 하겠다.

셋째 경로 ③은 일반적으로 나타나는 경로라고 생각한다. '어닝 서프라이즈'이므로, 현 시점에선 주식이 저평가된 것으로 보고 매수세가 강력하게 나타나며, 그에 따라 주가가 급격하게 상승했지만, 그런 깜짝 실적이 계속될 것인가에 대해선 회의적인 시각이 지배적인 경우이다. 깜짝 실적이 최근에 없었던 주식에 대해선 앞으로도 그렇게 계속 '어닝 서프라이즈'를 실현시킬 것인가에 대해 대부분의 대중들은 부정적인 쪽으로 기울게 된다. 그 결과 최고점을 찍고서 하락하는 추세를 보인다. 그렇지만 과대한 하락 이후엔 반등하는 현상을 보일 수 있다. 필자의 견해론 처음 깜짝 실적에 대한 주가 상승의 이익을 향유하고, 그 이후 이탈하여야 하며, 그리고 상당히 하락한 이후에 '어닝 서프라이즈'가 지속될 것이라고 확신이 든다면 다시 매입하는 전략을 택하는 것이 바람직하다고 본다.

물론 이런 선택은 그 주식의 최근 과거 움직임, 대략 1년 정도 혹은 6개월 정도의 주가 움직임을 면밀히 검토하여, 그 주식에 대한 대중들의 성향을 파악한 연후에 실행되어야 한다고 본다. 물론 과거의 주가 움직임이 미래에도 지속되리라는 보장은 절대 없지만, 의사결정엔 중요한 참고자료가 될 것이다. 3개월 후 다시 '어닝 서프라이즈'로 판명되면 보유하기로 결정한 투자자는 그냥 보유하고 있으면 될 것이고, 이탈했던 투자자들은 다시 매수하면 될 것이다. 만약 실적이 '어닝 쇼크'로 판명되면 물론 계속 보유하고 있던 투자자는 당연히 시장가로 매도하고 바로 이탈해야 한다. 그리고 평범한 실적으로 판명된다면, 이를테면 매출액이 전년 동기와 비슷하거나 약간 증가하고, 영업이익과 당기순이익이 미미한 증가에 그친다면 바로 이탈해야 한다. 그 이유는 지금까지의 주가는 '어닝 서프라이즈'에 대한 기대에 의해서 부풀려졌다고 볼 수 있으며, 평범한 실적은 적어도 주가를 상승시킨다기보다는 하락시키는 방향으로 작용할 것이기 때문이다.

결론적으로 모험적인 투자종목을 어닝 서프라이즈 때 매수하였다면, 어닝 서프라이즈가 정말로 경이적일 때에는 그 주식은 명품주식으로 갈 가능성을 가지고 있으므로 일단 매도하지 않고 다음 분기까지 기다릴 필요가 있으며, 그러나 중간에 많이 하락하는 경우엔 조기에 이탈하는 것도 고려할 필요가 있다. 반면에 어닝 서프라이즈의 규모가 소규모일 때에는 2~5일 정도 보유하고 이탈하는 것이 바람직하다고 본다. 이탈 여부에 대한 판단은 독자들의 신중하게 주가 움직임을 보면서 판단해야 할 것이다. 필자도 더 이상은 조언할 수 없으며, 독자들의 경험과 직관에 따라 움직여야 할 것으로 생각된다.

9. 기타 중요한 이슈들

주식투자와 관련하여 몇 가지 유의할 점이나 상식에 대한 필자의 견해를 제시하고자 한다.

투자재원은?

본인이 장기투자를 하든 단기투자를 하든 주식에 투자하는 자금은 오랫동안 사용이 가능한 자금이어야 한다. 주식에 투자를 한다면 소위 땅을 샀다고 생각하면 좋을 듯하다. 땅에 투자하는 경우 대부분 자기 돈을 투자하는 것이 일반적인 상식이고 약간 부족한 자금은 차입에 의존하지만 금방 갚을 수 있을 정도의 소액이어야 한다. 그렇지 않을 경우 이자부담으로 인하여 다시 그 땅을 헐값에 팔아야 하는 불상사가 생기고 그에 따라 엄청난 손실이 뒤따를 수 있기 때문이다.

그런데 단기투자를 할 경우엔 잠시 한두 달 사용 가능한 여유자금을 사용하거나 혹은 차입하여도 무방하다고 생각할 수 있다. 정말로 손절매를 잘 할수 있고 또한 실적에 대한 분석을 철저히 하는 투자자들의 경우에 해당한다.

그렇지만 불행하게도 그 기간 동안 주가가 하락하는 경우엔 아무리 명품주식에 투자해도 손실이 얼마든지 발생할 수 있다. 적어도 명품주식의 경우에 일정기간이 지나면 그 손실이 만회될 수 있는 기회가 반드시 도래하지만 그 기한은 상당히 길어질 수도 있다. 따라서 주식에 투입되는 자금은 장기적으로 운용 가능한 자금이어야 하는 이유가 바로 여기에 있는 것이다.

최악의 시나리오가 나타날 수도 있다. 이를테면 증권사, 은행 등으로부터 차입하여 주식에 투자를 하였다면, 상환시기가 도래하면 무조건 주식을 팔아서 상환해야 하며 그에 따른 손실은 불가피하다. 특히 주가가 하락할 때에는 자금 상환 때문에 자기 자금으로 투자한 주식까지 팔아야 하므로 증권계좌의 잔고가 0이 되거나 '−'가 되어버리는 소위 깡통계좌의 가능성도 배제할 수 없다.

여기서의 결론은 장기투자를 하든 단기투자를 하든 "주식에 투자하는 자금은 상당히 오랫동안 묻어둘 수 있는 자금이어야 한다"는 것이다.

최초 주식매입 혹은 완전한 이탈 시기는?

처음으로 자금을 투입하여 주식을 매입하는 시기는 굉장히 중요하다. 주가가 높은 시점에서 매입한다면 아무리 주식가격이 상승 추세를 보인다고 해도 수익률이 그렇게 크지 않을 수 있기 때문이다. 워런 버핏 같은 주식의 대가는 불황 때, 즉 주가가 폭락하고 사람들이 주식시장에서 이탈할 때가 투자의 적기라고 본다. 물론 이론적으로 주식가격이 바닥을 쳤을 때가 적기이기는 하지만, 이것을 사전에 알기는 쉽지 않을 것이다. 특히 부록에서 언급한 거의 평균 10년에 한 번 정도 도래하는 쥬글라파동을 감안하면서 투자한다면 틀림없이 높은 수익률을 얻을 수 있을 것이다.(독자들은 부록에 있는 '우리나라의 경기순환'을 필독하기 바란다)

처음으로 혹은 새로운 자금으로 주식을 매입하고자 한다면, 쥬글라파동의 저점으로 판단되는 시기에 투자해야 하며, 일반적으로 주가가 대폭락을 이루고 있을 때라고 보면 틀림없을 것이다. 그런데 문제는 주가가 대폭적으로 폭락하고 있고, 많은 기업들이 자금 압박을 받고 있을 때 주식을 매입하면 혹여 그 회사가 파산할 경우 전 재산을 날릴 수 있다는 것이다. 이런 문제점은 명품주식에 투자한다면 걱정을 안 해도 될 것이라고 본다. 기본적 분석을 통해서 명품주식을 찾는 것도 바로 이런 위기의 시기에 살아남을 수 있는 기업을 찾고자 하는 것이다.

주식시장에서 이탈하는 시기도 굉장히 중요하다. 우리가 경기변동을 예측할 수만 있다면 주가 폭락 바로 전에 이탈하면 좋을 것이나 그것은 불가능하다. 주식시장의 이탈 시기는 부록에서 언급한 '쥬글라파동'(발음이 '죽을래' 처럼 들린다)을 감안하면서 빠져나오면 될 것이나, 그 예측이 그리 쉬운 것은 아니며, 추정하기로는 평균적으로 10년의 주기를 갖는다고 생각하고, 주식시장에 사람들이 많이 몰려오는 시점이 빠져나갈 시점이라고 생각하면 옳을 것으로 판단된다.

물론 그렇게 빠져나와도 주가는 계속 상승하는 경향을 보일 것이며, 투자전략에 따라선 점진적으로 빠져나오는 전략도 바람직할 수 있다. 그렇지만 정말로 중요한 것은 주가가 하락할 때에는 굉장히 빠른 속도로 폭락한다는 점을 반드시 유념해야 할 것이며, 그에 따라 빠져나오지 못한 결과, 즉 '의도하지 않은 장기투자'를 어쩔 수없이 하게 될 수도 있다. 물론 이때에도 우량 주식만 보유하고 있다면 걱정할 것은 없다고 하겠다.

다시 한 번 요약하면 최초 자금이 투자될 시점은 주가가 대폭락하고 경기의 최저점이라고 판단되는 시점이며, 이때에는 투자자들이 주식시장에서 이탈하는 시기이며, 최적의 투자시점이라고 할 수 있으며, 이론적으로 이탈하는 시기는 경기의 정점이라고 판단되는 시점이다.

영원한 명품주식은 존재하지 않는다!

이 세상에 영원한 명품주식은 없다고 하였다. 이는 투자한 기업의 장래가 불확실하다고 판단된다면 가차 없이 그 주식을 매각해야 한다는 것이다. 이미 앞에서 언급했지만 기업의 실적발표가 '어닝 쇼크'를 일으키는 경우에 정말로 당장 매각해야 한다. 우리나라같이 허가받은 작전이 가능한 주식시장에선 썩은 고기만 찾아다니는 하이에나들이 이런 주식을 놓칠 리 없다. 그들은 공매를 통해서 엄청난 이득을 얻으려 할 것이다. 따라서 개별 주식의 경우 '어닝 쇼크'로 판단되면 일단 매각하고, 그 다음 그 '어닝 쇼크'가 일시적이라고 판단되는 경우엔 주식가격이 충분히 하락한 연후에 매입하는 전략도 좋을 듯싶다. 이런 경우는 물론 우량주식이라고 확신하는 경우에 한정한다. 다시 한 번 언급하지만, 명품주식에 투자했다고 해도 실적 발표 시즌에 '어닝 쇼크'를 일으킨다면 일단 매각해야 한다.

조바심내지 마라!

주식에 투자하는 사람들은 신중한 성격을 가져야 할 뿐만 아니라 좋은 우량종목을 선정할 수 있을 때까지 인내할 수 있는 사람들이 성공할 수 있다. 특히 정보력이 대단히 한정되어 있는 개미들의 경우 남의 말에 휘둘리는 경향을 막을 수 있을 것으로 사료된다. 그렇지만 본인의 판단으로는 부실한 종목에 투자한 경우엔 조바심을 낼 수밖에 없으며 다른 사람의 의견에 따라 움직일 수밖에 없을 것이다. '조바심 내지 마라'와 관련해 필자는 두 가지를 언급하고 싶다.

첫째로 우리나라에서 최고의 명품주식을 찾을 때까지 주식투자를 하지 않았으면 한다. 성질이 급한 사람은 발견한 종목들이 별로 마음에 들지 않지만 그중에서 제일 실적이 좋다고 생각하는 종목을 매수하지만, 섣부른 매수는 손실로 이어지기도 하고 또한 주가 하락에 대한 불안감으로 스트레스를 받을 수도 있다. 즐거운 투자를 위해선 명품종목을 발견할 때까지 기다려야 한다.

둘째로 최고의 명품주식을 발견하기 위하여 인내심을 갖고 '최근공시'를 부지런히 분석해야 하겠다. 정말로 훌륭한 종목을 발견하면 우리는 조바심이 나지 않게 된다. 따라서 조바심을 내지 않기 위해선 우리는 '전자공시시스템'에서 '최근공시'에 등장하는 실적 관련 정보만이 아니라 각종 정보들을 부지런히 분석하는 수밖에 다른 방법이 없다고 본다.

분산투자?

투자론 교과서에선 분산투자가 필수적이라고 주장한다. 정말 그럴까? 소액을 투자하는 개미들은 최우량 명품주식 한 종목에만 투자해야 한다. 그보다 더 훌륭한 주식이 나오면 그 주식에 투자해야 한다. 분산투자를 위해선 차선의 주식을 포트폴리오에 넣어야 하고 그 주식의 낮은 수익률이 전체 투자수익률을 낮추어버린다. 분산투자는 주식에 대한 정보분석을 잘 하지 않고, 시장의 평균수익률을 목표로 할 때이다.

그러나 투자금액이 커지면, 보유주식의 수량이 많아질 것이고 그에 따라 자신의 매매가 주식가격에 심대한 영향을 미치기 시작할 때에는 차선의 주식들이 포트폴리오에 편입되어야 한다.

부 록

Ⅰ. 우리나라의 경기순환

경제는 꾸준한 상승세를 보이면서 성장하는 것이 아니라 순환하면서 성장한다고 보면 정확할 것이다. 여기서는 성장 추세를 제거한 경기순환에 대해서만 언급하고자 한다. 경기순환은 〈그림 Ⅰ-1〉처럼 호경기, 경기후퇴, 불경기, 경기회복 등의 4국면이 반복적으로 나타나는 현상을 지칭한다. 호경기는 상승국면의 중간을 넘어서서 과열로 치닫는 상황이며 고용과 생산이 급격히 증가하는 국면을 나타낸다. 경기후퇴는 경기의 정점을 지나서 경기가 불경기로 빠져드는 상황이며 고용과 생산이 급격히 감소하는 국면을 나타낸다. 불경기는 경기하강의 중간 이하로 떨어지는 상황이며 고용과 생산이 매우 낮은 수준을 향해 움직이는 국면을 지칭한다. 그리고 경기회복은 경기의 저점을 지나서 고용과 생산이 점진적으로 상승하는 국면을 지칭한다.

그림 Ⅰ-1 **경기순환의 4국면**

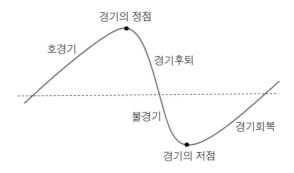

경기순환을 2국면으로 나누는 경우에 확장기와 수축기로 분류한다. 확장기는 경기의 저점에서 경기의 정점에 이르기까지를 말하며, 처음에는 고용과 생산이 점진적으로 상승국면을 그리다가 중간 이후부터는 빠른 속도로

확장한다. 반면에 수축기는 확장기와는 달리 처음부터 생산과 고용이 급격히 나빠지며 빠르 시간 내에 경기의 저점에 이른다.

경기순환의 특징으로 두 가지를 들 수 있을 것 같다. 첫째로, 호경기와 불경기가 반복되는 것만은 확실하지만 그 주기가 결코 일정하지는 않다는 것이다. 둘째로, 정확하지는 않지만, 일반적으로 보면 호경기의 상승국면은 〈그림 Ⅰ-1〉에서 보는 것처럼 길게 그리고 지루하게 상승하는 현상을 보여주며, 반면에 하강국면은 짧으면서 빠른 속도로 급격히 침체로 빠져든다는 것이다.

경기순환에 관한 경험적 분석에 따르면 경기순환에 관한 여러 가지 이론이 제시되고 있지만, 주목할 만하면서도 주식투자에 유익한 경기순환이론으로는 쥬글라파동과 키친파동을 들 수 있다. '쥬글라파동'(Juglar Wave)은 발음 자체가 '죽을래!' 라는 것처럼 들려서 살벌하게 들리는 파동이며, 이 파동에 잘못 걸리면 초죽음에 이를 정도로 파산에 이르게 하는 파동이며, 정말 주목해야 할 파동이다. 이 파동은 기계설비에 대한 투자 주기와 연관된 것으로 추측되는 경기순환으로, 8년에서 12년 정도의 주기를 가지며, 평균적으로 10년의 주기를 갖는 것으로 추정되고 있고, 상승국면은 대략 8.5년 정도 하강국면은 대략 1.5년 정도로 추정된다. 아래 〈그림 Ⅰ-2〉는 우리나라의 쥬글라파동을 나타내고 있으며, 대략 10년을 주기로 불황이 닥치고 있음을 보여주고 있다.

그림 Ⅰ-2 **우리나라의 쥬글라파동**

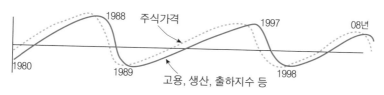

다음으로 '키친파동'(Kitchin Wave)은 재고순환이라고도 불리며, 재고변동에 관련된 것으로 추측되는 경기순환으로, 평균적으로 대략 40개월의 주기를 갖는 것으로 추정되고 있으며, 하나의 쥬글라파동에 3개의 키친파동이 있을 것으로 추정한다. 상승국면은 대략 30개월 내외로 길며, 하강국면은 대략 10개월 내외를 보이는 것으로 추정되고 있다. 아래 〈그림 Ⅰ-3〉은 쥬글라파동에 따라 2017년에 불황으로 빠져든다고 가정하고, 그 내부에 3개의 키친파동을 그려보았다. 물론 이 그림이 정확하게 실현된다는 보장은 없지만 유사한 모습을 보일 것으로 생각하여 그려보았다. 미래에 대한 예상을 구상하는 데에 도움을 줄 수 있을 것으로 생각한다.

그림 Ⅰ-3 **우리나라의 키친파동**

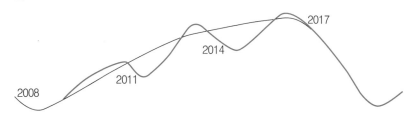

주식에 투자하는 사람이라면 기본적으로 경기순환에 대한 지식을 반드시 갖추어야 한다. 주식투자도 흐름을 타야하기 때문에 경기순환에 대한 간단한 지식도 이런 흐름을 타는 데에 상당한 도움을 받을 수 있을 것으로 생각된다. 특히 장기적으로 투자하는 사람들이라면 매입시점과 매도시점을 결정하는 데에 크게 도움이 될 것이라고 믿으며, 단기적으로 투자하는 경우에도 매매시점을 결정하는 데 많은 도움이 될 것으로 사료된다.

경기순환에 대한 이해는 물론 주식 투자에 도움을 주기도 하지만, 사업을 운영하는 경영자에게도 미래를 대비하는 데에 엄청난 도움을 줄 수 있으며, 일반 가계도 소득에 대한 예측과 저축 계획을 마련하는 데에도 유용하게 활용할 수 있다. 특히 주식에 투자하는 개미들은 두 파동을 반드시 주목하여야 할 것이다.

Ⅱ. 우리나라가 선진국이 되기 위한 조건

우리나라가 선진국으로 성장할 수 있는가는 주식투자에 있어서 굉장히 중요한 내용을 함축하고 있다. 만약 우리나라가 성장·발전하다가 중도에 후진국으로 전락할 가능성이 크다면 앞에서 언급된 '불규칙보행가설'에서 언급된 것처럼 만취한 보행자가 길에서 혹은 도랑에서 잠자는 경우에 해당하는 주식들이 넘쳐날 가능성이 엄청나게 크다. 따라서 이럴 가능성이 크다면 주식 이외의 재테크수단에 관심을 쏟아 넣어야 할 것이다. 특히 후진국에서 재산가치를 가장 잘 보존할 수 있는 수단은 땅과 같은 부동산이다. 1960년대 이후 2000년대까지 우리나라 국민들 모두가 경험했던 것처럼 인플레이션이 빠른 속도로 진행되는 상황에선 가장 훌륭한 재테크수단은 부동산이었다.

우리나라에 앞서서 1950~1960대까지만 하여도 선진국으로 갈 가능성이 큰 나라로 손꼽혔던 필리핀과 아르헨티나가 현재 후진국 대열에서 헤매는 이유는 무엇일까? 정치학자들이 여러 가지 이유를 들겠지만, 우리나라가 선진국이 되기 위한 세 가지 조건(후술) 이외에도 이들 나라에선 민주주의가 정착되지 못해서 나타나는 정치 불안, 소득분배 불공평의 심화, 살인적인 인플레이션(아르헨티나의 경우) 등을 들 수 있을 것이다.

우리나라도 이미 1인당 소득이 2만 달러 시대에 접어들었다. 세계은행(World Bank)의 자료에 따르면 2013년 우리나라의 1인당 GDP는 $25,920이며, 미국, 독일, 일본이 각각 $53,670, $46,100, $46,140이고, 그리고 중동국가들인 콰타르, 아랍 에미레이트, 쿠웨이트 등은 각각 $85,550,

$38,620(2012년), $44,940(2011년)이다. 그렇다면 우리나라보다 소득이 월등히 높은 콰타르, 아랍 에미레이트, 쿠웨이트 등은 왜 선진국이라고 하지 않을까? 이들 나라의 소득수준이 높은 것은 원유 수출을 통해서 소득이 높은 것이기 때문이다. 아마도 천연자원의 수출을 제외할 경우 자생력에 의한 이들 나라의 소득수준이 높다고 보기 어렵기 때문일 것이다.

어떤 관점에서 미국이나 영국, 독일, 프랑스, 일본 등이 선진국이라고 통칭되고 있을까? 여러 견해가 도출될 수 있지만 필자는 '원칙이 지켜져야 한다.' '상류층의 사상이 건전해야 한다' 그리고 '인적자본이 풍부해야 한다'는 세 가지 관점에서 선진국의 조건을 갖추었다고 생각한다. 물론 여기서도 필자의 생각이 진리는 아니며, 다른 견해가 제시될 수도 있을 것이나 필자는 적어도 이런 조건들을 완전하지는 않지만 상당한 정도까지 갖추어져야 선진국이라고 불릴 수 있다고 생각한다.

1. 원칙이 통용되어야 한다

'원칙이 통용되어야 한다'는 것은 소위 '법치'(rule of law)를 의미한다. 물론 법철학자에 따라서 법치에 대한 해석은 다를 수 있으나, 여기서 '법'(law)은 인간이 만든 실정법을 의미하는 것이 아니라 '자연법'(natural law)을 의미한다. 인간 세계에서 자연법은 발견된 적이 없을 뿐만 아니라 앞으로도 발견될 가능성은 희박하다고 하겠다. 그렇지만 인간이 만든 실정법은 자연법을 지향해서 발전해 나아가야 한다는 것만은 분명하다.

'자연법을 지향한다'는 것은 무엇을 의미하는가? 자연법 혹은 법은 예외가 없어야 하며, 예외가 존재한다면 그것은 법이 아니기 때문에, '자연법을 지향한다'는 것은 인간이 만든 법의 집행에서 예외를 최소화하려는 노력이 중요하다는 것이다. 예외 없는 법이 실행되고 있다면 그 법은 바로 '정의'(justice)를 의미한다고 볼 수 있을 것이며, 법의 집행에서 예외를 최소화한다는 것은 정말로 정의를 추구한다고 보아야 할 것이다.

소위 '예외 없는 법은 없다'라고 법학에서 보편적으로 이야기되고 있지만, 그때의 그 법은 여기서 말하는 자연법이 아닌 인간이 만든 불완전한 실정법이기 때문에 예외가 허용될 수밖에 없는 것이다. 그렇지만 '예외 없는 법은 없다'를 강조하다보면, 입법자들은 권력자에게 유리한 방향으로 예외조항을 마련하고, 법 집행자들도 법의 예외조항을 눈여겨보고 그 예외를 적용시키려고 온갖 방법을 다 동원한다. 이런 현상을 '인치'(人治)라고 하는데, 권력자 혹은 법 집행자의 의지에 따라 통치가 이루어지며, 입법도 인치에 적합하도록 만들어진다.

대표적인 사례를 몇 가지 언급해보자. 전두환, 노태우 전 대통령 비자금에 대한 사면, 2000년대 초 모 증권사 회장의 수천억 원대 주가조작 혐의에 대한 집행유예 판결, MB정부의 비리 측근에 대한 대대적인 사면, 재벌 총수의 범법 행위에 대한 관대한 처벌 등은 예외조항의 적용이라고 볼 수 있다. 고위 공직자와 경제계 고위직에 대한 사면이나 관대한 처벌은 소위 '국가와 민족을 위해서 많은 공헌을 했다'는 이유만으로 죄를 사면해 주는 것은 법을 정말로 잘 지키는 서민들 입장에선 분통이 터지는 일들이다. 왜냐하면 부와 명예를 동시에 얻은 사람들이라면 오히려 더 자기 자신에게 엄격해야 할 뿐만 아니라 작은 범죄에 대해서도 '국가의 명예를 더럽혔다'는 이유로 더 가혹하게 처벌해야 도덕적으로 마땅하기 때문이다. 바로 그런 이유 때문에 자그마한 폭력행위나 수십만 원을 강탈한 강절도에 대해선 민생사범이라는 이유로 엄격한 처벌을 가하는 것은 형평의 차원에서도 너무나도 잘못된 일이다. 그리고 노무현 정부에서 수백만 명의 운전면허취소자 등에 대한 사면, 박근혜 정부에서 소액대출자에 대한 빚 탕감 등은 역시 준법하는 사람들이나 빚을 착실히 갚고 있는 사람들에겐 실망을 안겨주는 대표적인 사례이다.

만약 대통령이 되거나 대통령 측근이 된다면 막강한 권력을 이용하여 뇌물을 엄청나게 수수하고 안 걸리면 그 뇌물은 내 것이 될 것이고, 걸리면 걸린 것만 뱉어내고 잠깐 감옥에 갔다 오면 얼마 없어서 사면도 될 것이고 나머지 뇌물은 잘 숨겨 놔두면 전부 내 것이 될 것이니 권력자에게는 기막히게 좋은 세상이 우리나라가 아닌가 생각해본다. 어느 탈옥자가 '유전무죄, 무전유죄'라고 울부짖던 것도 사실은 그를 동정하는 것은 아니지만 자신의 강탈행위는 그들에 비해서 터무니없이 적은데 그들은 세상에 나와서 활보하고 있고 자신은 영어(囹圄-감옥)의 몸이라고 항변했던 것인데, 많은 사람들에게 공감을 불러일으켰던 사건이었다.

다른 사례로서 경찰이란 공권력이 붕괴된 것은 어제 오늘의 일이 아닌 오래된 이야기이다. 1970년대와 1980년대에 노동자 파업이나 학생 데모에서 약간의 과잉 진압이 있으면 경찰을 비난했던 그런 분위기가 최근에는 경찰서 혹은 파출소에서 취객의 난동으로 나타나고 있는데, 이는 공권력을 아주 우습게 보는 단적인 사례이다. 미국에선 정말로 있을 수 없는 사례이고, 아마 그 순간에 총 맞고 죽었을 사안이다. 경찰의 과잉 대응이라고 고발해도 경찰이 대부분 승소한다.

일반적으로 정직하게 살아왔던 사람들에게 자신이 잘못 산 것은 아닐까라는 회의감을 갖게 만들어주는 것이 원칙 없는 법 집행에서 나타나는 불가피한 결과이며, 이런 것들을 보면서 자란 어린 세대들이 어른이 되면 똑같이 그런 범죄를 죄의식 없이 저지르게 된다고 볼 수 있다. 정직하게 살아온 사람들이 대우받고 존중되는 그런 사회가 진정으로 선진국이라고 할 수 있다. 대통령이 사면했다고 그 사람이 도덕적으로 정말로 사면된 것은 결코 아니다. 범죄자가 사면 받았다고 과거의 범죄가 없어지는 것은 결코 아니다. 이런 사람들이 언론에 유명인사로 비춰지고 국회의원에 나오겠다고 하고 언론이 이를 보도하는 것은 어쩌면 우리 국민의 지적인 수준과 언론의 수준을 단적으로 보여주는 것이 아닌가 한다. 착실하게 살아온 사람들이 그렇게 많은데 왜 하필 그런 사람들이 많이 나서고 있는가? 그것은 우리의 정치 수준이 선진국에 이르지 못한 때문이다. 이 문제는 미국의 사례를 검토하면서 다시 한 번 언급하겠다.

미국이나 일본 사람들은 준법정신이 정말로 투철하다고 평가된다. 왜 그럴까? 이들 국가의 역사적인 경험이 그렇게 만들지 않았을까 생각해 본다. 19세기 중반 남북전쟁 이후 서부개척시대가 열리면서 이주민들이 중부와 서부로 몰려가기 시작했고, 이런 개척시대에 치안이 중요한 문제로 부각되었으며, 그리고 순회 치안판사가 일정 지역의 치안을 담당할 사람을 보안관으로 임명하여 치안에 관한 전권을 위임했다. 이주민들의 대부분은 선량했지만 일부의 범죄자들도 이주민에 끼어서 같이 이동하면서 여러 가지 범죄를 저질렀다. 보안관과 보안관이 임명한 조수는 범죄자를 체포하고 구금하며 최종적으로는 치안판사가 있는 지역으로 이송하는 역할을 담당했으나 흉악범들의 경우 반항을 하는 경우에는 가차 없이 현장에서 총살하기도 했다. 서부영화를 많이 본 독자들은 아마도 이런 장면들을 수없이 많이 봤을 것으로 생각한다. 보안관의 명령에 복종했던 당시의 관습이 지금도 남아있어서 경찰이 나타나고 '꼼짝 마라'(Freeze!)라고 하면 범죄 혐의자는 철저하게 순종한다. 그렇지 않으면 총 맞고 죽기 때문이다.

경찰과 관련된 다른 하나의 사례는 언급할 만하다. 2005년에 LA에서 일어난 교포 관련 사건이다. 처남과 매부가 아마도 돈 문제 때문에 큰 소리 내면서 다투고 있는 것을 이웃이 경찰에 신고했다. 미국인들은 그런 면에서 신고정신이 굉장히 투철하다. 경찰이 출동하니 한국에서의 버릇처럼 말리는 사람이 있으면 오히려 더 신이 나서 싸우듯이 처남과 매부는 더 큰 소리를 내면서 싸웠고, 경찰의 '꼼짝 하지마라' 라는 소리는 아랑곳하지 않았다. 출동한 경찰은 두 사람에게 총격을 가했고, 한 사람은 현장에서 즉사 했고, 다른 한 사람은 중태에 빠졌다. 교포사회에선 과잉대응이라고 비난했지만 경찰의 명령에 복종해야 한다는 미국의 원칙을 지키지 않은 이들의 잘못이 더 큰 것이다.

또 한 가지 생각나는 우스갯소리를 언급하고자 한다. 아마 미국을 방문하여 잠시 생활해 본 사람들은 많이 경험했을 것이다. 미국인들은 낯선 사람들과 눈이 마주치면, 웃는 얼굴로 '하이!' (안녕!)라고 인사한다. 특히 예쁜 여성이 '하이!' 하고 인사하면 '나에게 호감이 있나 보네' 라고 생각하면서 괜히 가슴이 설레기도 한다. 이렇게 인사하는 습성은 사실 미국적 현실, 즉 생존을 위한 본능에서 저절로 우러나온 결과라고 생각한다. 인사하는 궁극적인 이유는 '나는 너의 적이 아니다. 그러니 나에게 총을 쏘지 마라!' 라고 말하는 것과 같다. 얼마나 살벌한 세계에서 살았으면 그랬을까? 차를 운전할 때 우리나라에서처럼 천천히 간다고 뒤에서 빵빵대거나 혹은 뒤에 차가 굉장히 늘어서 있는데 아주 천천히 가거나 하면 어디서 총알이 날아올는지 모르는 나라가 미국이다. 정말로 불쌍한 국민들이다.

일본의 역사도 일본 사람들의 법 준수 현상을 부분적으로 설명한다고 본다. 어느 사학자의 견해에 따르면 16세기 후반 도쿠가와 이에야스에 의한 에도 막부 시대가 열리면서 무사(사무라이)계급이 권력층으로 등장하면서 범법 행위자에 대해선 무자비하게 즉결 처분하여 서민들이 관의 명령에 절대 복종하게 되었고 지금도 관에 절대 복종하는 관습이 남아 있다. 그리고 야사(野史)에 따르면 이 시대의 부산물로 남자들이 전쟁으로 엄청나게 많이 사망하여 인구가 줄어들면서 여자들에게는 무사가 성관계를 요구하면 무조건 응해주는 것이 애국하는 길이라고 교육시켰고, 일본 여자들의 전통복 기모노(등에 담요가 달려 있는 옷)도 바로 이런 이유로 인해 등장했다고 한다. 그리고 일본의 성씨가 엄청나게 많고 특이한 것도 여자들이 아이를 낳고 아버지를 모르니 관계했던 장소를 아이의 성씨로 만들었다는 데에서 유래했다고 한다. 그래서 대표적인 성씨로 松下(소나무 아래에서), 田中(밭 가운데서) 등.

한국은 어떤가? 가까운 조선시대에 일본의 무사 같은 무서운 계급이 없었던 까닭에 우리 서민들은 정말로 자유 분망했다. 살인 사건과 같은 중대한

범죄가 아니라면 웬만한 죄는 형방에게 뇌물을 주거나 조금 죄질이 크면 사
또에게 뇌물을 주면 풀려난다. 그렇다 보니 서민들이 관을 보기를 길가의 개
통 정도로 우습게 보게 되었고 질서도 제대로 잘 지키지 않는다. 지금도 극
히 일부이기는 하지만 권력기관에 뇌물을 주는 관례가 많이 남아있다. 물론
질서 안 지키는 것은 최근에 굉장히 많이 줄어들고는 있다. 이런 단점이 우
리나라의 경제발전과 창의적인 생각의 발현에는 엄청나게 도움을 주기도 한
다. 우리나라 사람들의 독창적인 생각, 이를테면 기술적인 것이나 문학적인
것 혹은 예능적인 것이든 모두가 이런 자유 분망에서 유래하지 않았나 추정
해보기도 한다.

선진국, 특히 미국을 중심으로 어떻게 준법이 실행되고 있는지를 살펴보
자. 우리나라에선 사면이 대통령의 권한이기 때문에 대통령이 마음대로 사
면하고 있지만 미국은 절대 그렇지 않다. 아마 가장 유명한 사례는 민주당
전국위원회 사무실에 도청장치를 설치하려는 것('워터게이트 사건')이 우연
히 발견되면서 닉슨 대통령이 미국 역사상 처음으로 1974년 8월 8일 불명
예스럽게 사임을 발표했고, 대통령 직을 승계한 포드가 워터게이트 사건의
악몽에서 빨리 나오자는 좋은 의도에서 닉슨의 "범했던 또는 범했을지 모르
는 모든 죄과"를 사면한다고 발표했다. 이후 국민들의 불만이 표출되었고
그 해 중간선거에서 민주당이 압도적인 승리를 거두었으며, 공화당의 포드
는 1976년 대통령 선거에서 무명의 카터에게 고배를 마셨다. 미국은 대통령
의 잘못을 표로써 심판했다고 볼 수 있다.

최근 우리나라 경제신문에 등장한 기사를 보면 "버락 오바마 미국 대통령
이 3일 취임 후 거의 2년여 만에 처음으로 과거 보호관찰 처분자 등 경미한
범죄를 저지른 전과자 9명에 대해 사면을 단행했다. 오바마 대통령이 사면
한 9명은 대부분 아주 오래전에 경미한 범죄를 저지른 사람들로서, 9명 중 6
명은 저지른 죄 때문에 복역을 하지는 않고, 다만 보호관찰 처분을 받은 경
우였다고 '뉴욕 타임스'(NYT)가 4일 보도했다. 오바마 대통령의 사면은 취

임 후 682일 만에 단행한 것으로, 전임자인 조지 W. 부시 전 대통령의 경우 취임 2년차 시절 12월 말에 첫 사면을 단행했던 만큼 부시 전 대통령에 비해 약간 빠른 것이다. 최근까지 법무부 사면국 변호사로 재직했던 사무엘 모리슨 변호사는 오바마 대통령이 첫 사면을 소규모로 단행한 것은 앞으로도 부시 행정부와 마찬가지로 사면문제에 대해서는 노인이나 경미한 범죄를 저지른 사람 등에 국한해 실시하는 등 보수적으로 접근하겠다는 입장을 보여준 것이라고 분석했다."(한국경제신문, 2010.12.4.21:57:30)

미국의 사면은 거의 없다고 보아도 과언은 아니며, 그 사면의 대상도 극히 사소한 범죄자에 한정하고 있다. '고의적이고 계획적인 중대한 범죄'에 대해선 사면이란 있을 수 없다. 원칙이 지켜지는 사회에선 범죄자에 대해선 관용이 허용되지 않는다는 것을 단적으로 보여주는 사례라고 볼 수 있다.

2001년 12월 2일 세계 7대 기업 엔론의 파산은 미국에서 분식회계가 아무리 거대기업이라고 해도 파산으로 이어질 수 있다는 것을 보여주었으며, 그리고 미국에선 조세 포탈자에 대해선 거의 파산에 이를 정도로 엄청나게 과중한 벌과금과 더불어 일생에 걸친 감시를 함으로써 다른 잠재적 조세 포탈자에게 경종을 울리고 있다. 일반적으로 조세포탈은 샘플링을 통해서 대상자를 선정하고 조세 포탈이 확인되면 가혹한 처벌이 뒤따른다. 일반적으로 미국인들은 그 결정에 대해서 승복한다. 자신이 원칙에서 벗어난 행동을 했고 그리고 그것에 대해선 관용이 허용되지 않는다는 것을 몸으로 경험하면서 살아왔기 때문일 것이다.

만약 세무조사를 통해서 조세포탈이 발각되었을 때 우리나라 사람들은 어떨까? 아마도 "재수가 없어서 걸린 거야!" "보복성 세무조사야!" 등 절대로 승복하지 않는다. 주위에 탈세하는 사람들이 너무나 많기 때문일 수도 있지만, 아마도 그 사람들이 지금까지 살아온 과정에서 원칙을 지키면서 돈을 번 사람들을 거의 보지 못했기 때문일 수도 있다. 그리고 더 중요한 것은 조세 포탈에 대한 처벌이 결코 가혹하지 않다는 것이며, 또한 5년 정도 지나면 조세 전과기록이 말소되고, 그런 기록이 있다고 하여 사업하는 데에 큰 지장을 초래하지 않기 때문이다. 앞에서도 언급했지만 걸리면 재수 없어서 걸린 것이고, 걸린 것에 해당하는 것만 뱉어내면 그만이고, 안 걸리면 그만큼 본인이 이익을 보니 범법행위를 해서 손해 보는 것이 거의 없다고 해도 과언은 아닐 것이다. 이러니 국민 전체가 할 수만 있다면 범법행위를 하려고 노력할 것이다. 정직하게 사는 사람들은 정직하게 살고 싶어서 사는 것이 아니라 그런 범법행위를 할 수 있는 능력이 없어서 정직하게 살 뿐이라고 자조 섞인 한탄이 나올 법도 하다.

최근 내부거래와 관련해선 "억만장자 스티브 코언이 설립한 미국 헤지펀드 SAC캐피털어드바이저(SAC캐피털)는 … 최근 두 건의 내부거래 혐의가 드러나 모두 6억1천400만 달러(약 6천672억 원)의 벌금을 내기로 미국 증권거래위원회(SEC)와 합의한 바 있다"(매일경제신문, 2013.3.29.23:55:23) 이 벌금 규모는 역대 최고로 기록되고 있으며, 신약개발과 관련된 내부정보로 주식거래를 통해서 2억 7600만 달러의 부당이득을 취한 것으로 전해지고 있으며, 그리고 연방검찰은 범죄행위에 대해선 수사가 계속되고 있으며, 일반적으로 내부정보를 이용한 거래에 대해선 통상적으로 7년 내외의 징역이 부과된다.

또 다른 사례로 "미국 헤지펀드 갤리언(Galleon)의 설립자 라자라트남은 한때 월가에서 명성을 날리던 유명 금융인이었다. 그러던 그의 인생을 완전히 뒤엎는 사건이 발생한다. 투자 대상 회사의 내부정보를 먼저 입수한 뒤 이를 활용해 돈을 번 내부자거래 혐의로 체포된 것이다. 법정의 판단은 가혹했다. 맨해튼 지방법원은 '내부자거래는 민주사회의 자유시장에 대한 도전'이라며 징역 11년을 선고했다. 법원은 또 그에게 벌금 1000만 달러, 추징금 5380만 달러를 추가로 부과했다. 그는 노스캐롤라이나 주 버트너 교도소에 수감됐다."(매일경제신문, 2013.4.8.17:53:09)

반면에 우리나라의 작전세력에 대해선 집행유예 정도의 가벼운 처벌이 일반적이며, 내부정보를 이용한 부당이득에 대해선 처벌의 사례가 거의 없는 실정이다. 미공개정보를 가지고 있거나 작전할 수 있는 대규모자본을 가진 사람들이나 정치 권력자들에게 우리나라가 얼마나 훌륭한 나라이고 살기 좋은 나라인가?!

2. 최상류층의 사상이 건전해야 한다

1992년 4월 29일 LA폭동사건 3일 간의 치안부재, 그리고 최근 사례로는 2005년 8월 29일 허리케인 '카트리나'가 루이지애나 주의 뉴올리언스를 강타했을 때의 치안부재는 온 세상이 완전한 무법천지라고 말하여도 과언은 아니었다. 미국에서 경찰이 없으면 도둑과 강도가 날뛰고 미국이 곧 망할 것 같다는 생각이 들 때도 있다. 그리고 고등학교까지 의무교육이라고는 하지만 문맹률이 다른 선진국에 비해서 높다는 것(영어가 굉장히 어렵다는 것을 단적으로 반증한다), 마약중독자들이 많고 전 세계 마약이 미국으로 집중한다는 것 등은 어쩌면 미국의 장래가 암울하다는 생각이 들게끔 만들기도 한다.

미국이 현재 강력한 국가이고 앞으로도 그럴 가능성이 큰 이유는 상류계층에 있는 사람들, 이를테면 정치인, 기업가들의 사상이 대단히 건전하다는 데서 찾아볼 수 있을 것이다. 비록 하위계층의 사람들이 타락하고 마약중독에 빠지고 법을 안 지킨다고 할지라도, 정치, 경제 및 사회를 이끌어가고 있는 상류계층의 사람들의 생각이 올바르다면 그 나라의 장래는 정말로 밝다고 할 수 있을 것이며, 진정으로 선진국이라고 할 수 있다.

마르크스(K. Marx, 1818~1883)가 역사를 설명할 때 생산양식(인간에 필요한 물자를 얻는 방법으로 마르크스는 생산력과 사회적 생산관계로 구성된다고 보았다)으로 대변되는 하부구조가 정치, 법, 문화, 종교, 윤리, 관습 등으로 대변되는 상부구조를 일방적으로 결정한다는 유물사관을 주장했다.

이때 정신세계를 나타내는 상부구조는 생산양식에 의해서 자동적으로 결정
되므로 역사 설명은 물질세계를 대변하는 생산양식에 의해서 설명하면 완성
된다. 그는 생산양식을 구성하는 생산력과 생산관계의 상호작용에 의해서
역사를 설명하는데, 생산력과 생산관계는 처음에 서로 도움을 주는 관계였
다가 생산력이 발전함에 따라 생산관계가 생산력을 구속하고 그 결과 옛날
생산관계가 파괴되고 생산능력에 걸맞는 새로운 생산관계가 출현하고 그에
따라 역사는 변화·발전하며, 그에 따라 최종적으로 사회주의를 향해서 필
연적으로 나아간다는 냉혹한 역사법칙을 주장한다.

　이런 역사 설명에 대해서 베버(Max Weber, 1864~1920)는 『프로테스탄
티즘의 윤리와 자본주의 정신』(1904~5)에서 정신세계가 물질세계에 영향
을 미친다고 주장한다. 그는 인간의 구제 여부가 이미 결정되어 있다는 캘빈
의 '예정설'을 자본주의의 대표적인 윤리관으로 제시하면서 노동자와 자본
가가 열심히 노동하고 합리적인 이윤을 추구하면서 자신의 구제를 스스로
확신하는 과정에서 이런 기독교 윤리가 자본주의를 건전하게 발전시켰다고
주장한다.

　역사를 간단하게 설명하기는 정말로 어려운 난제라고 본다. 마르크스나
베버 모두 역사를 간단하게 설명하기 위한 방편을 찾는 과정에서 그런 견해
가 탄생했다고 본다. 물론 어느 견해가 옳은지를 확인하는 방법은 전혀 존재
하지 않으며, 두 이론 모두 나름대로 많은 내용을 가지고 있지만, 아마도 현
실은 정신세계가 물질세계에 영향을 주고 또한 물질세계가 정신세계에도 영
향을 주고 있을 것이다. 그렇지만 정치, 경제 및 사회에서 상류층의 사상이
절대적으로 중요하다는 것만은 아마도 상당부분 진실이라고 생각한다. 왜냐
하면 이들이 정치, 경제 및 사회를 주도적으로 이끌어 가고 있고 그에 따라
사회 전 분야에 미치는 영향은 지대할 것이라고 추정할 수 있기 때문이다.
필자는 미국의 상류계층의 사상적 건전성을 기부문화의 보편화와 정치사상
에 입각한 정당정치 두 가지 측면에서 살펴보았다.

1) 기부문화의 보편화

미국의 후생복지제도는 1980년대 레이건의 집권 이후에 크게 위축되었으며, 이를 보완하고 있는 것이 민간인들에 의해 제공되는 각종 지원들이다. 이 지원들에는 기부가 상당한 비중을 차지하는 것으로 알고 있다. 특히 정부가 하지 못하거나 하기가 어려운 것들, 예컨대 화상치료, 장애인 치료 등 많은 비용이 들면서 장기적으로 치료해야 하는 의료제도는 물론 정부도 지원하기는 하지만 부자들의 기부를 통해서 많이 이루어지고 있다.

기부문화는 대략 19세기 말과 20세기 초에 나타나기 시작했고 미국인들이 부자를 존경하게 되는 동기를 제공했다. 그렇지만 실제로 이런 기부가 이루어지기 시작하게 된 계기는 악덕 자본가에 대한 사회의 비난이 거세지기 시작하면서 이런 비난을 일거에 제거시키는 방안으로 등장했다.

미국에서 1828년에 처음 철도가 등장하고 그 이후에 개량되고 철로가 연장되면서 1840년대 이후 산업혁명이 시작되었고, 19세기 후반에 들어서면서 독점자본주의가 등장하고 독점 자본가들이 독점가격을 올리면서 폭리를 취했으며, 그리고 경쟁상대를 온갖 비윤리적인 방식으로, 이를테면 주가조작이나 불공정거래 혹은 마피아를 동원해서 합병하는 방식을 채택하기도 했다. 이 당시에는 로크의 자연권에 근거하는 신성불가침의 재산권이 미국에서 인정받고 있었고 독점 자본가는 이런 재산권을 유감없이 휘둘렀으며, 정치에도 영향을 주어서 아래에서 언급하는 보스정치, 우리나라 식으론 계파정치를 통해서 정경유착을 강화하여 어떤 권력도 독점 자본가에 맞서지 못하게 만들었다. 이 당시의 자본주의는 진정한 약육강식의 논리가 완벽하게 적용되었고, 공정한 규칙도 사실상 존재하지 않았다고 볼 수 있으며, 만약 있었다고 한다면 그것은 자본가에게 굉장히 유리한 규칙에 불과했었다.

이들이 부를 축적하는 방식으로는 기존의 경쟁업체들을 온갖 수단을 동원해서 합병하기도 했고, 원료부터 완제품에 이르기까지 전 과정을 독점하

기도 했으며, 그리고 처음에는 어린이 노동을 통해 착취하기도 했고 나중에
는 저임금의 이민 노동자들을 활용하기도 했다. 어떤 방식을 이용했든 미국
에서 엄청나면서도 거대한 부를 축적한 사람들로는 미국 최대의 철도회사를
운영했던 코닐니어스 밴더빌트(C. Vanderbilt, 1794~1877), 철강산업의
혁명을 일으켰던 앤드루 카네기(A. Carnegie, 1835~1919), 석유재벌 존
록펠러(J. D. Rockefeller, 1839~1937), J. P. 모건은행을 세운 존 피어폰
트 모건(J. P. Morgan, 1837~1913) 등을 들 수 있다.

토지개혁과 토지단일조세를 주창했던 헨리 조지(H. George, 1838~
1897), 독점자본가들의 과시적 소비를 비꼬았던 『유한계급론』(1899)의 저
자 도르스타인 베블렌(T. Veblen, 1857~1929) 등은 독점에 대해 신랄하게
비판했으며, 이들의 비판이 사회분위기를 이끌었고 1880년대 이후 노동운
동과 농민운동을 유발했으며, 드디어 1890년에 반독점법인 '셔먼 반트러스
트법'이 만들어졌으며(이 법은 20세기 초 시어도어 루스벨트 대통령에 의해
실제 적용되기 시작했다), 그리고 20세기 초에 정치혁신운동이 나타나고 더
불어 독점에 대한 각종 규제가 실시되기 시작했다. 이 와중에서 비판의 대상
이 되었고 조롱의 대상이 되었던, 막대한 부를 축적한 일부의 재력가들이 재
산의 상당부분을 사회에 환원함으로써 일거에 명예로운 명성을 얻게 되었
다. 대표적인 사례가 록펠러와 카네기였으며, 20세기 이후에는 이런 추세가
탄력을 얻게 되었고 현재 이런 분위기가 미국 사회의 주류의 분위기라고 할
수 있다.

미국의 최상류층은 물적 상속을 부끄러워하고, 자식들도 상속받는 것을
마찬가지로 부끄러워한다. 이를테면 조지 W 부시 전 대통령 시절에 감세정
책, 특히 상속세 감세조치에 대해서 미국의 대표적인 부호들인 워런 버핏,
조지 소로스, 빌 케이츠 등이 반대 견해를 피력하면서, 상속세 인하 그리고
최종적으로는 면세 혜택의 부여는 현재 미국의 일반적인 분위기를 나타내는
기부문화를 퇴색시킬 가능성이 크다고 주장했다. 아마 우리 재벌들이라면

쌍수를 들고 환영했을 조치에 미국의 부자들이 반대했다는 것은 그들의 정신이 얼마나 건전한가를 단적으로 나타내 주는 증거가 아닌가 한다.

주식투자의 귀재라고 일컬어지는 워런 버핏은 1년에 한번 점심식사 겸 주식투자 자문을 경매에 붙여 얻는 수십만 혹은 수백만 달러의 수익금은 자신이 소유하는 것이 아니라 좋은 곳에 기부하고 있으며, 자신의 재산 거의 전부를 이미 여러 재단이나 기부처에 기부하기로 예약되어 있다. 지금 기부를 안 하는 것은 죽을 때까지 자신의 취미이자 직업인 주식투자 사업으로 더 많은 돈을 만들어서 더 많이 기부하려 하기 때문이다. 그리고 1997년 우리나라 IMF 위기 때 우리나라와 동남아 외환시장에서 외환투기를 통해서 엄청나게 돈을 번 헤지펀드의 대부 조지 소로스도 자신의 대부분의 재산을 사후에 기부하기로 약속했다. 마이크로 소프트 사의 창업자 빌 게이츠는 이미 의료재단에 자신의 대부분의 재산을 기부하여 운영하고 있다. 이들은 자신의 재산 대부분을 사회에 환원함으로써 미국인들의 존경을 한 몸에 받고 있다. 우리나라 재벌과는 정말 대비되는 광경이 아닌가?

미국에선 부자들만이 기부를 하는 것은 아니다. 공원에 가보면 간혹 먼저 사망한 자신들의 친구를 기리면서 동판을 만들어서 작은 벤치 앞에 설치한 경우를 볼 수도 있다. 벤치를 기증하면서 친구도 기리는 일석이조의 효과를 얻기도 한다. 대학의 건물에는 돈을 가장 많이 기부한 사람의 이름이 붙여진다. 그리고 그 외에 건물 건축에 작은 돈이나마 기부한 사람들의 이름이 건물 벽에 부착되어 있기도 한다. 미국 사람들이 가장 많이 기부하는 곳은 대학과 의료재단이다. 여기에는 많은 금액만이 아니라 적은 금액도 얼마든지 기부되고 있다.

그렇다고 우리나라엔 기부문화가 없는가? 결코 그렇지는 않다. 큰 규모의 재단으로는 1970년에 설립된 '유한재단' 이 있다. 유한양행(주)의 창업자인 유일한 박사가 유한양행 주식을 유한재단에 기부하면서 만들어진 재단이며, 교육, 장학 및 복지사업을 주로 영위하고 있다. 최근 2000년에 삼영화학 이

종환 회장이 개인 재산 6,000억 원을 제공하여 '관정이종환교육재단'을 출범시켰으며, 현재 출연된 재산이 8,000억 원 규모로 우리나라에선 최대 규모인 것으로 알려져 있다. '관정이종환교육재단'의 설립 이후에 기부문화가 확산되기 시작하면서 여러 장학재단들이 만들어지고 있고, 기존의 장학재단들도 규모를 키우고 있으며, 최근엔 사회복지공동모금회의 고액기부자 모임인 '아너소사이어티'도 활성화되는 경향을 보이고 있다. 이외에도 프로골프 최경주 선수, 연예인 션과 정혜영 부부 등 상류층 인사들의 기부활동이 대단히 활발하게 이루어지고 있다. 최근 일간지에 독지가들이 많이 등장하고 있고, 대학을 중심으로 발전기금을 모집하면서 대학에 기부하는 많은 사람들이 나타나고 있다. 우리나라도 점진적으로 기부하는 문화가 확산되어 가고 있지 않나 생각한다. 그렇지만 우리나라 최상류층의 기부활동은 정말로 미진한 정도가 아니다. 최근의 일간지에 여러 가지 불미스런 일들이 최상류층에서 빈발하고 있음은 누구나 아는 주지의 사실이다.

문득 거의 20년 전에 신문에 났던 상속사건이 생각난다. 어느 부모가 사망하면서 7억 원을 유산으로 남겼는데, 4형제가 유산상속문제를 의논하기 위해 큰 형 집에 모였다. 60대 초반의 큰 형은 "장자이고 제사도 지내야 하므로 많이 상속받아야 한다"고 했고, 40대 후반의 막내는 "형님들은 자식들도 다 컸고 부모님 살아 계실 적에 이미 많은 돈을 타다 썼고, 나는 직업도 없고 자식들도 공부를 하고 있어서 돈이 더 많이 필요하니 더 많은 상속을 받아야 한다"고 주장했다. 중간의 두 형제는 수수방관만 했으며, 결국 타협이 이루어지지 못했고, 막내가 분신하겠다고 하자 큰 형이 그렇게 하라고 종용까지 했다. 결국 막내는 분을 못 이겨서 분신하게 되고, 혼자 죽는 것이 억울한 막내가 큰 형을 껴안고 같이 죽음을 맞이한다. 만일 부모가 하늘에서 이 분란을 본다면, '7억 원의 유산을 괜히 남겨서 자식들이 서로 싸우다 죽는 일이 벌어졌구나!' 하고서 후회하리라고 생각한다. 돈에 대한 인간의 욕심은 한이 없는가 보다. 최근 우리나라 최고 재벌들이 선친이 남긴 차명재산의 유산문제로 재판을 벌이는 것을 보고서 우리나라 최상류층의 사상적 건전성이 어느 정도인지를 단적으로 보여주는 사건이 아닌가 하고 씁쓸하였다.

2) 정치사상에 입각한 정당정치

미국의 대표적인 정당인 공화당은 대체적으로 보수적인 사상, 이를테면 고전적인 자유주의 사상과 작은 정부를 신봉하며, 반면에 민주당은 진보적인 사상, 이를테면 케인즈적인 적극적인 정부간섭과 큰 정부, 복지확충 등을 주창한다. 대통령이나 상원 및 하원의 각 의원들은 소속 정당에 따라 완전히 똑같지는 않지만 비슷한 성향을 갖는다. 유권자들도 자신의 성향에 따라 인물에 따라 혹은 정당에 따라 투표하는 경향이 강하다. 그리고 민주주의 정수라고 할 수 있는 상향식 민의의 표출이 제대로 이루어지고 있다.

미국은 정치사상에 입각한 정치가 처음부터 가능했을까? 결코 그렇지 않다. 남북전쟁 이후 아브라함 링컨(A. Lincoln)이 1865년 저격에 의해 사망하면서 리더십이 결핍된 율리시스 그랜트(U. Grant) 장군이 대통령에 당선되면서 '보스정치'(Boss Politics), 소위 실업계와 정치권이 결탁하는 '금권정치'가 시작되었다. 우리나라 식으론 소위 계파정치라고 할 수 있다. 보스가 정치자금을 독점자본가로부터 모금하고, 당선이 유력한 인사를 공천하여 상원 혹은 하원에 진출시키고 또한 당선이 유력한 인사를 대통령 후보로 밀어준다. 보스가 지원한 후보가 대통령으로 당선되면 연방정부의 각 장관은 보스가 추천하는 인사로 채워지고 대통령은 허수아비가 된다. 만약 대통령이 이를 거부하고 자신의 의지대로 장관을 임명하면, 보스는 상원과 하원의 자기 계파 의원들을 동원하여 정부의 모든 계획이나 정책을 부결하게 만들며, 결국 대통령도 보스의 말을 듣지 않을 수 없게 된다.

보스정치는 보스에 의해서 정치가 좌지우지 되는 시스템이며, 민주주의를 이용한 보스의 독재가 횡행하는 정치라고 말할 수 있을 것이다. 의원이나 대통령 모두 보스의 의지대로 행동해야 하며, 이들은 보스의 의중을 파악하고 그대로 행동할 뿐만 아니라 보스의 눈치만 살피면 되고, 국민들은 그들의 안중에 없다고 보아도 과언은 아니다. 보스는 대통령과 의원들을 당선시키기 위하여 정치자금을 모금해야 하며, 정치자금의 모금에 협력한 독점자본가에게 그에 대한 대가를 지불해야 한다. 19세기 후반에 경제학자와 정치학자들이 독점자본을 비판하고 1890년에 셔먼 반트러스트법을 제정하는 데 기여했지만, 이 법은 보스에 의한 금권정치에 의해서 제대로 시행되지 못했다. 왜냐하면 보스가 대통령과 의원들을 조종하여 법 시행에 제동을 걸었고, 또한 찰스 다윈(C. Darwin)의 진화론에 근거한 허버트 스펜서(H. Spencer)의 사회적 진화론은 자연선택의 진화론이 사회에도 그대로 적용된다고 주장하면서 독점과 독점 행위를 합리화했기 때문이다. 따라서 이 당시 민주주의는 상향식 민의 전달이라기보다는 오히려 하향식 보스의 의견 전달이었다고 보는 것이 합당할 것이다. 물론 선거가 시행되고 있어서 부분적으로 민의가 전달되기는 했으나 진정한 의미의 민의의 전달과는 거리가 멀었다고 보는 것이 합당할 것이다.

1901년 재선된 윌리엄 매킨리(W. Mackinley) 대통령이 취임 6개월만에 암살되자 시어도어 루스벨트(T. Roosevelt) 부통령이 대통령 직을 승계하고 정치개혁운동인 '혁신운동'(progressive movement)을 전개하기 시작했다. 록펠러의 스탠다드 석유, 3대 철도를 합병한 지주회사, 미국연초회사 등 수많은 독점업체들을 반트러스법 위반 혐의로 연방재판소에 고발했고, 전 대통령의 잔여 임기 후 자력으로 대통령에 당선된 후 보스정치를 타파하는 정치민주화를 진행시켰다. 그 이후 윌리엄 태프트(W. Taft)부터 프랭클린 루스벨트(F. Roosevelt)에 이르기까지 거의 50여년에 걸쳐서 보스정치, 소위 계파정치를 타파하고, '클레이턴 반트러스트법'(1914년 제정)을 통한 독점에 대한 규제 강화, 아동노동 규제, 노동자 권익 향상과 노동조합의 파업권 인정, 실업 구제, 소비자권익 강화 등이 추진되었다.

오늘날 미국이 선진국이면서 민주주의를 가장 잘 운영하고 있는 것도 사실은 보스정치의 타파에서부터 시작되었다고 할 수 있으며, 그 결과 공화당과 민주당에는 보스정치의 핵심을 이룰 수 있는 중앙당이 존재하지 않고 각 정당 대표의 역할은 원내 총무가 수행함으로써 나름대로의 정치철학을 확립하고 아래로부터 위로 민의가 전달되는 민주주의를 꽃피우고 있다.

이를테면 2013년부터 세금을 인상하고 재정지출을 삭감하며, 국채 발행 한도의 초과로 더 이상 국채를 발행할 수 없어서 재정지출이 불가능하게 된 상황에 봉착한 것을 '재정절벽'(fiscal cliff)이라고 한다. 재정절벽을 해결하는 방안은 말 그대로 세금을 인상하고 재정지출을 삭감하고 국채 발행 한도를 지키는 방안, 즉 공화당의 방안을 준수하는 것이 정말로 옳다고 보지만, 오바마 대통령은 실업률이 높고 경제성장률이 낮은 현재의 경제위기에서 공화당의 방안은 실업률을 더욱 높이고 나아가서는 경제성장률도 낮출 것 같다고 주장한다. 그리고 오바마 대통령은 공화당 원내총무만을 만나는 것이 아니라 공화당 소속의 의원 각각을 백악관으로 초청하여 식사하면서 설득작업을 병행한다. 이런 사고방식에는 의원 각각이 공화당의 대표라고 할 수 있는 원내총무의 의중을 따르는 것이 아니라 자신들의 정치사상 및 경제사상에 따라 행동한다는 것을 여실히 보여주고 있다.

우리나라도 1970년대부터 1990년대까지 존재했던 미국식으로 보스정치, 우리나라 방식으로 계파정치, 즉 3김 시대가 청산되었지만, 그 유산이라고 할 수 있는 계파정치가 아직도 잔존하고 있고, 강력한 계파에 소속된 의원들은 그 계파에 소속된 것을 자랑하기도 하며, 그 계파의 수장 혹은 그 대리인인 좌장의 뜻을 하늘처럼 떠받들고 있다. 국민이 뽑아준 국회의원은 국민들의 뜻을 떠받들어야 하지 어찌 계파 수장의 뜻을 떠받들거나 그 수장에게 아부해서야 되겠는가? 정말로 한심한 국회의원들이고 정말로 한심한 정치인이라고 말할 수밖에 없다. 이런 계파정치에선 민의는 아랑곳하지 않을 것이며, 계파소속으로 다음 국회의원 선거에서 재공천 되기를 학수고대한다. 이런 상황에선 민의의 전달은 결코 이루어질 수 없을 것이며, 오로지 계파 수장의 의중이 정치 혹은 정책에 반영되고, 정치사상이 존재하지 않는 '패거리 정치'만이 오로지 존재할 뿐이다. 그에 따라 정치사상에 의거한 건전한 민주주의는 이 땅에 뿌리를 결코 내릴 수 없을 것이라고 생각한다.

우리나라 정치 및 민주주의의 발전 나아가서는 우리나라 경제의 선진화를 위해선 계파정치의 탈피가 급선무라고 생각한다. 이것은 대통령제를 내각제로 바꾼다고 해결될 사안도 아니다. 각 정당의 구조적인 개선, 즉 민의가 아래로부터 위로 전달될 수 있는 구조로의 개편 혹은 국회의원 후보의 상향식 공천의 정착화, 우리나라 최상류층에 자리 잡고 있는 국회의원들의 사고방식의 건전화, 그리고 더욱 더 중요한 것은 이런 계파 정치인들을 몰아낼 수 있는 국민들의 의식수준의 개선만이 그 해답이라고 생각한다.

3. 인간자본이 풍부해야 한다

경제학 교과서에서 경제성장의 중요한 두 가지 원동력은 물적 자본(physical capital)과 인적자본 혹은 인간자본(human capital)이다. 물적 자본은 천연자원, 공장, 기계, 설비 등으로 돈을 주면 얼마든지 사올 수 있거나 혹은 빠른 시일 내에 만들 수 있는 것을 지칭하고 있으며, 반면에 인간자본은 노동자의 숫자, 손재주, 기능, 노하우, 기술, 과학적 지식 등 인간에게 존재하는 모든 재능을 망라하고 있다.

선진국은 일반적으로 물적 자본도 많지만, 그러나 물적 자본이 많다고 반드시 선진국이라고는 하지 않는다. 앞에서 언급했던 콰타르, 아랍 에미레이트, 쿠웨이트 등은 1인당 소득이 4만 달러를 넘지만 이들 나라를 선진국이라고 지칭하지 못하는 이유는 이들 나라가 원유를 수출해서 소득이 높기 때문이다. 반면에 선진국이라고 지칭하려면 적어도 인간자본이 풍부해야 한다. 여러 가지 재능을 소유한 노동자가 많다면 인간자본이 풍부하다고 한다. 이를테면 중국과 인도는 10억 이상의 인구를 갖는 인구 대국이라고 할 수 있는데, 단지 인구와 노동력이 많다고 선진국이라고는 할 수 없다. 인간자본은 인간에게 존재하는 온갖 재능, 말로 표현 불가능할 수도 있고 말로 표현이 가능할 수도 있는 모든 기능, 기술 및 지식 등을 망라한다.

인간자본이 왜 그렇게 중요한가? 경제성장을 위해선 물적 자본과 인간자본 모두가 필요하며, 이 중에서 물적 자본은 필요할 경우 돈을 주고 외국에서 사오거나 혹은 자체적으로 빠른 시일에 만들 수도 있으나, 인간자본은 단순하게 돈을 주고서 외국에서 사오기가 어렵고 그리고 만약 인간자본을 자체적으로 형성하려면 굉장히 오랜 시간을 소비하면서 만들어야 하나 원하는 대로 만들기도 그렇게 쉽지 않다는 것이다.

국가에서 정말로 필요한 인간을 만들려면, 즉 윤리적인 인간이면서 법을 잘 준수하고 동시에 기능, 기술, 과학적 지식 등을 갖춘 인간을 만들려면, 태어나서 그런 인간을 만들 때까지 정규 교육만 적어도 12년이 필요하고, 추가적으로 대학과 대학원 교육이 필요할 수도 있고, 정규 교육을 이수한 이후엔 기업에서 추가적인 훈련이 필요할 수도 있어서, 전체적으로 16년에서 20년에 걸친 교육을 통해서 국가와 기업에서 필요한 인재가 양성된다고 말할 수 있을 것이다.

미국의 경우 유료이면서 고가의 수업료를 받는 사립 초중고교가 있기는 하지만 유치원부터 고등학교까지 무상교육이 이루어지고 있다. 대부분의 가정에선 부모는 고등학교까지만 자녀와 동거하며, 그 이후엔 자녀들이 독립한다. 그리고 정부는 아동 학대가 있는 경우엔 부보와 아동을 분리시켜서 아동 보호소에서 고교까지 교육을 책임지고 있으며, 또한 대학생들에게 장기 대여장학금도 제공한다. 대학을 졸업하여 직장을 구한 후 남녀가 만나서 결혼하면 부부의 빚이 2억 혹은 3억 원이 넘는 경우들이 많으나 이들은 이 빚을 일생에 걸쳐서 갚으면 되고 착실하게 갚고 있으면, 집, 가전제품 혹은 자동차 등을 월부로 살 때 우대금리(prime rate)를 적용받으므로 빚에 대해서 전혀 걱정하지 않는다. 더욱이 지급된 이자는 소득공제까지 받는 것으로 알고 있다. 부모로부터 독립하려는 이런 성향이 바로 기부문화를 꽃 피우게 했고 또한 부모들은 어려운 학생들에게 장학금을 주도록 대학에 많이 기부한다. 물론 우리나라 사람들처럼 유치원부터 대학까지 그리고 결혼 후까지도 애프터 서비스하는 굉장히 보수적인 가정들도 많은 것은 사실이다. 이런 독립적인 성향들이 미국에선 복지제도는 게으른 자를 양산하는 제도라고 생각하고, 복지 재원 마련을 위한 증세(增稅)에 적극적으로 반대하는 공화당이 설 자리를 갖게 되는 것이다.

우리나라도 앞으로 고교까지 무상교육이 확대되어야 하겠다. 현재 우리나라 교육현장에선 학벌 위주의 굉장히 치열한 경쟁이 이루어지고 있으며, 부모들의 교육열은 세계에서 2등이라고 한다면 섭섭해 할 정도라고 생각한다. 어쩌면 좁은 땅덩어리에서 복작거리면서 경쟁해야 할 필연적인 환경이 교육도 그렇게 경쟁적이게 만든 것이 아닌가 한다. 학업에 대한 스트레스 때문에 '스스로 사망하는' 꽃다운 청춘이 너무나 많은 것도 우리나라의 슬픈 사실이다. 어쩌면 이런 교육에서의 경쟁이 우리나라를 이만큼 성장시킨 것이 아닌가 하는 생각도 해 본다.

문제는 앞으로라고 본다. 교육을 통해서 양산된 우리의 고급 청년인력을 기업들이 얼마나 잘 활용하느냐에 따라 우리나라의 선진국 여부가 결정되리라고 본다. 지금까지 우리나라는 처음에 저임이면서 질 좋은 노동력으로 승부하다가 최근에 이르러서는 품질로 승부하는 단계에 이르고 있으며, 나아가서는 새로운 제품으로 승부하는 단계에 이르고 있다. 우리나라는 지금까지 일본을 추월하려고 노력했으나, 이제는 중국과 인도 등이 우리나라를 계속 추격하고 있고 이런 상황에서 우리나라가 성장하고 발전하는 길은 딱 한가지만이 남아 있다. 바로 인간자본에 대한 투자를 통해서 성장하는 것이고, 그중에서도 기업들이 R&D지출(research and development expenditure)을 늘림으로써 새로운 제품과 품질개선을 계속적으로 확보하는 것이다.

　결론적으로 2~30년 후 우리나라가 선진국이 될 것인가를 예측한다면, 적어도 인간자본이 풍부하다는 조건만은 충족시킬 것 같다. 우리나라 학부모들의 교육에 관한 열정만큼은 세계적으로 유명하고, 기업들 역시 인간자본의 중요성을 알고 있으며, 기업들이 생존과 성장을 위해서 인간자본의 형성에 진력할 가능성이 굉장히 크기 때문이다.

　그렇지만 나머지 두 가지 조건은 현재 추세로 보아선 희망적이라고 보긴 아주 어렵다. 우선 원칙이 지켜질 가능성이 그리 크지 않다고 본다. 최근 소위 '전두환법'(1,600여억 원의 거액의 추징금을 미납하고 있는 전두환 전 대통령에 대한 환수 시효를 7년 연장하고 제3자의 재산까지도 추징을 허용하는 '공무원 범죄에 관한 몰수 특례법'의 일부 개정안에 '노역'을 포함시켜야 한다는 여론이 무시되었다)을 보면서, 그전에 비해서 많이 진전되기는 했으나, 대통령과 그 주변, 그리고 국회의원들이 자기 자신에게 엄격하지 못하고 있다는 암묵적인 분위기를 감지할 수 있었다. 그들은 어쩌면 전두환 전 대통령과 동료 의식을 느끼는 것은 아닐까 하고 우려해 본다. 물론 본인의 지나친 우려일 수도 있다. 필자가 생각하는 느낌은 이렇다. 권력자의 범죄에 대한 엄격한 처벌은 곧 자신에게도 적용되기 때문에 '국가와 민족을 위해서 봉사했다'는 것을 암묵적으로 강조하면서 권력자의 범죄에 관대해 지고 있다.

　선진국으로 가려면 '국가와 민족을 위해서 봉사했다'는 명예 때문에 권력자가 자기 자신에게 더욱 엄격해져야 그 명예가 더욱 빛난다. 그런데 권력자들은 명예를 이용해서 범죄의 형량을 낮추거나 면죄시키고 있는 실정이다. 이것을 달리 표현하면 자신의 이득(범죄적이든 아니든)을 취하기 위하여 국가와 민족에 봉사했다는 것을 넘어서서, 오히려 국가와 민족을 이용한 것에 불과할 뿐이다. 정말 한심한 노릇이 아닌가?

다음으로 최상류층의 정신적 건전성 역시 희망적이라고 보긴 어려울 것 같다. 우선 기부문화가 보편화되고 있는 것은 사실이지만 그것은 주로 중하층 사람들 얘기이다. 아마 단적인 사례가 IMF위기 때 금모으기 운동일 것이다. 최근 최상층의 기부는 다소 억지춘향의 느낌이 크다고 본다. 앞으로 상황이 어떻게 바뀔지 모르나 상당히 회의적이다. 그렇지만 미국의 경우 19세기 말과 20세기 초에 독점자본가에 대한 비난이 기부문화의 확산을 야기한 것을 생각한다면, 어쩌면 비관적으로만 생각할 것은 아니라고 본다.

마지막으로 정치사상에 입각한 정당정치는 더욱 요원하다고 본다. 20세기 초 미국의 시어도어 루즈벨트 대통령 때부터 시작된 혁신정치가 우리나라에서도 이루어지지 않는 한, 과거 미국식 보스정치 및 금권정치로 비유되는 '계파정치'의 타파는 정말로 요원하다고 본다. 정치에서 언급되는 '계파', '좌장', '실세' 등의 용어는 계파가 존재한다는 것, 그 계파에 모인다는 것, 즉 줄 선다는 것이며, 나아가서는 국민보다는 보스에게 아부하거나 충성한다는 것을 의미하므로, 이런 용어가 우리나라에서 사라지지 않는 한 계파정치는 영원히 종식되지 않을 것이다. 이런 계파정치의 타파는 최고 권력층의 정신적 건전성의 확립과 지역구도의 타파를 통해서 가능하다. '국회의원 선거에서 상향식 공천으로 후보를 선출하는 것이 바람직하다'는 생각이 우리나라 정치인들의 머릿속에 확고하게 뿌리를 내려야 하며, 그리고 만약 이런 변화가 이루어진다면 계파정치의 시작이면서 가장 깨기 어려운 지역구도도 이런 상향식 공천으로 해소가 가능하리라고 본다. 이것은 기득권을 가진 국회의원 각자가 그 기득권을 버리는 순간 성취될 것이라고 본다.

2~30여 년 후 우리나라의 소득이 많아져서 어떻든 선진국이라고 불리게 된다면, 정신연령이 낮은 그런 선진국이 될 가능성도 크다고 본다. 이런 상황에서 정치불안이나 경제정책의 중대한 실수가 나타나거나 혹은 독재정권이 출현한다면, 필리핀이나 아르헨티나처럼 순식간에 후진국으로 전락할는지도 모른다. 우리는 20세기 초 독일에서 나치정권이 민주주의적 절차, 즉

국민투표를 통해서 합법적으로 등장했다는 사실을 결코 잊어선 안 될 것이다. 원칙이 지켜지지 않고 최상류층의 정신적 건전성이 확립되지 않는다면, 우리나라라고 그런 면에서 결코 예외일 수는 없는 것이다.

Ⅲ. 엑셀을 이용한 간단한 투자수익률 계산하기

여기서는 처음으로 엑셀을 접하는 사람들 입장에서 앞의 제3장에 제시된 삼성전자의 기업분석 자료를 만드는 데 꼭 필요한 '더하기', '빼기', '곱하기' 및 '나누기'를 연습해 보면서, 투자수익률을 계산해 보았다.

여기서 작성하려는 자료는 아래아 한글에서도 어느 정도 가능하지만, 엑셀이 보다 편리하다. 여기서 사용하는 엑셀은 아주 초보적인 수준의 내용이므로 어렵지 않으며, 여기의 설명도 처음 접하는 사람들 입장에서 작성했다. 엑셀을 활용할 줄 아는 독자들은 생략해도 되겠다.

1) Microsoft Office의 Excell 띄우기

〈그림 Ⅲ-1〉처럼 우선 컴퓨터의 초기 화면에서 '시작'을 클릭한다. '시작'을 클릭하면 '모든 프로그램'이 뜨며, '모든 프로그램'에 커서를 올려놓으면, 여러 가지 프로그램들이 나타나며 이 중에서 'Microsoft Office'에 커서를 올려놓으면, 다시 새로운 프로그램이 뜨며 'Microsoft Office Excell 2007'을 클릭한다.

그림 Ⅲ-1 **엑셀 띄우기**

2) 곱하기

엑셀이 화면에 뜨면 이제부터 투자금액을 계산하고 손익 및 손익률을 계산하는 것을 살펴봄으로써 '더하기', '빼기', '곱하기' 및 '나누기' 등 네 가지 계산방법을 숙지해 보자.

우선 엑셀 프로그램을 클릭하고 엑셀 프로그램이 뜨면, '종목', '매입가격', '수량', '매입액' 및 '현재가격'을 기입하고, 각각의 종목, 매입가격 및 수량을 기입한다.

이제부터 〈그림 Ⅲ-2〉에 있는 ①에 LG화학의 매입액을 계산해 보자. "계산을 원하는 공간"인 ①을 클릭한 다음, 'fx'로 나타나는 ②를 클릭하면 오른쪽에 보이는 '함수 마법사'라는 '팝업' 창이 뜬다. '함수 마법사' 창에 있는 '함수 검색' ③을 클릭하고 'product'를 기입한 다음 '검색' ④를 클릭한다.

그림 Ⅲ-2 곱하기 계산(1)

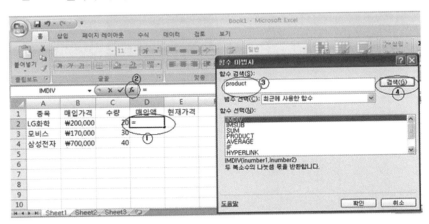

〈그림 Ⅲ-3〉에 있는 그림의 '함수 선택'에서 'PRODUCT'에 음영이 되었는지를 확인해 보고서, ⑤ '확인'을 클릭한다.

그림 Ⅲ-3 곱하기 계산(2)

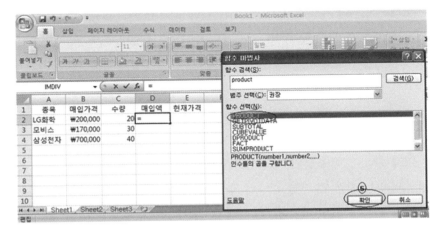

〈그림 Ⅲ-4〉처럼 이제 새로운 '함수 인수'라는 '팝업' 창이 뜬다. 'Number1'을 나타내는 ⑥에 LG화학의 매입가격을 나타내는 'b2'(이것은 ₩200,000이 기입된 칸을 나타낸다)를 기입하면 오른쪽에 '200000'이 자동적으로 나타난다. 둘째 칸 ⑦, 즉 'Number2'에 LG화학의 보유 수량 20주를 나타내는 'c2'를 기입하면, 오른쪽에 자동적으로 20이 나타난다. 이제 LG화학의 매입액을 나타내는 곱셈은 '확인' ⑧을 클릭하면 자동으로 계산된다.

그림 Ⅲ-4 **곱하기 계산(3)**

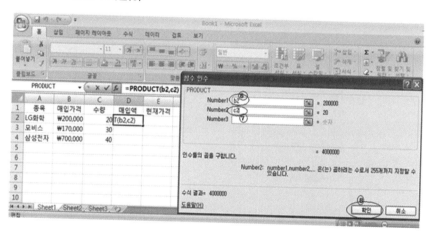

다음으로 모비스, 삼성전자의 매입액을 앞의 절차에 따라서 그대로 하면 되지만, 너무나 번잡하다. 우선 그것을 하기 전에 숫자를 통화 단위로 표현해 보자. 〈그림 Ⅲ-5〉에서 'D2' 칸으로 표현되는 "4000000"을 클릭하고, 마우스 오른쪽을 클릭하면, 새로운 팝업창이 뜬다. 여기서 '셀 서식'을 클릭한다.

그러면 〈그림 Ⅲ-6〉처럼 다시 새로운 팝업창 '셀 서식'이 뜬다. 여기서 '통화'를 선택하고 '확인'을 클릭한다.

그림 Ⅲ-5 **셀 서식(1)**

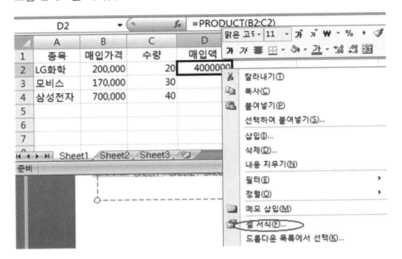

그림 Ⅲ-6 **셀 서식(2)**

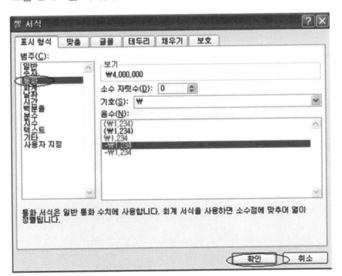

〈그림 Ⅲ-7〉처럼 'D2' 칸, 즉 '₩4,000,000'을 클릭하고, 마우스 오른쪽을 클릭하면, 파업창이 뜨며 이때 '복사'를 클릭한다. 그리고 'D3' 칸을 클릭하고 마우스 오른쪽을 클릭하면 앞에 보였던 파업창이 뜨며 '붙여넣기'를 클릭한다. 자동적으로 모비스의 매입액 ₩5,100,000, 즉 170,000×30이 계산된다(〈그림 Ⅲ-8〉에는 붙여넣기의 결과만 나와 있다.). 또 다시 'D4' 칸을 클릭하고 마우스 오른쪽을 클릭하면 파업창이 뜨고 '붙여넣기'를 클릭하면, 삼성전자 매입액이 자동적으로 계산된다. 즉 처음에 곱셈하는 것만 만들면 '같은 열'에 있는 곱셈은 '복사'와 '붙여넣기'만 하면 자동적으로 계산된다. 그러나 '다른 열'에선 새로 작성해야 한다.

그림 Ⅲ-7 **곱하기 복사(1)**

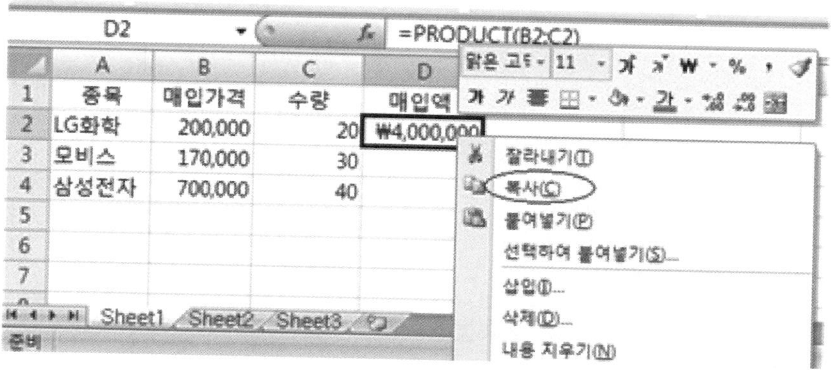

그림 Ⅲ-8 **곱하기 복사(2)**

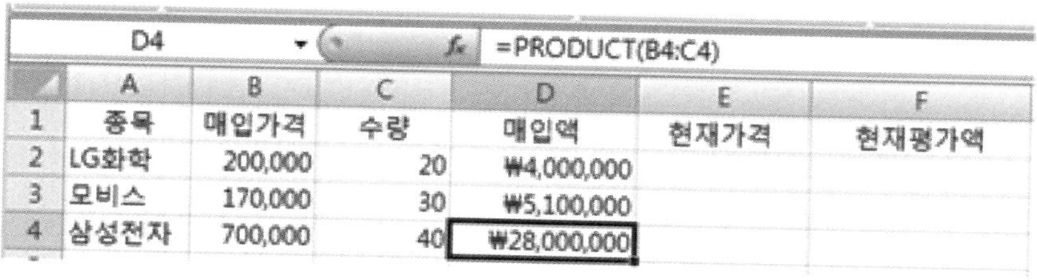

3) 더하기

여기서 세 종목에 투자한 금액을 합산하는 것, 즉 총투자액을 계산해 보자. '곱하기'에서와 마찬가지로 합계액을 써넣고자 하는 곳을 먼저 클릭한다. 〈그림 Ⅲ-9〉에서 'D6'에 투자액을 기입하고자 한다. 이제 'fx'를 클릭하면 '함수 마법사' 파업창이 뜬다. '함수 검색'에 '더하기'를 의미하는 'sum'을 기입하고 '검색'을 클릭한다. 그러면 '함수 선택'에서 'SUM'이 음영으로 나타나면 ④ '확인'을 클릭한다.

그림 Ⅲ-9 **더하기(1)**

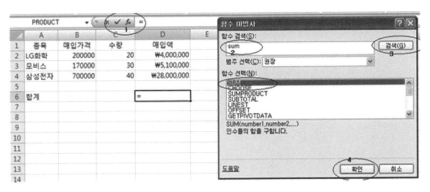

〈그림 Ⅲ-10〉처럼 새로운 팝업창 '함수 인수'가 뜬다. 'Number1'에 LG화학의 투자액을 나타내는 칸 'D2'를 기입하면 오른쪽에 자동적으로 4,000,000이 뜬다. 그리고 'Number2'에 모비스의 투자액을 나타내는 칸 'D3'를 기입하면 역시 오른쪽에 5,100,000이 자동적으로 뜬다. 그리고 'Number3'에 삼성전자의 투자액을 나타내는 칸 'D4'를 기입하면 마찬가지로 오른쪽에 28,000,000이 자동적으로 뜬다. 마지막으로 '확인'을 클릭하면 'D6' 칸에 37,100,000이 자동적으로 기입된다(합산의 결과는 독자들이 확인하기 바란다).

그림 Ⅲ-10 **더하기(2)**

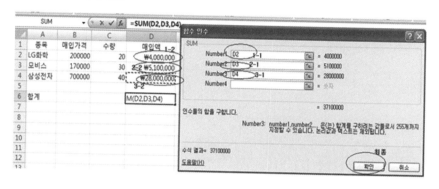

만약 투자액은 그대로이면서 종목을 자주 바꾼다고 한다면, 예컨대 'D6' 칸의 'Sum'을 삭제하여야 한다. 'D6'을 클릭하고 자판에 있는 'Del'을 클릭하고, 일정한 투자 금액을 기입하면 투자액이 고정된다.

현재 평가액을 계산하고 합계를 구하는 것도 앞의 '곱하기'와 '더하기'를 반복하면 얻어진다. 아래의 〈그림 Ⅲ-11〉에서 'F2'칸을 'C2'와 'E2'의 곱셈으로 표현하는 것을 위에서 했던 요령에 따라 새로이 작성해야 한다. 'D2'를 복사해서 'F2'에 붙여넣기 해선 안 된다. 곱하기의 내용이 달라지기 때문이다. 어떻든 'F2'를 새로 작성하고 복사해서 'F3', 'F4'에 붙여넣기 하면 평가액이 자동적으로 작성된다. 그리고 앞의 '더하기' 요령에 따라 'F6' 칸의 평가액의 합계를 계산하면 된다.

4) 빼기

그러면 우리는 평가액 합계와 투자액 합계를 얻었으므로 두 금액의 차이가 바로 평가이익이며, 이 금액을 계산해 보자. 〈그림 Ⅲ-11〉에서 '평가이익'을 기입할 칸 'F7'을 클릭한 다음, 'fx'를 클릭하면 '함수 마법사' 팝업창이 뜬다. '함수 검색'에 'imsub'를 기입하고 검색을 클릭하고, '함수 선택'에서 'IMSUB'가 음영으로 나타나면 ④ '확인'을 클릭한다.

그림 Ⅲ-11 **빼기(1)**

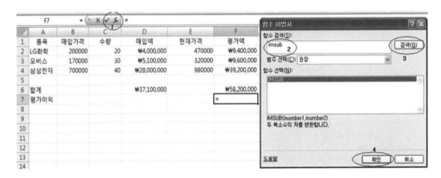

그러면 〈그림 Ⅲ-12〉처럼 '함수 인수'라는 팝업창이 새로이 뜬다. 평가액을 기입할 칸 'Inumber1'에 'F6'를 기입하면 오른쪽에 평가액 58,200,000이 자동적으로 뜬다. 다음으로 투자액을 기입할 칸 'Inumber2'에 'D6'를 기입하면 오른쪽에 투자액 37,100,000이 자동적으로 뜬다. '확인'을 클릭하면 두 금액의 차이인 평가이익 21,100,000이 자동적으로 계산되어 있다.

그림 Ⅲ-12 **빼기(2)**

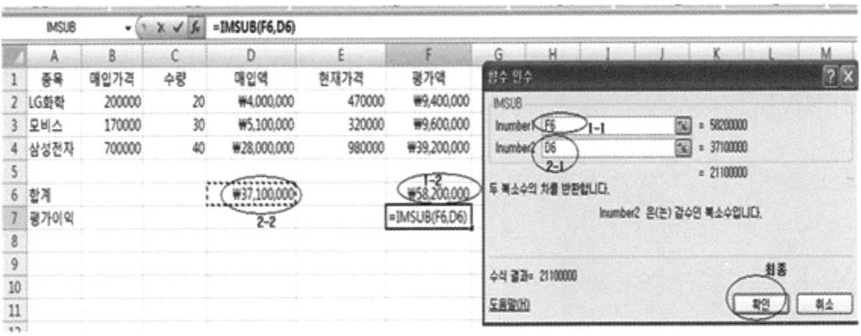

5) 나누기

　여기서는 수익률을 계산해 보기로 한다. 수익률을 'F8'에 표현하고자 한다. 〈그림 Ⅲ-13〉에서 'F8'을 클릭하고 'fx'를 클릭하면, '함수 마법사' 파업창이 뜬다. '함수 검색'에 'imdiv'를 기입하고 '검색'을 클릭한다. 그리고 '함수 선택'에서 'IMDIV'가 음영으로 나타나면 ④ '확인'을 클릭한다.

그림 Ⅲ-13　**나누기(1)**

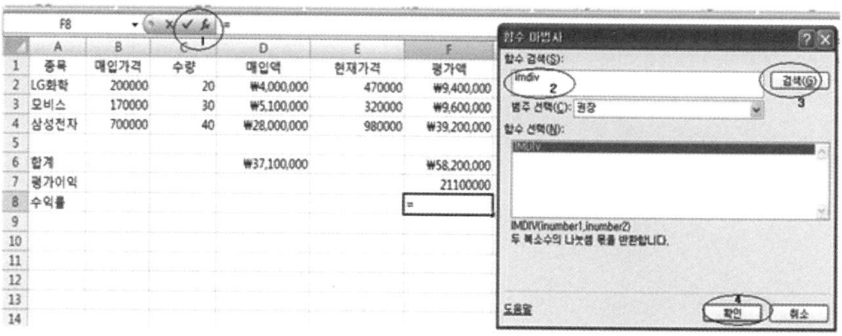

　그러면 '함수 인수'라는 새로운 팝업창이 뜬다. 〈그림 Ⅲ-14〉에서 평가이

그림 Ⅲ-14　**나누기(2)**

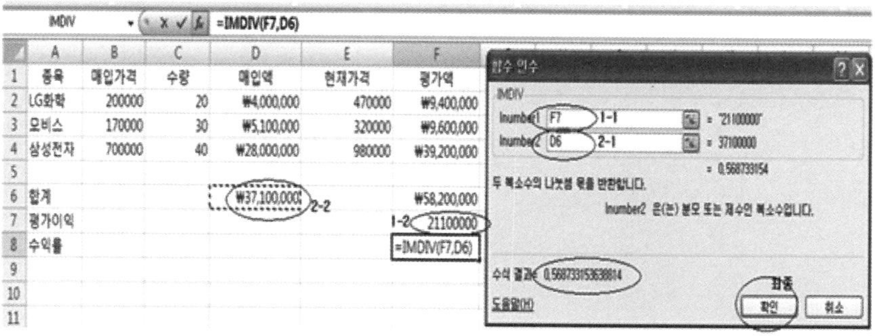

익을 기입할 칸 'Inumber1'에 'F7'을 기입하면 오른쪽에 평가이익 21,100,000이 자동적으로 뜬다. 그리고 투자액 합계를 기입할 칸 'Inumber2'에 'D6'를 기입하면 역시 오른쪽에 투자액 합계 37,100,000이 자동적으로 뜬다. '확인'을 클릭하면 'F8'에 자동적으로 '0.5687...'이 기입된다. 투자액에 대해 56%의 수익률을 표현한다.

주요 참고문헌

금융감독원: http://dart.fss.or.kr/

매일경제신문, http://www.mk.co.kr/

아루카 나츠키 · 유이 다이자부로 저, 양영철 역(2008), 『미국의 역사』, 삼양미디어.

이보형(2012), 『미국사 개설』, 일조각.

조순(1985), 『화폐금융론』, 비봉출판사.

한국경제신문, http://www.hankyung.com/

한국금융연구원, 『주간금융브리프』.

한국은행(2012), 『한국의 금융시장』.

Adler, A.(1931), *What Life Should Mean to You*(설영환 편역, 『아들러 심리학 해설』, 선영사, 1987)

Bodie, Z., Kane, A. and Marcus, A. J.(2009), *Investment and Portfolio Management*, 9th ed., McGraw-Hill.

Burkitt, B.(1984), *Radical Political Economy: an Introduction to the Alternative Economics*, Wheatsheaf Books Ltd.

Chalmers, A. F.(1982), *What is This Thing Called Science?: An Assessment of the Nature and Status of Science and its Method*(신일철, 신중섭 역: 『현대의 과학철학』, 서광사, 1985), 2nd ed., University of Queensland Press.

Davis, K. C.(2003), *Don't Know Much About American History*(이충호 역: 『말랑하고 쫀득한 미국사 이야기』, 푸른숲주니어, 2010).

Dubofsky, D. A. and Miller, Jr. T. W.(2003), *Derivatives: Valuation and Risk Management*, Oxford.

Hull, J. C.(2009), *Options, Futures, and Other Derivatives*, 7th ed., Pearson International Edition.

Keynes, J. M.(1936), *The General Theory of Employment, Interest, and Money*, MacMillan, 1973.

McMillan, M. G., Pinto, J. E., Pirie, W. l. and Venter, G. V.(2011), *Investments: Principles of Portfolio and Equity Analysis*, Wiley.

Reilly, F. K. and Brown, K. C.(2006), *Investment Analysis and Portfolio Management*, 8th ed., Thomson.

Smith, A.(1776), *An Inquiry into the Nature and Causes of the Wealth of Nations*(김수행 역: 『국부론 상, 하』, 동아출판사, 1992), ed. by Campbell, R.H. & Skinner, A.S., Oxford University Press, 1976.

World Bank, http://data.worldbank.org/indicator/NY.GDP.PCAP.CD

저자약력

■ **박상수(朴祥洙)**

제주대학교 경영학과를 졸업하고, 서울대학교에서 경제학석사 및 경제학박사를 취득하였다. 한국은행 조사1부 행원을 거쳐, 국제경제연구원(현 KIET) 종합분석실 연구원으로 재직했으며, 충남대학교 경제학과 조교수를 거쳐 현재 제주대학교 경제학과 교수로 재직중이다. 제주대학교 경상대학장 겸 경영대학원장을 역임했고, Western Washington University에 교환교수로 다녀왔으며, 현재 제주대학교 국제금융연구센터 소장이다.

저·역서로는 『우리나라 기계공업의 현황과 문제점』(공저), 『거시경제이론』(공저), 『개인주의와 경제질서』(역서), 『경제학방법론』(역서), 『경제철학』, 『'세계평화의 섬 제주'와 평화산업-기회와 도전』(공저), 『신용화폐론』(역서), 『알기 쉬운 경제학 입문』(공저)이 있으며, 논문으로는 "하이에크의 정치철학에 대한 비판적 검토," "자유, 재산권 및 로크의 단서," "역외금융센터의 금융시장 발전효과," "운 평등주의에 대한 비판" 등이 있다.

개미 입장에서 바라본

주식시장은 허가받은 도박장이다! – 즐거운 주식투자로 가는 지름길 –

발행일	2015년 5월 15일 1판 인쇄
	2015년 5월 20일 1판 발행
저 자	박상수
발행인	황인욱
발행처	도서출판 **오래**
주 소	서울특별시 용산구 한강로 2가 156-13
전 화	02) 797-8786, 070-4109-9966 (대표)
팩 스	02) 797-9911
메 일	orebook@naver.com
홈페이지	www.orebook.com
출판신고번호	제302-2010-000029호. (2010.3.17)

ISBN 979-11-5829-004-7 03320   [정가 12,000원]